RECOMENDAÇÕES

No bojo do qüingentésimo aniversário de nascimento de João Calvino, é oportuna a publicação de um livro de ensaios que tem como alvo o cristão comum, e não os eruditos. Este livro é uma coleção de ensaios que informarão os leitores comuns e os levarão a compreender fatos sobre um dos grandes dons que Deus outorgou à igreja na pessoa e ministério — e, especialmente, nos escritos — de João Calvino. Leia este livro e sinta-se atraído a gastar longas e proveitosas horas na leitura das Institutas e alguns dos comentários de Calvino.

— D. A. Carson
Professor pesquisador do Novo Testamento
Trinity Evangelical Divinity School
Deerfield, Illinois, EUA

Até onde sei, nenhum outro livro editado expõe tão grande coleção de autores sob cujo ministério eu me assentaria. O que se destaca é que eles são humildes, santos de Deus. Alguns deles já têm idade avançada — são bastante experimentados — e não precisam mais se preocupar com avaliações. A vida desses homens testemunha a preciosidade de Cristo e a importância da pureza. Não espere nada bombástico. Espere admiração modesta e equilibrada, bem como aplicação sábia. Esta é uma boa maneira de conhecermos João Calvino: no coração sincero de humildes servos de Cristo. A única maneira melhor do que esta é ler o próprio Calvino.

— John Piper
Pastor da Bethlehem Baptist Church
Minneapolis, Minnesota, EUA

O calvinismo é freqüentemente difamado, e João Calvino tem de ser classificado entre os menos entendidos — e os mais incompreendidos — de todos os grandes líderes da história da igreja. Precisamos urgentemente de uma nova consideração de ambas as categorizações, que apresentará Calvino não como um demagogo doutrinário, mas como um pastor amável, um evangelista apaixonado, um conselheiro caloroso e, acima de tudo, alguém que se preocupava em que todo seu pensar e seu viver fossem transformados com base na obediência a Deus.

Isso é o que temos nesta obra! Pastores, pregadores e autores do século XXI combinaram suas habilidades e conhecimento para produzirem um livro que informará e inspirará inúmeros leitores nos anos vindouros. Não conheço nenhum livro semelhante a este e o recomendo com entusiasmo, sem reservas.

— John Blanchard
Pregador, mestre, apologista
Autor do livro: *Does God Believe in Atheists?*
Banstead, Surrey, Inglaterra

Ler esta nova obra editada por Burk Parsons, mostrou-se semelhante a acompanhar um grande chef em sua ida matinal ao mercado. Burk escolheu um admirável grupo de autores que falam sobre os mais importantes temas da vida de João Calvino. E a combinação resultou em um verdadeiro banquete de iguarias e delícias. Certamente este livro apresentará um dos homens mais centrados no evangelho, Calvino, a uma geração que deseja relegá-lo à antiguidade obscura e à ortodoxia estéril. Ler Calvino significa entender o que deveria ser uma mente informada pelo evangelho e um coração inflamado pela graça de Deus! Obrigado, chef Parsons!

— Scotty Smith
Pastor da Christ Community Church
Franklin, Tennessee, EUA

Estas páginas sopram uma brisa agradável. Uma nova geração tem descoberto as riquezas da verdade bíblica que podem ser encontradas na obra de João Calvino. Escrito em um estilo acessível, este livro estende um convite a todos, para que venham e aprendam. Contudo, o que aprenderão não está, de modo algum, relacionado a Calvino, e sim à centralidade e à grandeza do Deus trino, a quem ele servia. Calvino desejava que fosse assim; nós também o desejamos.

— David F. Wells
Professor de pesquisa
Gordon-Conwell Theological Seminary
South Hamilton, Massachusetts, EUA

Quase todos os grandes reformadores do século XVI eram estudiosos de Agostinho, um dos grandes pais da igreja. Se desejamos experimentar outro avivamento da igreja, um avivamento que muitos de nós julgamos necessário, creio que ele virá por meio daqueles que têm estudado, com diligência, João Calvino. Se você quer saber por que digo isso ou tem qualquer dúvida de que Calvino é tão importante, leia este livro excelente. Ele apresenta um verdadeiro caleidoscópio de perspectivas sobre a multiforme grandeza deste homem e de sua obra. Recomendo-o com grande apreciação.

— G. I. Williamson
Pastor, editor
Autor, *The Westminster Confession of Faith for Study Classes*

JOÃO CALVINO
AMOR À DEVOÇÃO, DOUTRINA E GLÓRIA DE DEUS

EDITADO POR BURK PARSONS
APRESENTAÇÃO DE IAIN MURRAY

FIEL
Editora

J62 João Calvino : amor à devoção, doutrina e glória de Deus / editado por Burk Parsons ; apresentação de Iain Murray ; [tradução: Francisco Wellington Ferreira]. – 1. reimpr. – São José dos Campos, SP: Fiel, 2018.

269 p.
Tradução de: John Calvin : a heart for devotion, doctrine & doxology.
ISBN 9788599145678

1. Calvin, Jean, 1509-1564. 2. Igrejas reformadas – Doutrinas. I. Parsons, Burk,1976-.

CDD: 922.4

Catalogação na publicação: Mariana C. de Melo Pedrosa – CRB07/6477

João Calvino:
Amor à Devoção, Doutrina e Glória de Deus
Traduzido do original em inglês
John Calvin a Heart for Devotion,
Doctrine & Doxology,
Preparado e editado por Burk Parsons

Copyright© 2008 Burk Parsons
Publicado originalmente por Reformation Trust, uma subdivisão de Ligonier Ministries
400 Technology Park, Lake Mary, FL 32746

■

Copyright © 2010 Editora Fiel
1ª Edição em Português: 2010

Todos os direitos em língua portuguesa reservados por Editora Fiel da Missão Evangélica Literária
PROIBIDA A REPRODUÇÃO DESTE LIVRO POR QUAISQUER MEIOS, SEM A PERMISSÃO ESCRITA DOS EDITORES, SALVO EM BREVES CITAÇÕES, COM INDICAÇÃO DA FONTE.

■

Diretor: Tiago J. Santos Filho
Editor: Tiago J. Santos Filho
Tradução: Francisco Wellington Ferreira
Revisão: Tiago J. Santos Filho e Franklin Ferreira
Diagramação: Talagarça Editora / Joel Theodoro
Capa: Geoff Stevens
Adaptação da Capa: Edvânio Silva

ISBN: 978-8599145-67-8

Caixa Postal, 1601
CEP 12230-971
São José dos Campos-SP
PABX.: (12) 3919-9999
www.editorafiel.com.br

DEDICATÓRIA

Os colaboradores dedicam este livro a R. C. Sproul, que tem inspirado uma nova geração de reformadores a conhecer, amar e proclamar o evangelho de Jesus Cristo.

SUMÁRIO

Apresentação – Iain Murray 11

Prefácio – Burk Parsons 19

Colaboradores 21

1. A Humildade do Calvinismo de Calvino — Burk Parsons 27
2. Quem era João Calvino — Derek W. H. Thomas 43
3. O Coração de Calvino para Deus — Sinclair B. Ferguson 55
4. O Reformador da Fé e da Vida — D. G. Hart 67
5. O Clérigo da Reforma — H. L. Reeder 79
6. O Pregador da Palavra de Deus — Steven J. Lawson 95
7. O Conselheiro dos Aflitos — W. Robert Godfrey 107
8. Escritor para o Povo de Deus — Phillip R. Johnson 117
9. A Supremacia de Jesus Cristo — Eric J. Alexander 131
10. A Obra Transformadora do Espírito — Thabiti Anayabwile 141
11. A Corrupção Radical do Homem — John Macarthur 151
12. Eleição e Reprovação — Richard D. Phillips 163
13. Redenção Definida — Thomas K. Ascol 179
14. Graça Transformadora — Keith A. Mathison 191
15. Uma Herança Garantida — Jay E. Adams 201
16. A União do Crente Com Cristo — Philip Graham Ryken 213
17. O Principal Artigo da Salvação — Michael Horton 223
18. A Verdadeira Vida Cristã — Jerry Bridges 243
19. A Comunhão dos Homens com Deus — Joel R. Beeke 253

Apresentação

IAIN H. MURRAY

Podemos estar certos de que o homem que não desejava ter lápide para identificar seu sepulcro não desejaria celebrações que marcariam seu aniversário de nascimento. Então, por que este livro? A resposta é que a obra de Deus precisa ser lembrada. Nas palavras de João Calvino, "a bondade de Deus para conosco foi maravilhosa, quando o puro evangelho emergiu das trevas horrendas em que estivera sepultado durante tantos séculos".[1] Ele entendia a Reforma como um movimento procedente dos céus, que fizera as atenções voltarem-se de uma religião antropocêntrica para Deus. A mensagem era: "Não chamem ninguém de Senhor. Abandonem o homem e atentem à Palavra de Deus". A esperança deste livro é que a memória de João Calvino ajude muitos a redescobrirem o cristianismo teocêntrico.

A página de abertura de cada edição das *Institutas da Religião Cristã* estampa as palavras que constituíam o tema que consolidou a vida de Calvino: "A sabedoria verdadeira e correta consiste de duas partes: o conhecimento de Deus e o de nós mesmos". Ele escreveu essas palavras em 1536. No ano seguinte, aos 28 anos de idade, Calvino disse que a "verdadeira piedade" é "um puro e verdadeiro zelo que ama a Deus como Pai e O reverencia como Senhor, aceita a sua justiça e teme ofendê-Lo mais do que teme a morte".[2] Em todos os anos seguintes, a ênfase permaneceu a mesma: "É necessário começar sempre com este princípio — conhecer a Deus, a quem adoramos".[3]

---

[1] John Calvin, *Commentaries on the book of the prophet Daniel* (Grand Rapids: Eerdmans, 1948), 2:220.

[2] John Calvin, *Instruction in faith*. Tradução ao inglês por Paul T. Fuhrmann (Louisville, Ky.: Westminster John Knox Press, 1992) 22.

[3] John Calvin, *Commentaries on the twelve minor prophets* (Edinburgh: Calvin Translation Society,

Calvino se julgava um pecador que devia a Deus tudo o que era. Reconhecia que fora Deus quem "subjugara" sua mente ao conhecimento de Cristo; sua chamada a Genebra fora "como se, do céu, Deus houvesse colocado sua mão sobre mim, para deter-me". E o ministério subseqüente, com todos os seus sucessos e reveses, foi uma ilustração desta verdade: "Muitos propósitos há no coração do homem, mas o desígnio do Senhor permanecerá" (Pv 19.21). Essa passagem foi igualmente verdadeira no que diz respeito às bênçãos e provações de sua vida pessoal. Quando procurou consolar um colega de ministério quanto à morte da esposa, usou a lição que pregara para si mesmo sete anos antes: "Defraudamos injustamente a Deus de seu direito, se cada um de nós não vive e morre dependente de seu soberano deleite... Nosso principal motivo de consolação é este: pela admirável providência de Deus, as coisas que consideramos adversas contribuem à nossa salvação, e nos separamos nesta vida tão-somente para nos unirmos novamente em seu reino celestial".[4]

A piedade resgatada na Reforma tem sido caricaturada como uma vida de obediência fria e austera a Deus. Calvino ensinou: "Nada agrada tanto a Deus como aquilo que Ele ordenou em sua Palavra; o verdadeiro princípio é a obediência que devemos prestar somente a Ele".[5] A caricatura se fundamenta na ignorância quanto à relação entre o amor a Deus e a gratidão de corações que crêem. Glorificar este Deus gracioso e não desagradar-Lhe são, necessariamente, os desejos daqueles que Ele redime. As palavras de um falecido compositor de hinos vêm diretamente do evangelho da Reforma:

Ver a lei cumprida por Cristo
E ouvir a sua voz perdoadora
Transforma o escravo em filho
E converte o dever em escolha.[6]

1849; Grand Rapids: Baker, 2003), 5:500.

[4] Jules Bonnet (ed.), *Letters of John Calvin*. Tradução ao inglês por M. R. Gilbert (Philadelphia: Presbyterian Board of Education, 1858), 3:236.

[5] John Calvin, *Commentaries on the book of the prophet Daniel* (Grand Rapids: Eerdmans, 1948), 1:218.

[6] Do hino "Love Constrain to Obedience", escrito por William Cowper.

APRESENTAÇÃO

Ao ler Calvino, nada me desafia mais do que a maneira pela qual a obediência devida a Deus controlava o seu viver e os seus pensamentos. Havia questões pastorais a respeito das quais Calvino sabia como ser moderado e sensível, mas, nos assuntos concernentes à glória de Deus, à adoração de seu nome ("que é preferível à segurança dos homens e dos anjos!"),[7] à pureza da igreja e à verdade do evangelho, Calvino era resoluto. Entendia que aceitar o comprometimento em face do que as Escrituras dizem significava afrontar a majestade divina de seu Autor. O que as Escrituras dizem é Deus quem o diz. Podemos afirmar isso prontamente em nossos dias tranquilos, mas, para muitos do século XVI (bem como para muitos no presente), agir de acordo com essa afirmação significava estar pronto para morrer. Calvino nunca omitiu daqueles aos quais pregava o fato de que crer na verdade podia ser a preparação para o encarceramento e o martírio. Com bastante razão alguém já disse que o calvinismo é uma mensagem para tempos difíceis.

O conhecimento de que o cristão está identificado com a causa de Deus retira dessa perspectiva qualquer sombra de melancolia. Quer durante breve espaço de tempo, quer na própria morte, nada pode significar derrota: Deus sempre vence. É a visão de Deus que muda toda a perspectiva. Calvino escreveu: "Nunca estaremos preparados para servir a Deus, se não olharmos para além desta vida passageira".[8] E acrescentou: "Quando uma pessoa fixa seus olhos em Deus, seu coração será invencível e totalmente incapaz de ser abalado".[9]

Isso significa que a obra feita de acordo com a vontade de Deus, capacitada por Ele, será uma obra duradoura. Todas as demais coisas serão reveladas como "madeira, feno, palha", quando aquele "Dia" demonstrá-las (1Co 3.12-13). Portanto, o cristão mais útil é aquele que vive perto de Deus. Àqueles que Lhe obedecem e O seguem, quando os chama, a promessa é garantida: "Eu vos escolhi a vós outros e vos

---

[7] John Calvin, *Calvin's tracts* (Edinburgh: Calvin Translation Society, 1851), 3:260.

[8] Jules Bonnet (ed.), *Letters of John Calvin*. Tradução ao inglês por M. R. Gilbert (Philadelphia: Presbyterian Board of Education, 1858), 3:128.

[9] John Calvin, *Commentary on the gospel according to John* (Edinburgh: Calvin Translation Society, 1847; Grand Rapids: Baker, 2003), 2:47.

designei para que vades e deis fruto, e o vosso fruto permaneça" (Jo 15.16). Calvino extraía confiança destas palavras: "A igreja existirá até o fim do mundo, pois os labores dos apóstolos produzem frutos até no presente; e nossa pregação não é somente para uma única geração, ela fará a igreja crescer, de modo que novos frutos sejam produzidos mesmo depois de nossa morte".[10]

"Levantai os olhos e contemplai os céus", diz um hino coreano. Essa é a direção em que precisamos fixar nossos pensamentos. Nossas preocupações triviais e mundanismo resultam da pobreza de nosso conhecimento de Deus.

Jean Cardier, falando sobre a necessidade de livrar-se de preocupações egoístas, conta o seguinte incidente:

> Estou pensando no homem que, pouco tempo atrás, me disse estas palavras, quando saiu de uma das preleções: "Converti-me pela leitura das Institutas". E, quando lhe pedi que me dissesse qual fora exatamente a mensagem que causara transformação em sua vida, ele respondeu: "Lendo Calvino, aprendi que todas as inquietações quanto a saúde, a incerteza do futuro que até então dominavam a minha vida não tinham muita importância e que a única coisa verdadeiramente relevante era a obediência à vontade de Deus e um interesse por sua glória".[11]

Enquanto penso nos diversos autores deste livro e contrasto seus nomes com os nomes daqueles poucos líderes que pregaram e escreveram sobre estes temas em 1964, por ocasião do quarto centenário da morte de Calvino, muito do que vejo me emociona. Nos anos intermediários, cresceram os homens cujos nomes, com poucas exceções, eram desconhecidos em 1964. Além disso, desde aquele tempo, grande número dos escritos de Calvino se tornaram amplamente disponíveis e foram absorvidos por uma nova geração de leitores em todo o mundo. Podemos

---

[10] Ibid., 2:121.

[11] Jean Cardier, *The man God mastered*. Tradução ao inglês por O. R. Johnston (London: Inter-Varsity Press, 1960), p. 178.

APRESENTAÇÃO

dizer que Deus nos tem dado um pequeno avivamento. Contudo, há perigos para aqueles que reverenciam a memória de Calvino. Mencionarei dois dos perigos que se me apresentam:

Primeiro, em nossos círculos, a piedade e a santidade não são as características da crença calvinista na proporção que deveriam ser. Cremos que a revelação divina nos foi dada em proposições e palavras; e temos de lutar por isso. Mas a verdade é crida corretamente à medida que a incorporamos à vida. O evangelho propagou-se pela Europa no século XVI por meio do testemunho de pessoas transformadas. Calvino escreveu para mulheres cristãs que enfrentavam o martírio em Paris:

> Quantos milhares de mulheres existem que não pouparam o sangue e a vida para manter o nome de Jesus Cristo e anunciar o seu reino! Deus não causou o martírio delas para que produzissem frutos?... Não temos diante dos olhos exemplos de como Deus age todos os dias por meio do testemunho desses mártires e confunde seus inimigos, de tal modo que não existe pregação tão eficaz como a firmeza e perseverança que elas possuem em confessar o nome de Cristo?[12]

Com muita freqüência, as crenças associadas ao nome de Calvino têm sido identificadas com um centro de preleções e a erudição. Ford Lewis Battles, a quem devemos a melhor tradução atual das *Institutas* na língua inglesa, escreveu: "Todas as forças contrárias a uma fé verdadeiramente reformada que se levantaram no século XVI têm o seu correspondente neste século. Nicodemitas apáticos e eruditos zombadores estão no próprio seio da igreja e — podemos dizer — nos seminários".[13] Já tive a oportunidade de ouvir uma preleção sobre "os cinco pontos do calvinismo" apresentada como se estivéssemos em uma palestra de Química. Em contraste, sou grato pelo fato de que muitos dos colaboradores deste livro são, antes de tudo, *pregadores*.

---

[12] Jules Bonnet (ed.), *Letters of John Calvin*. Tradução ao inglês por M. R. Gilbert (Philadelphia: Presbyterian Board of Education, 1858), 3:365-366.

[13] Ford L. Battles (trad. e ed.), *The piety of John Calvin* (Grand Rapids: Baker, 1978), p. 25.

Não é somente por meio de argumentação ou de ensino que o cenário atual pode ser revertido. "O reino de Deus consiste não em palavra, mas em poder" (1Co 4.20). "Suplicarei ao nosso Pai celestial", escreveu Calvino aos cristãos que sofriam, "que vos encha do Espírito Santo".[14] Essa é a fonte do testemunho que não consiste apenas em palavras. A explicação da Reforma se concentra numa pequena frase de John Knox: "Deus outorgou em grande abundância o seu Espírito Santo a homens comuns".[15]

Segundo, nosso exemplo precisa ser o melhor argumento de que a crença na soberania de Deus não enfraquece a pregação evangelística. Há exceções contrárias proeminentes — os nomes de algumas delas são mencionados nestas páginas —, mas, ao examinarmos amplamente o cenário cristão, há algumas explicações para a idéia de que a crença calvinista obstrui a paixão evangelística. Com essa percepção, poderíamos nos enganar imaginando que estamos livres de culpa. Temos achado mais fácil ser "mestres" e "defensores" da verdade do que evangelistas dispostos a morrer para que homens sejam convertidos. Às vezes, podemos dar a outros cristãos a impressão de que julgamos o calvinismo como coexistente com o cristianismo e de que toda a mensagem do evangelho pode ser encaixada nos cinco pontos do calvinismo. Esses pontos não devem ser depreciados, Deus, porém, é muito mais incompreensível do que nosso entendimento, e há outras verdades a serem pregadas que estão além de nossa capacidade de harmonizá-las.

Neste ponto, Calvino nos adverte. Ao falar sobre os convites indiscriminados de Cristo, em João 5, ele observou: "Cristo estava pronto a se dar a eles, se estivessem dispostos a crer".[16] Jesus pôde dizer que "não se perderia nenhum dos que o Pai desejava fossem salvos"[17] e, apesar disso, advertir seus ouvintes a que não deixassem passar a oportunidade

---

[14] Jules Bonnet (ed.), *Letters of John Calvin*. Tradução ao inglês por M. R. Gilbert (Philadelphia: Presbyterian Board of Education, 1858), 3:232.

[15] David Laing (ed.), *Works of John Knox* (Edinburgh: James Thin, 1895), 1:31.

[16] John Calvin, *Commentary on the gospel according to John* (Edinburgh: Calvin Translation Society, 1847; Grand Rapids: Baker, 2003), 1:261.

[17] Ibid., 1:407.

de salvação.[18] Calvino falou sobre a "grande bondade" de Cristo para com Judas e afirmou: "Jesus não colocou Judas sob a necessidade de perecer".[19] Se em ocasiões de controvérsia com os oponentes das Escrituras, Calvino insistia indevidamente nas implicações de uma doutrina, ele se guardava dessa tentação em sua pregação e ensino geral. Ele não hesitava em ensinar que Deus ama aqueles que não serão salvos.[20] De fato, Calvino escreveu que Deus "deseja que todos os homens sejam salvos", e, quanto à objeção de que Deus não pode desejar o que Ele mesmo não ordenou, bastou-lhe confessar: "Embora a vontade de Deus seja simples, nela está envolvida grande variedade no que diz respeito aos nossos sensos. Além disso, não é surpreendente que nossos olhos sejam cegados por luz intensa".[21] Nosso dever, diríamos, é adorar a majestade de Deus, e não investigá-la.

Onde a verdade calvinista é apresentada como se não houvesse em Deus nenhum amor pelos pecadores enquanto pecadores — que Ele tem consideração apenas pelos eleitos —, não devemos nos admirar de que ali a pregação evangelística seja hesitante. O pregador tem de ser possuído por um amor para com todos, pois, do contrário, não apresentará o Salvador em cujo nome ele fala. Os homens de crenças calvinistas que se destacaram como evangelistas e missionários sempre foram exemplo disso. Foi um eminente calvinista escocês, William Williams Pantycelyn, que disse: "O amor é o maior bem do cristianismo, e, se for esquecido, nada pode substituí-lo".[22]

---

[18] Ibid., 1:305.

[19] Ibid., 2:72.

[20] Ver, por exemplo, o comentário de Calvino sobre João 3.16 e *Sermons on Deuteronomy*, tradução ao inglês por Arthur Golding (1583; Edinburgh: Banner of Truth Trust, 1987), 167.

[21] John Calvin, *Commentaries on the first twenty chapters of the book of prophet Ezekiel* (Edinburgh: Calvin Translation Society, 1850; Grand Rapids: Baker, 2003), 2:247. Para saber mais sobre este assunto, ver John Piper, "Are there two wills in God" in: Thomas R Schreiner & Bruce A. Ware (ed.), *The grace of God, the bondage of will* (Grand Rapids: Baker, 1995), v. 1.

[22] No que diz respeito a Calvino, este tema é bem desenvolvido por R. C. Reed, em *The Gospel as Taught by Calvin* (Grand Rapids: Baker, 1979). Ver também James McGuire, "A kinder, gentler calvinism" *in*: D. Steele, C. C. Thomas & S. L. Quinn, *The five points of calvinism: defined, defended, and documented* (Phillipsburg, N. J.: P&R, 2004) e Iain Murray, *Spurgeon v. hyper-calvinism* (Edinburgh: Banner of Truth Trust, 1995).

O Dr. Martyn Lloyd-Jones, a quem a Inglaterra deve a republicação das *Institutas* em 1949, costumava advertir-nos a não citar outros homens, a menos que estivéssemos seguros de que poderíamos nós mesmos afirmar suas palavras com exatidão. Aqueles que lêem este livro logo perceberão a nossa incapacidade de afirmar com exatidão o que estava por trás de muitas das excelentes citações de Calvino nestas páginas. Não devemos perder essa lição. O melhor propósito terá sido atingido se o leitor chegar a esta conclusão: "Devo ler o próprio Calvino!" Como disse o Dr. J. I. Packer, quando a redescoberta das doutrinas da graça estava apenas começando na Inglaterra: "O estudante achará que Calvino é uma leitura mais rica e direta do que muitos de seus expositores".[23]

Obteremos algo excelente se chegarmos à mesma conclusão a que chegou o líder puritano John Cotton, nos últimos anos de seu ministério em Boston. Cotton Mather nos diz que John Cotton, ao "ser perguntado por que em seus últimos dias ele se entregava aos estudos noturnos mais do que em tempos anteriores, ele respondeu alegremente: 'Por que gosto de adoçar minha boca com uma leitura de Calvino antes de dormir'".[24]

Nenhum de nós se arrependerá de estabelecer esse mesmo hábito. Acima de tudo, espera-se intensamente que estas páginas sejam usadas não somente para celebrar um aniversário. Nossa oração é que sejam lidas por uma nova geração de cristãos, chamados ao serviço de Cristo, e que inúmeros deles assumam a resolução apostólica: "Quanto a nós, nos consagraremos à oração e ao ministério da palavra" (At 6.4).

---

[23] Citado em Jean Cardier, *The man God mastered* (London: Inter-Varsity Press, 1960), 187. Para aqueles que procuram um ponto de partida para a leitura do próprio Calvino, eu recomendo J. Graham Miller, *Calvin's wisdom, an anthology arranged alphabetically* (Edinburgh: Banner of Truth Trust, 1992).

[24] Cotton Mather, *The great works of Christ in America* (Edinburgh: Banner of Truth Trust, 1979), 1:274.

Prefácio

BURK PARSONS

João Calvino foi um clérigo para todos os tempos. Era um reformador, um pastor, um revolucionário. Era um marido altruísta, um pai dedicado e um amigo leal. Mas, acima de tudo, Calvino era um homem de espírito humilde e coração governado pelo Senhor Deus todo-poderoso. A oração que norteava sua vida — "Ofereço-Te meu coração, ó Senhor, pronta e sinceramente" — era uma declaração resoluta de rendição ao Senhor, a quem ele procurava amar com toda a sua mente, alma, coração e vigor. Calvino era, antes de tudo, um discípulo de Cristo. Desejava ardentemente ser instruído todos os dias "na escola de Jesus Cristo",[1] a fim de que conhecesse corretamente o Senhor, para "confiar nEle, invocá-Lo, louvá-Lo e amá-Lo".[2]

Este é, em essência, o propósito deste livro: que todo o povo de Deus confie nEle, invoque-O, louve-O e ame-O mais plenamente. Calvino teria desejado que o leitor, ao concluir este livro, não tivesse primariamente um conhecimento da vida, ministério e doutrinas do homem João Calvino, e sim um grande conhecimento de todas as doutrinas de Deus e, o que é mais importante, um grande conhecimento e amor de Deus mesmo, que o leve a uma vida de dever sacrificial e deleite supremo como cidadão do reino de Deus.

Os pastores e mestres que contribuíram para este livro, em comemoração ao qüingentésimo aniversário de nascimento de Calvino, fizeram-no motivados pelo desejo de honrar o Senhor, dando à igreja um livro so-

---

[1] Jules Bonnet (ed.), *Letters of John Calvin*. 4 v. (Eugene, Ore.: Wipf & Stock, 2007), 20 de julho de 1558.

[2] John Calvin, *Institutes of christian religion*. Editado por John T. McNeill e traduzido ao inglês por Ford Lewis Battles. Library of Christian Classics, XX-XXI (Philadelphia: Westminster John Knox, 1960), 1.14.22.

bre a vida, o ministério e a doutrina do homem que foi, antes e acima de tudo, um pastor do povo de Deus, a quem ele serviu durante toda a vida.

Embora muitos cristãos, em todo o mundo, sejam de algum modo familiarizados com as doutrinas ensinadas por Calvino, a maioria deles não conhece bem o homem que se dedicou fervorosamente à oração e ao ministério da Palavra. Devido a tudo que o Senhor realizou em e por meio de Calvino, o seu legado ao cristianismo no século XXI caracteriza-se por compromisso devocional, doutrinário e doxológico ao Senhor. Portanto, devemos atentar às palavras de Theodoro Beza, o amigo constante e biógrafo de Calvino, que escreveu logo depois da morte deste: "Visto que agradou ao Senhor que Calvino continuasse a nos falar por meio de seus escritos, que são eruditos e cheios de piedade, cumpre às gerações futuras continuarem a ouvi-lo, até o fim do mundo, para que vejam o nosso Deus como Ele realmente é, e vivam, e reinem com Ele por toda a eternidade. Amém (10 de agosto de 1564)".[3]

---

[3] Theodore Beza, *Life of John Calvin* (Darlington, England: Evangelical Press, 1997), 140.

Colaboradores

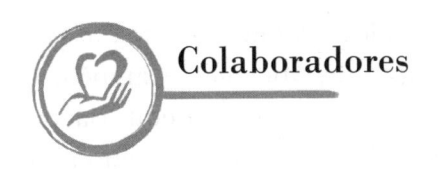

Jay E. Adams, professor, palestrante e autor, ex-professor do *Westminster Seminary* California, e pastor jubilado. Dr. Adams é autor de mais de cem livros, muitos dos quais foram traduzidos para outros idiomas. Entre as suas publicações, encontram-se *Conselheiro Capaz* e *Manual do Conselheiro Cristão*, publicados em português no Brasil pela Editora Fiel.

Eric J. Alexander é pastor jubilado da St. George's-Tron Church, em Glasgow, na Escócia, e membro do conselho da *Alliance of Confessing Evangelicals*. Ex-presidente da *Universities and Colleges Christian Fellowship* (UCCF), na Grã-Bretanha, tem servido como diretor do Conselho Escocês da *Overseas Missionary Fellowship*. O Rev. Alexander prega e ensina em conferências e seminários na Europa e nos Estados Unidos.

Thabiti Anyabwile é o pastor da *First Baptist Church* em Grand Cayman, nas Ilhas Cayman. O Rev. Anyabwile é preletor em conferências e autor de vários livros, incluindo *The Decline of African American Theology: From Biblical Faith to Cultural Captivity*, *The Faithful Preacher: Recapturing the Vision of Three Pioneering African-American Pastors* e *O que é um membro de igreja saudável?*, (Editora Fiel).

Thomas K. Ascol é o pastor principal da *Grace Baptist Church* em Capel Coral, Flórida. Também serve como diretor executivo de *Founders Ministries* e editor do *Founders Journal*. O Dr. Ascol escreveu inúmeros artigos e contribuiu para diversos livros, entre os quais: *Reclaiming the Gospel and Reforming Churches* e *A Puritan Speaks to Our Dying Nation*. Também editou o livro *Amado Timóteo:* Uma Coletânea de Cartas ao Pastor (Editora Fiel).

Joel K. Beeke é presidente e professor de teologia sistemática no *Puritan Reformed Theological Seminary*, em Grand Rapids, Michigan. Também é pastor da *Heritage Netherlands Reformed Congregation* e diretor editorial da *Reformed Heritage Books*. O Dr. Beeke é autor de mais de cento e cinqüenta artigos publicados em diversas revistas e obras de referência. Escreveu e editou cinqüenta livros, incluindo *Vencendo o Mundo (Editora Fiel)*, *A Busca da Plena Segurança* (Os Puritanos), *Paixão pela Pureza – Conheça os Puritanos* e *Herdeiros com Cristo – os Puritanos sobre a Adoção* (PES).

Jerry Bridges serve na organização *The Navigators* desde 1955. Prega regularmente em conferências e seminários nos Estados Unidos; é membro do conselho da *Alliance of Confessing Evangelicals*. É autor de vários livros, entre os quais *A Busca da Santidade* (Vida), *Transforming Grace* e *Respectable Sins*.

Sinclair B. Ferguson é o pastor principal da *First Presbyterian Church* em *Columbia* (Carolina do Sul) e professor de teologia sistemática no *Westminster Theological Seminary*. O Dr. Ferguson também é membro do conselho da *Alliance of Confessing Evangelicals*. Escreveu diversos livros, incluindo *O Espírito Santo (Os Puritanos)*, *Christ Alone*, *Taking the Christian Life Serious* e *The Sermon of the Mount*.

W. Robert Godfrey é presidente e professor de história da igreja no *Westminster Seminary* California. Ensinou em diversas faculdades e seminários e prega freqüentemente em conferências nos Estados Unidos. É membro do conselho da *Alliance of Confessing Evangelicals*. Escreveu vários livros, incluindo *An Unexpected Journey*, *Reformation Sketches* e *Pleasing God in our Worship*.

D. G. Hart é diretor de programas acadêmicos no *Intercollegiate Studies Institute* em Filadélfia, Pennsylvania. Anteriormente, serviu como Deão de assuntos acedêmicos e professor de história da igreja no *Westminster Seminary* California, onde permanece como membro adjunto do corpo docente. O Dr. Hart escreveu vários livros, incluindo *A Secular Faith: Why*

COLABORADORES

Christianity Favors Separation of Church and State; e outros juntamente com John R. Muether, incluindo *Seeking a Better Country: 300 Years of American Presbyterianism* e *With Reverence and Awe: Returning to the Basics of Reformed Worship*.

Michael Horton é professor de apologética e teologia sistemática no *Westminster Seminary* California. Além de servir como editor-chefe da revista *Modern Reformation* e realizar o popular programa de rádio *The White Horse Inn*, é autor de diversos livros, entre os quais *O Cristão e a Cultura*, *As Doutrinas da Maravilhosa Graça*, *Um Caminho Melhor*, *Cristianismo sem Cristo (Cultura Cristã)*.

Phillip R. Johnson é diretor executivo do ministério *Grace to You*, em Panorama City, Califórnia, e pastor na *Grace Comunnity Church*. Está associado a John MacArthur há quase trinta anos e edita a maioria dos livros do Dr. MacArthur. O Rev. Johnson talvez seja mais bem conhecido pelos websites que mantém, incluindo *The Spurgeon Archive* e *The Hall of Church History*.

Steven J. Lawson é o pastor da *Christ Fellowship Baptist Church* em Mobile, Alabama. Serve na junta de ministério do *Reformed Theological Seminary* e na diretoria do *Master's College and Seminary*. Entre os livros escritos pelo Dr. Lawson, encontram-se *Famine in the Land*, *Foundations of Grace*, *A Arte Expositiva de João Calvino* e *As Firmes Resoluções de Jonathan Edwards (Editora Fiel)*.

John MacArthur tem servido como pastor e mestre na *Grace Community Church*, em Sun Valley, Califórnia, há quarenta anos. É ouvido em mais de duzentas estações de rádio em todo o mundo, por meio do programa *Grace to You*. É presidente do *Master's College and Seminary*. Escreveu inúmeros livros, incluindo *Com Vergonha do Evangelho*, *Nossa Suficiência em Cristo*, *O Evangelho Segundo Jesus*, *Guerra pela Verdade* (Editora Fiel) . Também é o autor do comentário no Novo Testamento *MacArthur New Testament Commentary*, uma série composta de 27 volumes.

Keith A. Mathison é editor associado da revista *Tabletalk*, em Orlando, Flórida, bem como um dos editores de *The Reformation Study Bible*. O Dr. Mathison é autor de vários livros, incluindo *Postmillennialism: An Escathology of Hope*, *The Shape of Sola Scriptura*, *Given for You: Reclaiming Calvin's Doctrine of the Lord's Supper* e *Dispensationalism: Rightly Dividing the People of God?*

Iain H. Murray é co-fundador da Banner of Truth Trust, em Edimburgo, Escócia, e ministro emérito da *Australian Presbyterian Church*. O Rev. Murray é autor de vários livros, entre os quais incluem *A Scottish Christian Heritage*, *Evangelicalism Divided*, *Jonathan Edwards: A New Biography* e *The Puritan Hope*.

Burk Parsons é pastor na Saint *Andrew's Chapel*, em Sanford, Flórida, e editor de *Tabletalk*, a revista mensal do Ministério Ligonier. Também é editor do livro *Assured by God: Living in the Fulness of God's*.

Richard D. Phillips é o pastor *Second Presbyterian Church* em Greenville, South Carolina. Também é membro do conselho da *Alliance of Confessing Evangelicals* e presidente da *Philadelphia Conference on Reformed Theology*. A sua pregação é ouvida em todo o país por meio do programa de rádio *God's Living Word*. Entre os seus 21 livros publicados, estes são os mais recentes *What's so Great About the Doctrines of Grace?* e *Jesus the Evangelist*.

Harry L. Reeder é o pastor da *Briarwood Presbyterian Church* em Birmingham, Alabama. Depois de completar sua dissertação de doutorado sobre "O paradigma bíblico da revitalização da igreja", escreveu seu primeiro livro *From Embers to a Flame*. O Dr. Reeder dedica-se ao ministério de revitalização da igreja, realizando as conferências *Embers to a Flame*, duas vezes por ano, nos Estados Unidos.

Philip Graham Ryken é o pastor da *Tenth Presbyterian Church* em Filadélfia, Pennsylvania, e um dos professores da *Alliance of Confessing Evangelicals*. O Dr. Ryken é ouvido nos Estados Unidos por meio do programa de rádio *Every Last Word*. Escreveu e editou mais de vinte livros, incluindo *Biblical Patterns for the Church in the 21st Century* e comentários bíblicos sobre Êxodo, Jeremias, Lamentações, 1 Timóteo e Gálatas.

Derek W. H. Thomas é professor de teologia prática e sistemática no *Reformed Theological Seminary*, em Jackson, Mississipi. Também é pastor na *First Presbyterian Church*, em Jackson, e diretor editorial da *Alliance of Confessing Evangelicals*. Entre os livros escritos pelo Dr. Thomas, encontram-se *God Strengthens: Ezequiel Properly Explained*, *Mining for Wisdom* e *Praying the Savior's Way*. O Dr. Thomas é co-editor, ao lado de John W. Tweeddale, de um livro vindouro sobre a vida, o ministério e a doutrina de João Calvino.

Capítulo 1

A HUMILDADE DO CALVINISMO DE CALVINO

BURK PARSONS

Assim como a mais certa fonte de destruição dos homens é obedecerem a si mesmos, assim também o único lugar de segurança é não ter qualquer outra vontade, qualquer outra sabedoria, senão a de seguir o Senhor aonde quer que Ele guie. Esse deve ser o primeiro passo para renunciarmos a nós mesmos e dedicarmos todo o vigor de nossa mente ao serviço a Deus. Esse serviço significa não somente aquilo que consiste em obediência verbal, mas também aquilo pelo que a mente, destituída de seus sentimentos carnais, obedece implicitamente à chamada do Espírito de Deus.[1]

—João Calvino

Tenho o costume de não me identificar como calvinista. Se minha memória está em boas condições, posso dizer que nunca fiz isso, primeiramente porque João Calvino não o desejaria. De fato, quando outro cristão me pergunta o que sou (visando aparentemente determinar minha filiação denominacional), respondo apenas: sou um cristão. No entanto, se insistirem no que diz respeito ao calvinismo, suponho que responderia: sim, sou um calvinista porque sou um cristão; e sou um cristão porque creio no evangelho.

---

[1] John Calvin, *Institutes of Christian Religion*. Trad. Henry Beveridge (Grand Rapids: Eerdmans, 1947), 3.7.1. De agora em diante, todas as citações das Institutas serão feitas a partir da edição de Battles; ver nota 4 abaixo.

O pregador Charles Haddon Spurgeon, do século XIX, falou sobre isso nos seguintes termos:

> Tenho a opinião pessoal de que não existe tal coisa como pregar a Cristo crucificado, se não pregamos o que hoje é chamado de calvinismo. Chamá-lo por esse nome é dar-lhe um apelido. O calvinismo é o evangelho, e nada mais. Não creio que podemos pregar o evangelho, se não pregamos a justificação pela fé, sem obras; se não pregamos a soberania de Deus em conceder graça, se não exaltamos o amor eletivo, imutável, eterno e conquistador de Jeová. Também não pregamos o evangelho se não o fundamentamos na redenção particular e especial de seu povo eleito e escolhido, a redenção que Cristo consumou na cruz. Não posso, igualmente, compreender um evangelho que deixa os santos se desviarem, depois de haverem sido chamados, e admite que os filhos de Deus são afligidos nas chamas da condenação, depois de haverem crido em Jesus.[2]

Contudo, muitos cristãos calvinistas são desafiados em todo o mundo por uma permanente pergunta: o que é o calvinismo? Muitos responderiam com uma simples anuência aos cinco pontos do calvinismo. Isso pode ser um bom começo para alguns, mas gostaria de sugerir que talvez não seja o melhor começo para muitos cristãos em busca dos fundamentos do calvinismo segundo Calvino.

Ainda recordo meu primeiro contato com o calvinismo. Quando cursava a faculdade, um bom amigo me deu uma cópia de uma revista de estudo bíblico chamada Tabletalk. Na capa daquele exemplar, havia uma foto que estampava as palavras "depravação total" sobre a face sorridente de um bebê. Logo depois disso, agendei um encontro com o pastor de minha igreja e lhe perguntei se poderia explicar o que era o calvinismo. A sua resposta de dez segundos foi algo assim: "O calvinismo é uma doutrina que afirma que Deus salva aqueles que Ele quer e condena os que Ele não quer". E prosseguiu falando sobre a aberração bíblica desse ensino, explicando por que eu deveria ficar tão distante quanto

---

[2] Charles H. Spurgeon, *A defense of Calvinism*. Citado por J. I. Packer no "Ensaio Introdutório" de John Owen, *The Death of Death in the Death of Christ* (London: Banner of Truth, 1959), 10.

possível do calvinismo e dos calvinistas. Em seguida, ele disse que eu deveria estudar somente a Palavra de Deus para discernir a verdade do erro. "Se você estudar o calvinismo", ele me advertiu, "talvez se torne um calvinista, mas, se estudar a Palavra de Deus, será capaz de combater qualquer doutrina que não seja bíblica". Embora a sua descrição do calvinismo tenha sido bastante deficiente, a sua exortação era exatamente o que eu precisava ouvir.

Comecei a estudar tudo que pude obter a respeito do calvinismo. Durante vários anos, assisti a conferências teológicas que pude custear, li exemplares de Tabletalk, de capa a capa, estudei todo livro ou folheto que pude achar sobre o assunto. O mais importante é que, durante todo aquele tempo, estudei atentamente as Escrituras, examinando o que elas tinham a dizer sobre todas as coisas supostamente calvinistas. Embora eu tenha lutado contra o calvinismo com toda a espontaneidade que pude reunir, não foram os livros, nem as conferências, nem as revistas bem editadas que me convenceram do calvinismo. Foi o ensino claro da Palavra de Deus que me trouxe convencimento — em todos os aspectos. No final, gastei toda a minha resistência em algo, e Alguém, a que eu não pude resistir.

Meu entendimento do calvinismo ainda era incompleto. Com certeza, eu afirmava os cinco pontos do calvinismo, podendo até explicar e defender biblicamente cada um desses pontos. Podia contar fatos a respeito de Calvino e dar uma resposta genérica à pergunta "o que é o calvinismo?" Mas logo descobri que essas coisas não equivalem a tudo que significa ser um calvinista plenamente confirmado.

O ÂMAGO DO CALVINISMO E A GLÓRIA DE DEUS

Desde a primeira ocasião em que ouvi sobre Calvino e o calvinismo, continuo a examinar o que significa ser um calvinista autêntico, de opiniões firmes. Ainda que minha busca do calvinismo seja uma tarefa vitalícia, nestes últimos anos tenho me interessado crescentemente pelo fato de que o calvinismo está sendo expresso por multidões de meus companheiros do século XXI. Gostaria de sugerir que existem muitos que se declaram calvinistas, mas têm um calvinismo superficial, que não vai além da afirmação dos cinco pontos, ou da última conferência da qual participaram, ou da longa lista de teólogos calvinistas que podem citar em oposição a uma lista correspondente de teólogos não-calvinistas. Talvez estejam se ostentando alegremente em uma vale de tulipas vermelhas e radiantes, mas não ergueram a cabeça para contemplar as florestas viçosas e as gloriosas montanhas ao seu redor.

Christopher Catherwood, em seu livro Five Leading Reformers, oferece uma palavra de advertência a todos os calvinistas:

> Temos de ser "calvinistas bíblicos" e não "calvinistas de sistema". Todos podemos facilmente ser atraídos ao que achamos ser um ótimo sistema de pensamento e ignorar que devemos harmonizar com as Escrituras tudo o que cremos, embora isso implique lançar fora idéias que fluem bem num sistema puramente lógico, mas são incompatíveis com o que a Bíblia ensina. Ainda que Calvino tenha cometido esse erro, pode ser argumentado que muitos dos seus seguidores têm feito isso através dos séculos. E incluo a mim mesmo, como calvinista, nessa advertência![3]

Embora eu argumente que o "calvinismo bíblico" produz, necessária e corretamente, o "calvinismo de sistema", devemos atentar a essa advertência de Catherwood. Calvino era um cristão que, antes e acima de tudo, vivia e respirava a Palavra de Deus; e todo verdadeiro calvinista deve seguir esse exemplo.[4] Calvino se empenhou por escrever suas *Institutas da Religião Cristã* — que, exceto as Escrituras,[5] é inquestionavelmente a obra

---

[3] Christopher Catherwood, *Five Leading Reformers* (Fearn, Tain: Christian Focus, 2000), 104.

[4] John Calvin, *Institutes of Christian Religion*. Ed. John T. McNeill; trad. Ford Lewis Battles. Library of Christian Classics, XX-XXI (Philadelphia: Westminster John Knox, 1960), 3.7.5.

[5] Ou, como John Murray chamou as Institutas, "a *obra magna* da teologia cristã" (John Murray, "Introduction" in: John Calvin, *Institutes of Christian Religion*. Trad. Henry Beveridge,1). Ford Lewis Battles, tradutor das Institutas, de Calvino, advertiu seus alunos, quando começavam a estudá-las: "Vocês estão para desfrutar uma das experiências mais clássicas da vida cristã... nestas páginas que parecem ordeiras e imparciais estão impressas as respostas veementes de um homem à chamada de Cristo. Se [vocês] sempre mantiverem diante de si o caráter autobiográfico do livro, todo o homem lhes falará em cada verdade" (*Analysis of the Institutes* [Phillipsburg, N. J.: P & R, 2001], 14).

mais majestosa em toda a história da humanidade — a fim de ajudar os que se preparavam para o ministério pastoral a estudarem a Palavra de Deus e terem "acesso fácil à Palavra e progredissem nela sem tropeço".[6]

De acordo com Calvino, devemos ser "ensinados diariamente na escola de Jesus Cristo".[7] Por isso, temos de ser estudantes das Escrituras, se queremos possuir doutrina correta e sadia. "Ora, para que a verdadeira religião brilhe em nós, devemos afirmar que ela tem sua origem na doutrina celestial e que ninguém pode sequer provar a doutrina correta e sadia, se não for um aluno das Escrituras."[8] Calvino também disse: "Não abriguemos em nossa mente a idéia de buscar a Deus em qualquer outro lugar além das Sagradas Escrituras, nem pensemos qualquer coisa a respeito dEle que não seja revelada em sua Palavra, nem falemos qualquer coisa que não seja extraída da Palavra".[9] T. H. L. Parker escreveu: "Este era o plano teológico de Calvino — edificar somente com base nas Escrituras".[10]

Todo o ministério de Calvino foi construído sobre a Palavra de Deus. Em harmonia com o lema da Reforma *ad fontes*, "de volta à origem" (especialmente à única fonte infalível), as *Institutas* de Calvino são um resumo da religião cristã segundo as Escrituras. Esse era o *modus operandi* de Calvino, como afirma Ronald S. Wallace, um de seus estudiosos: "De fato, poderíamos argumentar que todos os seus ensinos se desenvolveram da Bíblia. Ele insistia sempre que a tradição tem de ser corrigida constantemente e subordinada ao ensino das Sagradas Escrituras".[11]

Através dos anos, à medida que tenho falado com pastores reformados de todo o mundo, tenho sentido a tristeza deles por causa da multidão de supostos calvinistas que podem ter resolvido as dificuldades doutrinárias em um ponto ou outro do calvinismo, mas não começaram nem mesmo

---

[6] John Calvin, *Institutes of Christian Religion*, 4.

[7] Julies Bonnet (ed.), *Letters of John Calvin*. 4 v. (Eugene, Ore.: Wipf & Stock, 2007), 20 de julho de 1558.

[8] John Calvin, *Institutes of Christian Religion*, 1.6.2.

[9] Ibid., 1.13.21.

[10] T. H. L. Parker, *Portrait of Calvin* (Philadelphia: Westminster, 1954), 52.

[11] Ronald S. Wallace, *Calvin, Geneva, and the Reformation* (Eugene, Ore.: Wipf & Stock, 1998), 4.

a assimilar todas as nuanças magnificentes do calvinismo de Calvino. Esse tipo de calvinismo é produzido e formado somente pelas Escrituras — e isso o torna um calvinismo que começa com Deus, ensina-nos a respeito de Deus, dirige nossa mente e coração de volta para Deus, da maneira como Ele merece, exige e se deleita na adoração e obediência que Lhe prestamos.[12] Este é o fundamento tríplice do calvinismo de Calvino: devoção, doutrina e doxologia — a devoção do coração ao Deus da Bíblia, a busca da mente pela doutrina bíblica de Deus, a entrega de todo o ser à doxologia.[13] Calvino escreveu: "A glória de Deus resplandece em sua Palavra, para que sejamos tão afetados por ela, sempre que Ele fala por meio de seus servos, como se Ele estivesse bem próximo de nós, face a face".[14]

O CORAÇÃO DE CALVINO E O DOMÍNIO SOBERANO DE DEUS NELE

De acordo com Calvino, o que é o verdadeiro calvinismo? Em um sentido, o calvinismo é tão sistematicamente profundo como a obra de Calvino, tão historicamente extenso como tudo que tem sido deduzido dos seus escritos, durantes este últimos cinco séculos e, como o queria Calvino, doutrinariamente restrito como os sessenta e seis livros das Escrituras Sagradas.[15] Um verdadeiro calvinista é alguém que se esforça para pensar e viver como Calvino pensava e vivia — até ao ponto em que ele pensava e vivia como nosso Senhor, em harmonia com a Palavra de Deus.[16]

Sendo cristãos, entendemos que não somos de nós mesmos, mas fomos comprados por preço. Por meio de sua graça salvadora, o Senhor

---

[12] John Calvin, *Institutes of Christian religion*, 1.6.2: "Todo o conhecimento correto de Deus tem sua origem na obediência." Em sua obra *Systematic Theology*, Louis Berkhof escreveu: "Tomás Aquino se expressou nestes termos: *Theologia a Deo docetur, Deum docet, et ad Deum ducit* [A teologia é ensinada por Deus, ensina a respeito de Deus e leva a Deus]" (Louis Berkhof, Systematic Theology [Grand Rapids: Eerdmans, 1966], 390). A linguagem de adorar a Deus da maneira como Ele merece, exige e nela se deleita é emprestada do Dr. Scott Smith, da Christ Community Church, em Franklin, Tennessee.

[13] Ronald S. Wallace, *Calvin, Geneva, and the Reformation*, 210-218.

[14] John Calvin, *Commentaries on the Twelve Minor Prophets* (Grand Rapids: Eerdmans, 1948-1950), 4:343.

[15] John Calvin, *Institutes of Christian Religion*, 1.7.1; 3.5.8.

[16] Lester De Koster escreveu: "Sabemos que o cristianismo é multifacetado. Somente Deus sabe de quantas maneiras o seu Espírito enriquece o mundo. Calvino e o calvinismo são uma dessas maneiras" (Lester De Koster, *Light for the City* [Grand Rapids: Eerdmans, 2004], x).

Jesus se apropriou de nosso coração de pedra, e o regenerou, e o transformou em um coração espiritualmente maleável, derramando nele o seu amor, mediante o Espírito Santo, que nos foi dado.[17] Esta era a percepção de Calvino quanto à vida cristã:

> Se, agora, não somos de nós mesmos [cf. 1Co 6.19], e sim do Senhor, é evidente de que erro devemos fugir e para onde devemos direcionar todos os atos de nossa vida.
>
> Não somos de nós mesmos; portanto, não permitamos que nossa razão ou nossa vontade controlem nossos planos e realizações. Não somos de nós mesmos; portanto, não estabeleçamos como nosso alvo a busca do que é conveniente para nós segundo a carne. Não somos de nós mesmos; portanto, esqueçamos de nós mesmos e de tudo que nos pertence, tanto quanto pudermos.
>
> Por outro lado, somos de Deus; portanto, vivamos e morramos para Ele. Somos de Deus; portanto, permitamos que sua sabedoria e sua vontade governem todas as nossas ações. Somos de Deus; de acordo com isso, façamos que todas as áreas de nosso viver se empenhem por Ele como nosso único alvo legítimo [cf. Rm 14.8; cf. 1Co 6.19]. Oh! Quão abençoado é o homem que, tendo sido ensinado que não pertence a si mesmo, renunciou o controle e o governo de sua própria razão, para sujeitá-la a Deus! Pois, visto que consultar o interesse próprio é a pestilência que leva mais eficientemente à nossa destruição, a única segurança de salvação é sermos sábios não em nós mesmos e seguirmos tão-somente a orientação de nosso Senhor.[18]

Não somos de nós mesmos, pertencemos ao Senhor. Essa confissão é, em essência, o âmago do verdadeiro calvinismo. Nossa salvação pertence ao Senhor, do começo ao fim (Sl 3.8, Ap 7.10). Ele cativou nossa mente, fazendo sua luz resplandecer em nosso coração (2Co 4.6; 10.5). Todo o nosso ser pertence ao Senhor — coração, alma, mente e força. Isso era o que Calvino proclamava; era o fundamento sobre o qual sua vida fora estabelecida.

---

[17] Cf. Jr 31.33, Rm 5.5, Ez 11.19.
[18] John Calvin, *Institutes of Christian Religion*, 3.7.1.

O Senhor se apropriou de Calvino, que, por sua vez, não podia senão renunciar "o controle e o governo de sua própria razão" e sujeitá-la somente ao Senhor.[19] Esse é o glorioso esplendor refletido em qualquer estudo sobre a pessoa de Calvino. Ele não era um super-homem, um super-teólogo, um super-clérigo. Era um homem que Deus resolvera chamar das trevas para a sua maravilhosa luz, a fim de que penetrasse as trevas e resplandecesse com abundante fulgor para cada geração do povo de Deus, até que Cristo volte.

Na verdade, qualquer estudo sobre Calvino é um estudo sobre a obra de Deus na vida de seu servo, em seu reino. Nas palavras do biógrafo Jean Cardier, Calvino foi um homem que "Deus governou".[20] Ao governá-lo, o Senhor usou seu servo para realizar tudo que havia proposto soberanamente. Ao assenhorear-se do coração de Calvino, o Senhor o deixou sem escolha, exceto a de oferecer seu coração a Deus pronta e sinceramente. Embora Calvino entendesse que "a natureza do homem é uma perpétua fábrica de ídolos",[21] que "a mente gera um ídolo, e as mãos o trazem à luz",[22] que o coração do homem é "desesperadamente corrupto", mais do que todas as coisas (Jr 17.9), ele não podia fazer nada além de apresentar seu coração a Deus, com mãos dispostas, oferecendo-se totalmente a Ele.[23]

Em tudo, Calvino não somente se dedicou a Deus, mas também se ofereceu sacrificialmente a Ele: família, estudos, pregação — todo o seu ministério (Rm 12.1-2). Foi um homem que ministrou não para a sua própria glória, mas para a glória de Deus (Sl 115). Pregou não a si mesmo, e sim a Palavra de Deus (2Tm 4.1-2). De acordo com Parker, Calvino "tinha horror daqueles que pregavam suas próprias idéias, em lugar do evangelho bíblico. 'Quando subimos ao púlpito, não levamos conosco

---

[19] Ibid.

[20] Jean Cardier, *Calvin: The Man God Mastered*. Trad. O. R. Johnston (Grand Rapids: Eerdmans, 1960).

[21] John Calvin, *Institutes of Christian Religion*, 1.11.8.

[22] Ibid.

[23] Em sua lista de qualificações dos presbíteros, o apóstolo Paulo usa linguagem semelhante, dizendo: "Fiel é a palavra: se alguém aspira ao episcopado, excelente obra almeja" (1Tm 3.1). A palavra aspira é uma tradução da palavra grega *oregomai*, que tem a idéia de alguém se esticar para tocar ou pegar algo, alcançar ou desejar algo.

nossos sonhos e imaginações'".²⁴ Calvino não se preocupava em oferecer à sua congregação as meditações fantásticas de seu próprio coração. Embora, em muitas igrejas, se tornara popular que o pastor se esforçasse por "derramar seu coração" perante a sua congregação, esse não era o alvo de Calvino, pois ele oferecera seu coração exclusivamente a Deus. Como resultado, Calvino não achava conveniente compartilhar as paixões instáveis de seu próprio coração, e sim proclamar o coração de Deus em sua Palavra imutável. Calvino não se preocupava com que seus congregantes olhassem para ele; antes, se preocupava com que olhassem para o Senhor. Esse deve ser o alvo de todo pastor; e, se necessário, eles devem colocar, atrás de seu púlpito uma placa com estas palavras: "Senhor, queremos ver Jesus" (Jo 12.21). Esse era o alvo de Calvino, em sua pregação, em toda a sua vida.²⁵

A HUMILDADE DE CALVINO E A GLORIOSA MAJESTADE DE DEUS SOBRE ELE

De acordo com Calvino, no alicerce do calvinismo está a realidade de que Deus é santo e nós não o somos.²⁶ A explicação de Calvino a respeito da depravação humana não foi formulada com base num exame superficial e comparativo do estado da humanidade no século XVI. Antes, o seu entendimento da condição do homem surgiu como resultado de seu estudo de tudo que a Bíblia diz sobre a existência miserável e degenerada do homem depois da Queda e, em distinção, de seu estudo da majestosa santidade de Deus. Em suas *Institutas*, na seção intitulada "A verdadeira humildade dá honra somente a Deus", Calvino escreveu a respeito de nossa insignificância e da sublimidade ou exaltação de Deus. Calvino disse: "Assim como a nossa humildade evoca a sublimidade de Deus, assim também a nossa confissão dessa humildade acha o remédio disponível em sua misericórdia".²⁷

R. C. Sproul, em sua obra clássica, *A Santidade de Deus,* relata a sua conversão a Deus e as envolventes conseqüências da majestosa santidade de

---

[24] T. H. L. Parker, *Portrait of Calvin*, 83.
[25] Steven J. Lawson, *A arte expositiva de João Calvino* (São José dos Campos, SP: Fiel, 2008), 116-117.
[26] John Calvin, *Institutes of Christian Religion*, 3.6.2; 3.20.41.
[27] Ibid., 2.2.11.

Deus em sua vida. Sproul diz: "De repente, tive uma paixão por Deus, o Pai. Queria conhecê-Lo em sua majestade, em seu poder, em sua augusta santidade". E prossegue: "Estou convencido de que [a santidade de Deus] é uma das idéias mais importantes com a qual o cristão pode debruçar-se. Ela é essencial a todo o nosso entendimento de Deus e do cristianismo".[28] Estas foram as questões com as quais Calvino lutou durante toda a sua vida cristã: o que significa dizer que Deus é santo? Quais as implicações da santidade de Deus para o nosso estudo de doutrina? Quais são as implicações da santidade de Deus para a nossa vida?[29] Calvino escreveu:

> A retidão pode surgir de melhor fundamento do que da advertência bíblica de que devemos ser santos porque Deus é santo?... Quando ouvimos sobre a nossa união com Deus, lembremos que a santidade tem de ser o elemento que estabelece essa união; ela não acontece porque entramos em comunhão com Ele devido à nossa santidade! Pelo contrário, devemos apegar-nos a Ele para que, infundidos com sua santidade, possamos segui-Lo aonde quer que nos chame.[30]

Não possuímos santidade inerentemente, explicou Calvino. Antes, é a própria santidade de Deus que nos conquista e nos capacita a seguir o Senhor. Em seu comentário sobre Êxodo 28, Calvino explica isso e descreve a impureza de nossa própria "santidade", quando considera a oração sacerdotal de Jesus, na qual Ele suplicou: "A favor deles eu me santifico a mim mesmo, para que eles também sejam santificados na verdade" (Jo 17.19):

> Esta é uma passagem indubitavelmente notável, pela qual somos ensinados que de nós mesmos não procede nada que seja agradável a Deus, exceto por meio da intervenção da graça do Mediador; pois não há nesta passagem qualquer referência a pecados grosseiros e evidentes, para os quais o perdão, conforme é evidente, só

---

[28] R. C. Sproul, *A Santidade de Deus* (São Paulo, SP.: Cultura Cristã, 1997).

[29] Por exemplo, quanto ao assunto de "imperfeição e esforço na vida cristã", Calvino escreveu: "O começo do viver correto é espiritual, no qual o sentimento íntimo da mente é dedicado sinceramente a Deus, para o cultivo da santidade e da retidão" (*Institutes of Christian Religion*, 3.7.5).

[30] John Calvin, *Institutes of Christian Religion*, 3.6.2.

pode ser obtido por meio de Cristo... Esta é uma afirmativa rude e quase um paradoxo: nossa própria santidade é tão impura que necessita de perdão. Todavia, devemos ter em mente o fato de que nada é tão puro que não possa contrair de nós alguma mácula.[31]

A doutrina de Calvino a respeito de Deus humilhava-o. Ele não se orgulhava de sua formulação dessa doutrina, pois não podia se orgulhar de uma santidade que não lhe pertencia, para que dela se gloriasse.[32] Pelo contrário, ele se gloriava apenas na majestade e santidade de Deus. Foi essa santidade que o levou a tornar-se cônscio de sua condição naturalmente depravada e o impeliu em sua luta por pensar, falar e viver como Jesus. Assim como falhamos todos os dias em nossos esforços de seguir perfeitamente o Senhor, Calvino também falhava. Contudo, ele foi um homem de arrependimento constante, mais criticamente consciente de si mesmo e de sua fragilidade do que alguém poderia ter sido, chegando a admitir no final de sua vida: "Sou e sempre tenho sido um estudioso insignificante e tímido".[33] Afirmações como essa, da parte de Calvino, não foram inventadas enganosamente por uma mente cativada por falsa modéstia; antes, fluíam de uma mente cativada e um coração humilhado pela majestade de Deus que resplandecia na Palavra. Como disse John Piper:

> Nos primeiros dos seus vinte anos, João Calvino experimentou o milagre de ter os olhos de seu espírito abertos pelo Espírito de Deus. E o que ele viu imediatamente, sem qualquer cadeia interveniente de raciocínio humano, foram duas coisas, tão entretecidas que determinariam o resto de sua vida: a majestade de Deus e a Palavra de Deus. A Palavra mediou a majestade, e a majestade confirmou a dignidade da Palavra.[34]

---

[31] John Calvin, *Commentary on the last four books of Moses, arranged in the form of a harmony* (Grand Rapids: Baker, 1993), 202.

[32] John Calvin, *Institutes of Christian Religion*, 3.7.4.

[33] G. R. Potter and M. Greengrass, *John Calvin* (London: Edward Arnold, 1983), 172-173. Trad. G. Raum, E. Caunitz e E. Reuss, *Corpus Reformatorium* (Opera Calvini), 59 vols. (Braunschweig [Brunnswick]: 1863-84), v. 37, cols. 890-894.

[34] John Piper, *O Legado da Alegria Soberana* (São Paulo, SP.: Shedd Publicações, 2005).

Os amigos mais próximos de Calvino, Guillaume Farel e Pierre Viret, percebiam-no como um homem de arrependimento e dependência total do Senhor, "a fonte da vida".35 Em um sermão sobre 1 Timóteo 3.16 e a descrição de Paulo quanto ao mistério da piedade, observamos a atitude de Calvino em relação à miserável condição de nosso coração e à grandiosa obra de Deus em aproximar-se de nós e conquistar-nos:

> Não há nada em nós, exceto podridão; nada, senão pecado e morte. Então, permitamos que o Deus vivo, a fonte da vida, a glória eterna e o infinito poder, venha e se aproxime de nossa miséria, infelicidade e fragilidade, bem como deste profundo abismo de toda iniquidade — o homem; permitamos não somente que a majestade se aproxime desse homem, mas também se torne um com ele, na pessoa de Jesus Cristo!36

Não encontramos qualquer vestígio de desespero ou cinismo em Calvino. Pelo contrário, encontramos esperança que não desaponta, porque estava fundamentada e focalizada na majestade de Deus e de sua Palavra.37 Quanto a essa observação, Theodoro Beza, amigo e primeiro biógrafo de Calvino, afirmou corretamente: "O leitor que procura realmente a glória de Deus verá este senso de majestade, sobre o qual estou falando, permeando os escritos de Calvino".38 Em todos os seus escritos, Calvino admoesta os leitores a voltarem sua atenção de si mesmos para a Escritura: "Peço somente que o leitor, deixando de lado a doença do amor próprio e ambição, pela qual é cegado e pensa a respeito de si mes-

---

[35] Theodore Beza, *The Life of John Calvin* (Darlington, England: Evangelical Press, 1564, 1997), 12-13. Ver também Richard Stauffer, *The Humanness of John Calvin*. Trad. George Shriver (Nashville: Abingdon, 1971), 47-71.

[36] John Calvin, "The mystery of godliness" in: *The Mystery of Godliness and other Sermons* (Orlando: Soli Deo Goria, 1999), 12-13.

[37] John Kromminga escreveu a respeito de Calvino: "Ele se engajava em análises penetrantes da fragilidade humana, falando claramente e sem comprometimento sobre a depravação do homem. Mas, em tudo, ele manifestava também confiança inabalável na graça de Deus que vence o pecado humano" (John H. Kromminga, *Thine is My Heart* [Grand Rapids: Reformation Heritage Books, 1958, 2006], Introduction).

[38] Theodore Beza, *The Life of John Calvin*, 140.

mo mais elevadamente do que deveria [cf. Gl 6.3], veja-se corretamente no espelho fiel das Escrituras [cf. Tg 1.22-25]".[39]

Tendo Calvino como nosso exemplo de esforço para tornar-nos estudiosos perspicazes e servos dispostos da Palavra de Deus, aprendemos que o estudo das Escrituras afasta de nós mesmos o nosso coração arrogante e o focaliza na majestade de Deus, com fé verdadeira. Em referência a esta verdade negligenciada freqüentemente, Jonathan Edwards escreveu:

> Visto que desejamos fazer das Escrituras Sagradas nossa regra, para julgarmos a natureza da verdadeira religião e julgarmos nosso próprio estado e qualificações espirituais, é importante considerarmos intensamente esta humilhação, como uma das coisas mais essenciais pertinentes ao verdadeiro cristianismo.[40]

Na nota de rodapé desta observação, Edwards citou Calvino:

> Calvino, em suas Institutas da Religião Cristã, Livro II, Capítulo 2, no 11, diz: "Uma afirmação de Crisóstomo sempre me agradou muito — o fundamento de nossa filosofia é a humildade (Crisóstomo, De perfectu evangelli 2 [MPG 51.312]). Mas uma afirmação de Agostinho me agrada muito mais: "Quando perguntaram a certo retórico qual era a sua primeira regra de retórica, ele respondeu: 'Elocução; qual era a sua segunda regra: 'Elocução'; qual era a terceira: 'Elocução'. Então, se você me perguntar a respeito dos preceitos da religião cristã — primeiro, segundo, terceiro —, eu lhe direi: 'Humildade'".[41]

De acordo com Calvino, a humildade é a virtude suprema, não somente em atitudes, mas em toda a vida.[42] A humildade cristã deveria res-

---

[39] John Calvin, *Institutes of Christian Religion*, 2.2.11.

[40] Jonathan Edwards, *Religious Affections*, ed. John E. Smith, *The Works of Jonathan Edwards*, vol. 2 (New Haven: Yale Divinity Press, 1959), 314-315.

[41] Ibid., n1.

[42] Calvino escreveu: "A principal recomendação feita aos cristãos é que a si mesmos se neguem" (João Calvino, *2 Coríntios* [São José dos Campos, SP: Fiel, 2008], 151.)

plandecer nas trevas gigantescas deste mundo. Não é a nossa eloqüência nem o nosso brilhantismo que leva os homens a Deus. Pelo contrário, é Deus quem conduz a Si mesmo aos homens por meio da aparente loucura da pregação. Portanto, a humildade deve conquistar nossa mente e transformar nosso coração, surgindo de nosso estudo da majestade de Deus em sua Palavra magnífica.

Steven J. Lawson, em seu livro *A arte expositiva de João Calvino*, observa a humildade de Calvino na pregação: "Sendo um pregador, o principal objetivo de Calvino era se comunicar de forma bem sucedida com as pessoas nos bancos de sua congregação. Ele não buscava impressionar a congregação com sua inteligência, mas impactá-los com a impressionante majestade de Deus".[43] Em sua vida e ministério, Calvino pregava Cristo, e este crucificado — pregava o evangelho, quer fosse oportuno, quer não.

A estimativa de Calvino quanto a si mesmo e aos seus esforços era desanimadora, até no final de sua vida. Sua única consolação era esta: o temor do Senhor estava em seu coração. Numa sexta-feira, 28 de abril de 1564, quatro semanas antes de sua morte, o pastor da Igreja de São Pedro, em Genebra, se levantou diante de uma assembléia de ministros e presbíteros e apresentou suas palavras de despedida. Perto do fim de seu discurso, ele reconheceu isto:

> Tenho sofrido muitas enfermidades, que vocês têm sido obrigados a suportar. Além disso, tudo que fiz é indigno. Os ímpios se aproveitarão do que fiz, mas repito: tudo que fiz é indigno, e sou uma criatura miserável. Contudo, posso dizer isto: eu tencionava o melhor, meus erros sempre me desagradaram, e a raiz do temor do Senhor sempre esteve em meu coração. Vocês podem dizer: "Ele tinha boas intenções". Rogo a Deus que o meu mal seja perdoado. E, se houve alguma coisa boa, vocês podem firmar-se por meio dela e usá-la como exemplo.[44]

---

[43] Steven J. Lawson, *A Arte Expositiva de João Calvino*, 83.
[44] G. R. Potter e M. Greengrass, *John Calvin*, 172-173.

O LEGADO DE CALVINO PARA OS CALVINISTAS DO SÉCULO XXI

No serviço diário de pastorear o rebanho de Cristo, sempre recorro aos meus antepassados espirituais em busca de respostas para as questões mais difíceis sobre a vida e a doutrina da igreja. Embora eles já estejam no lar, com o Senhor, por meio da fé mútua eles nos proveram palavras de conforto, encorajamento e advertência. À medida que penso nas dificuldades doutrinárias, eclesiásticas e pessoais que enfrentaram e considero a obra sustentadora do Senhor na vida deles, vejo-me humilhado e desafiado por suas vozes uníssonas, que parecem nos admoestar, do céu, instando-nos a combater o bom combate, sermos fiéis até ao fim e, acima de tudo, honrarmos o Senhor.

Entre as muitas vozes fiéis do passado, parece haver uma que se destaca das demais. É a voz do homem que desejava fervorosamente ouvir não sua própria voz, e sim a voz de Deus, em sua Palavra. É precisamente por causa da humildade que o Senhor infundiu no espírito de Calvino que admiro esse homem. De fato, não se passa uma semana sem que eu pense no exemplo que Calvino deixou para nós e para os cristãos em cada geração. Na vida e no ministério, enquanto reflito sobre o homem Calvino, percebo estas três coisas: ele foi um homem que morreu para si mesmo e buscou tomar a sua cruz diariamente, para que servisse o Senhor e o rebanho que Deus lhe confiara (Lc 9.23).[45] Foi um homem que não pensou acerca de si mesmo mais do que convinha e procurou considerar os outros melhores do que ele mesmo (Rm 12.3; Fp 2.3).[46] Foi um homem que não procurou agradar, primordialmente, aos homens; antes, buscou agradar a Deus em tudo (Cl 1.10; 3.23).[47] Calvino foi um homem que se esforçou por não viver para seu próprio reino, mas para o reino de Deus (Mt 6.33; 21.43).[48] Foi um homem que procurou ser fiel aos olhos de Deus, e não um homem bem-sucedido aos olhos do mundo (Ap 2.10). Foi um homem

---

[45] Calvino escreveu: "Aquele que negou a si mesmo cortou a raiz de todo o mal, de modo que não busca mais as suas próprias coisas; aquele que tomou a sua cruz se preparou para toda a mansidão e paciência" (*Institutes of Christian Religion*, 3.15.18).

[46] Ibid., 2.2.11; 2.2.25.

[47] Ibid., 3.14.7.

[48] Ibid., 3.15.5; 4.20.26.

que não desejava sua própria glória; antes, desejava a glória de Deus em tudo que fazia (1Co 10.31; cl 3.17).[49] Foi um homem que não tentou desenvolver um sistema de teologia que complementaria a Palavra de Deus; antes, diligenciou por extrair sua teologia da Palavra de Deus visando à adoração correta, o contentamento e o amor de Deus.

Levando tudo isso em conta, Calvino está entre os maiores homens de todos os tempos. No entanto, sua grandeza, como reconheceu B. B. Warfield, não consistiu do que ele fez para si mesmo, e sim da sua dedicação a Deus — "Nisto vemos o segredo da grandeza de Calvino e a fonte de seu vigor. Nenhum outro homem tinha um senso mais profundo de Deus; nenhum outro homem se rendeu mais irrestritamente à orientação divina do que Calvino".[50] Esta foi a grandeza de Calvino — sua completa rendição a Deus. Este é o legado de Calvino àqueles de nós desejamos não somente usar o distintivo dos cinco pontos do calvinismo, mas também vestir-nos do humilhante poder do evangelho (1Pe 5.5). Não fiquemos satisfeitos com a insígnia de um calvinismo simplista; antes, vistamo-nos com o calvinismo de Calvino — um calvinismo que glorifica a Deus, é centrado em Cristo, capacitado pelo Espírito e norteado pelo evangelho; um calvinismo que brilha com tanto esplendor, que as trevas enganosas do pecado são vencidas em nosso coração, a fim de que resplandeçamos como a luz de Jesus Cristo neste mundo sombrio — para o seu reino e a sua glória.

---

[49] Piper disse: "Acho que este seria um título adequado para toda a vida e obra de João Calvino — zelo para ilustrar a glória de Deus" (John Piper, "The divine majesty of the Word: John Calvin, the man and his preaching", *The Southern Baptist Journal of Theology*, 3/2 [Summer 1990], 40).

[50] B. B. Warfield, *Calvin and Calvinism* (Grand Rapids: Baker, 2000), 24.

Capítulo 2

QUEM ERA JOÃO CALVINO?

DEREK W. H. THOMAS

Portanto, examinemos incessantemente as nossas próprias faltas e retornemos à humildade. Assim, nada restará em nós para ensoberbecer-nos, e haverá muita ocasião para nos prostrarmos.[1]

—João Calvino

Teólogo, pastor, pregador, correspondente, clérigo, estadista — João Calvino era tudo isso e muito mais. Ele era muito mais do que sabemos a seu respeito. Quinhentos anos depois, Calvino ainda é lido, debatido, defendido, injuriado. Para alguns, seus comentários são o padrão pelo qual outros são julgados. Para outros, ele continua sendo "o ditador sem oposição de Genebra".[2]

João Calvino nasceu a uns 90 quilômetros ao norte de Paris, em Noyon, Picardia, em 10 de julho de 1509. As gerações anteriores de sua família eram de Pont-l'Evêque, uma vila próxima a Noyon. Seu avô era um barqueiro ou tanoeiro (isto é, um fazedor de barris); e seu pai, Gérard, depois de migrar para Noyon, que tinha uma catedral, duas abadias e quatro paróquias, se tornou o tabelião e promoteur da catedral (um equivalente eclesiástico do promotor civil). Ele ascenderia a escada

---

[1] John Calvin, *Institutes of Christian Religion*. Ed. John T. McNeill; trad. Ford Lewis Battles. Library of Christian Classics, XX-XXI (Philadelphia: Westminster John Knox, 1960), 3.7.4.

[2] F. L. Cross (ed.), *The Oxford dictionary of Christian Church*. 2nd ed. (Oxford: Oxford University Press, 1974).

social do ofício eclesiástico, de tabelião a tabelião apostólico e tabelião fiscal, até que, em 1497, se tornou bourgeois.

Gérard se casou com Jeanne Le Franc, filha de um dono de hospedaria. Assim como Gérard, o pai de Jeanne acabara de se tornar *bourgeois*, mas também recebera um assento no conselho da cidade e, conforme todas as informações disponíveis, tinha condições financeiras mais seguras. O casamento duraria menos do que vinte anos. Jeanne morreu em 1515, havendo dado à luz a cinco meninos. Além de João, havia Charles (o mais velho), Antoine e François, que morreram jovens; e outro Antoine, que recebeu o nome de seu irmão falecido.[3] Três meninos e duas meninas sobreviveram até se tornarem adultos. As meninas, Marie e sua irmã (cujo nome é desconhecido) nasceram da segunda esposa de Gérard.

João não tinha 6 anos de idade (talvez 4 ou 5) quando sua mãe faleceu. Aos 11 ou 12 anos, foi enviado a Paris para estudar no Collége de la Marche e preparar-se para ingressar posteriormente na Universidade de Paris. Ali, João Calvino estudou gramática, incluindo latim, sob a instrução de um dos maiores professores de latim da época, Mathurin Cordier (a quem, mais tarde, Calvino dedicaria seu comentário sobre 1 Tessalonicenses). De lá, João foi à escola do monastério, em Montaigu (um estabelecimento destinado a preparar jovens para o sacerdócio). A escola se localizava numa rua famosa pelos ladrões e assassinos, e tinha esgotos abertos e fedorentos. A comida era escassa e ordinária; a disciplina, severa. As orações começavam às 4h da manhã, seguidas por preleções até às 6h, quando a missa era rezada. Das 8h às 10h, havia a *grande aula*, seguida por discussão. O almoço era às 11h, seguido por leituras da Bíblia e orações. Ao meio-dia, os alunos eram questionados acerca de seus trabalhos matinais e descansavam das 13h às 14h. Havia mais aulas das 15h às 17h, seguidas por orações vespertinas. Entre o jantar, as leituras que o seguiam e o momento de dormir, às 20h, aconteciam outros debates na capela. Em dois dias da semana, havia permissão para recreação.

---

[3] Ver T. H. L. Parker, *John Calvin:* a biography (Louisville, Ky.: Westminster John Knox, 2006), 18. Williston Walker, *John Calvin:* revolutionary, theologian, pastor (Ross-shire, U.K.: Christian Focus, 2005), 26-28.

PARIS, ORLÉANS E BOURGES

Montaigu serviu como escola preparatória para a Universidade de Paris e o diploma de Bacharel em Artes, que conduziria ao estudo de teologia. Evidentemente, João estava destinado ao sacerdócio. Mas, em 1525 ou 1526, quando tinha 16 ou 17 anos, o impacto de Martinho Lutero na vizinha Alemanha ganhava impulso, e uma "carreira" na igreja deve ter parecido menos desejável para Gérard (cujo relacionamento com a igreja se tornava cada vez mais tenso). Assim, depois de duas tentativas mal sucedidas de obter uma posição eclesiástica para seu filho, Gérard enviou João a Orléans, para estudar direito; em seguida, ele o enviou à Universidade de Bourges, onde João permaneceria por 18 meses. Foi em Bourges que João Cavino aprendeu grego (numa época em que o estudo de grego era considerado ultrapassado). Ali também ele ensinou retórica em um convento agostiniano e pregou regularmente no púlpito de pedra da igreja local. Alguns sugerem que as convicções evangélicas já estavam evidentes em Calvino nesse período (1530). Escrevendo em seu *Comentário sobre o Livro dos Salmos*, ele se referiu a uma "súbita conversão".[4]

Depois de um breve retorno a Orléans, no outono de 1530, Calvino esteve novamente em Paris, no começo da primavera do ano seguinte. Ele pretendia ter uma vida sossegada na "tranqüilidade literária". Mas seus planos de retornar a Orléans foram frustrados pela morte repentina do pai, em 1531. Uma carta que Calvino escreveu nessa época retrata um jovem (21 anos) que tinha afeição mínima pelo pai, a quem ele pouco vira nos anos anteriores. É discutível se Calvino tinha algum amor pelo estudo do direito, mas, estando seu pai fora de cena, ele retornou a Orléans e, depois, a Paris, para estudar os clássicos e, entre outras disciplinas, o hebraico. Um irrompimento de peste forçou os alunos e os professores a fugirem do país, e pouco sabemos acerca de seu paradeiro nessa época, até que surgiu em 1532, tendo escrito o que era, de fato, a sua tese de doutorado: um comentário sobre o filósofo estóico Sêneca,

---

[4] João Calvino, *O Livro dos Salmos*. Vol. 1 [dedicatória]. (São José dos Campos, SP; Editora Fiel, 2009). Baum, Guilielmus Baum, Eduardus Kunitz, Eduardus Reuss (ed.), *Ioannis Calvini opera quae supersunt omnia* (Brunsvigae: Wiegandt & Appelhans, 1887), 31:22.

intitulado *De Clementia [Sobre a Misericórdia]*. O alvo de Calvino era que essa obra o conduzisse ao mundo da erudição humanista e à vida acadêmica tranqüila que ele desejava.

Em novembro de 1533, seu amigo Nicolas Cop, reitor da Universidade de Paris, fez um discurso entusiasta abrindo o período letivo de inverno. Foi um apelo a uma reforma modesta baseada em princípios bíblicos e à maneira de Lutero. Isso causou um tumulto; em 19 de novembro, Cop foi substituído. Em dezembro, foi emitida uma ordem de prisão de Cop, mas ele não foi encontrado. Posteriormente, sugeriu-se que Calvino escrevera aquele discurso.[5] O certo é que ele também desapareceu de Paris durante aquele mês de novembro, tendo escapado pela janela do quarto, usando lençóis e disfarçando-se de vinhateiro. Ele passaria o final de 1533 e o começo de 1534 no sul da França, na província de Saintonge, sob o pseudônimo de Charles d'Espeville. Também passou algum tempo em Orléans, onde escreveu o primeiro rascunho de *Psichopannychia*, um livro que foi publicado no final de 1542.[6] Esse livro abordava principalmente o estado da alma depois da morte, sendo um ataque à doutrina do sono da alma.

Em maio de 1534, Calvino estava de volta às proximidades de Paris, embora sob algum risco. Em uma ocasião, ele pregou fora da cidade, numa caverna, em Saint-Benoît, e sabe-se que ele celebrou a Ceia do Senhor no vilarejo de Crotelles.

Paris testemunhou o *affaire de placards* durante a noite de 17 e 18 de outubro de 1534. Protestantes franceses ocuparam-se ativamente em fixar cartazes, nas principais cidades, em desafio ao ritual da missa (apareceu um cartaz até na porta do quarto do rei). O rei ordenou a prisão de centenas de apoiadores da "maldita seita luterana", e alguns foram executados. Calvino estava possivelmente implicado e deixou a França

---

[5] A primeira sugestão a respeito desta opinião pode ser vista na biografia revisada de Calvino, escrita por Theodoro Beza. Quanto a uma discussão mais ampla sobre este assunto, ver Alister E. McGrath, *A life of John Calvin: a study in the shaping of western culture* (Oxford, England; Cambridge, Mass.: Blackwell, 1990), 64-67.

[6] A edição de 1542 portava o título *Vivere apude Christum non dormire animis sanctos, qui in fide Christi decedent*. Guilielmus Baum, Eduardus Kunitz, Eduardus Reiss (ed.), *Ioannis Calvini opera quae supersunt omnia* (Brunsvigae: Wiegandt & Appelhans, 1887), 5:165-232.

(via Estrasburgo), para estabelecer-se em Basiléia, chegando ali em janeiro de 1535. Ali assumiu outro pseudônimo — Martianus Lucianus. Em uma cidade que falava alemão, Calvino se estabeleceu em meio a um número crescente de exilados franceses.

EXÍLIO DA FRANÇA

Agora, Calvino já era convertido e se identificava abertamente com aqueles que lideravam a Reforma na Europa. Seu coração, que antes de dedicara com fervor às superstições do papado, havia experimentado uma "educabilidade" (*docilitas*), palavra que sugere uma disposição de ser submisso ao ensino das Escrituras. "Pois nenhum homem jamais será um bom mestre", Calvino escreveria, "se não demonstra ser ele mesmo educável (*docilis*) e estar sempre disposto a aprender".[7] Foi esta a época da "conversão súbita" de Calvino, como muitos pensam? Nem todos concordam, e alguns sugeriram que a sua conversão se deu antes de 1530, ressaltando que a palavra latina traduzida por "súbita" também pode ser traduzida por "inesperada".[8]

O tempo passado em Basiléia seria proveitoso para Calvino como um escritor emergente. Em 4 de julho de 1535 ocorreu a publicação da tradução francesa da Bíblia, feita por Olivetanus, para a qual Calvino escreveu a apresentação em latim. Ele também escreveu um prefácio para uma edição dos sermões de Crisóstomo. Então, depois de catorze meses de sua chegada a Basiléia, em março de 1536, Calvino publicou

---

[7] John Calvin, *The first epistle of Paul to the Corinthians*. Trad. John W. Fraser; Ed. por David W. Torrance e Thomas F. Torrance (Grand Rapids: Eerdmans, 1989), 303.

[8] Quanto a uma data anterior para a conversão de Calvino, ver "Appendix 2: Calvin's conversion", por T. H. L. Parker, *John Calvin*: a biography (Louisville, Ky.: Westminster John Knox, 2006), 199-203, W. De Greef, *The writings of John Calvin*: an introductory guide. Trad. Lyle D. Bierma (Grand Rapids: Baker; Leicester, England: Apollos, 1993), 23. Em apoio a uma data posterior, ver Randall C. Zachman, *John Calvin as a teacher, pastor and theologian*: the shape of his writings and thought (Grand Rapids: Baker Academic, 2006), 17-18 e François Wendel, *Calvin: origins and development of his religious thought*. Trad. Philip Mairet (Durham, N.C.: The Labyrinth Press, 1950), 37-45. Quanto a uma opinião sugerindo que muita importância tem sido dada a esta simples referência à conversão de Calvino, ver uma discussão extensiva em Alexandre Ganozcy, *The young Calvin*. Trad. David Foxgrover e Wade Provo (Philadelphia: Westminster Press, 1966), 241-287.

sua primeira edição das *Institutas da Religião Cristã*. Era uma introdução à teologia, contendo 516 páginas, expondo a lei, o credo, a oração do Pai Nosso, os sacramentos e a liberdade cristã; e tudo isso tinha o propósito de ajudar o número crescente de cristãos protestantes em sua terra natal, a França.[9]

Depois de um breve retorno a Paris (em uma época mais segura), Calvino colocou seus negócios em ordem, tencionando deixar a cidade e levar consigo seus irmãos Antoine e Marie. Planejava ir a Estrasburgo, para estudar, talvez pelo resto de sua vida.

ATALHO PARA GENEBRA

A viagem de Calvino de Basiléia para Genebra é um dos grandes relatos da história da igreja. Seu destino era Estrasburgo, mas uma guerra local (entre as forças de Francisco I, rei da França, e de Carlos V, imperador do Sacro Imperador Romano) impediu-o de tomar a rota mais rápida, necessitando tomar um atalho via Genebra por uma noite. Entrando na cidade, foi imediatamente reconhecido e levado a conhecer Guillaume Farel, que liderara a causa protestante na cidade nos dez anos anteriores. Farel, homem ruivo, de temperamento explosivo, ameaçou Calvino dizendo-lhe que, se ousasse deixar a cidade e se recusasse a unir-se a ele na obra da Reforma, Deus o amaldiçoaria. Calvino, aterrorizado e convencido, atendeu aos apelos de Farel e, exceto por um breve exílio de 1538 a 1541, permaneceu em Genebra até sua morte, quase 30 anos depois.

O alvo imediato de Calvino em Genebra, um cidade de 10.000 habitantes, era o estabelecimento de uma igreja que levasse a sério as reivindicações da Bíblia quanto à sua forma e governo. Ele fez isso instituindo reuniões diárias para cântico de salmos e pregação expositiva, ministrando mensalmente a Ceia do Senhor (o desejo de Calvino quanto a uma

---

[9] Ela portava o enorme título de *Basic Instruction [Institution] in Christian religion comprising almost the whole sum of godliness and all that needs to be known in the doctrine of salvation. A newly published work very well worth reading by all who aspire to godliness [pietatis summam]. The preface is to the most Christian King of France, offering to him this book as a confession of faith by the author, Jean Calvin of Noyon.* CO 1:6.

celebração semanal nunca obteve apoio dos magistrados da cidade, razão por que nunca se consumou) e, o que é mais importante, uma igreja livre para exercer sua própria autoridade em questões de disciplina, sem a influência de autoridades civis ou sem a indevida influência dos genebrinos da alta sociedade (*Libertines*), que atacavam Calvino qualificando-o como um francês que tinha idéias de grandeza acima de sua posição.

Para alguns, incluindo John Knox, da Escócia, dentre as coisas que eles já tinham visto, a cidade de Genebra era a mais parecida com o céu. Outros, tais como Miguel Serveto, cuja execução em 1553 (e a aprovação de Calvino) é recontada com freqüência incessante, achavam Genebra sufocante. Serveto era culpado de heresia (anti-trinitarianismo) e de ser perturbador da paz (ele havia sido advertido a não entrar em Genebra) e teria sido igualmente expulso de uma cidade católica, se tivesse sido apanhado ali. A sua execução não é um exemplo de calvinismo intolerante, e sim de aplicação da jurisprudência civil do século XVI na Europa Central, onde vários estilos de vida eram considerados indefensáveis e passíveis de punição pela lei, de um modo que as sociedades humanistas de nossos dias reagiriam com furor. Serveto fora achado culpado por uma corte civil de 25 homens, e o próprio Calvino gastou várias horas com ele, instando-o a que se arrependesse para escapar da condenação inevitável. O pedido de Calvino em favor de uma execução menos dolorosa (Serveto morreu na fogueira) foi rejeitado. Reformadores mais brandos, incluindo Martin Bucer e Philip Melanchthon, aprovaram a morte de Serveto.

Em janeiro de 1537, Farel e Calvino apresentaram ao conselho da cidade seus Artigos sobre a Organização da Igreja e seu Culto em Genebra. Esses artigos foram recebidos com certo apreço (exceto a freqüência da Ceia do Senhor) pelas autoridades civis da cidade, mas as relações entre os ministros e as autoridades civis se deterioraram rapidamente em 1537. E, na Páscoa do ano seguinte, uma contenda sobre a questão do uso de pães asmos na Ceia levou-os a exigirem a saída dos ministros. Na terça-feira depois da Páscoa (após um tumulto de uma multidão incontrolada, na cidade), Farel e Calvino receberam a ordem de deixarem a cidade imediatamente. O reformador estivera em Genebra durante quase 18 meses.

Farel se estabeleceu em Basiléia, e Calvino, em Estrasburgo. Esses foram anos tranqüilos para Calvino, que ministrou entre os exilados franceses e foi altamente produtivo em termos de reforma da igreja e de projetos literários: um saltério em francês, um tratado bastante significativo sobre a Ceia do Senhor, uma nova edição das Institutas — revisada, ampliada e muito mais semelhante ao produto final que apareceria vinte anos depois, em 1559. Além disso, houve preleções (e, posteriormente, comentários) sobre o Evangelho de João, 1 Coríntios e Romanos. E, além de todas essas realizações, Calvino encontrou uma esposa.

IDELLETE DE BURE

Os amigos de Calvino haviam insistido em que ele casasse, a fim de promover o entendimento protestante quanto ao casamento e à família. Ele fez sua lista de desejos: não mencionou beleza, mas insistiu que uma futura esposa deveria ser uma pessoa recatada, sensível, econômica, paciente, capaz e disposta a cuidar de sua saúde. Farel já tinha uma mulher em mente, mas não disse nada sobre isso. Outra "moça de classe nobre" foi sugerida; mas, embora uma cerimônia de casamento tenha sido planejada para 10 de março de 1540 (apenas duas semanas depois), Calvino permaneceu solteiro, dizendo que pensaria em casar-se com ela somente "se o Senhor privar-me de toda a inteligência".[10] Em agosto, ele já estava casado. Escolheu Idellete de Bure, a viúva de um falecido anabatista que se unira à congregação calvinista em Estrasburgo, com sua esposa e filhos. No inverno de 1540, o esposo de Idelete faleceu da praga, e em 6 de agosto daquele ano ela e Calvino se casaram. A união comprovou-se feliz e durou até março de 1549, quando Idelete morreu depois de nove anos de saúde frágil. Ela dera a Calvino um filho, que chamaram de Jaques, mas ele faleceu pouco tempo depois de seu nascimento.

Alguns anos depois de expulsarem Calvino, as autoridades de Genebra mudaram de idéia e pediram a Estrasburgo que o mandassem de volta. Em outubro de 1540, houve tentativas de reconciliação. A princípio, Calvino mostrou-se indiferente à idéia. Em 24 de outubro daquele

---

[10] CO 11:30, citado em T. H. L. Parker, *John Calvin: a biography*, 6.

ano, ele escreveu a Farel dizendo-lhe que não estava disposto a retornar a Genebra. Mas acrescentou: "Porque sei que não sou o meu próprio senhor, ofereço meu coração como verdadeiro sacrifício ao Senhor".[11] Por fim, ele retornou, entrando na cidade na terça-feira 13 de setembro de 1541. No domingo daquela semana, Calvino reassumiu suas responsabilidades de pregação das Escrituras, precisamente no ponto em que parara, quando deixara a cidade, três anos e meio antes. "Pelo que", argumentou ele posteriormente, "indiquei que havia interrompido meu ofício de pregação por um tempo e que não o havia abandonado completamente".[12]

EM GENEBRA NOVAMENTE

Seu retorno implicou uma nova autoridade para realizar reformas. Em dois meses, foi aprovada uma lei de reforma ampla da liturgia, ordenação e disciplina, conhecida como as Ordenanças Eclesiásticas (*Les Ordonnances ecclésiastiques*). Em algumas semanas, foi indicada uma comissão de três pessoas (incluindo Calvino) para analisar uma reforma civil na cidade. O envolvimento de Calvino em 1543 era tal, que foi liberado de todas as suas responsabilidades de pregação (exceto aos domingos), para que dedicasse a atenção à reforma civil. Assim, durante as próximas duas décadas, Genebra foi a sede do ministério de Calvino. Inicialmente, ele pregava duas vezes no domingo e uma vez na segunda, quarta e sexta-feira. Mas isso se evidenciou ser demais, e em 1549 foi-lhe negada a permissão de pregar mais do que uma vez no domingo. A agenda de Calvino cresceu novamente. Além dos dois sermões no Dia do Senhor, ele pregava todos os dias em semanas alternadas, atingindo quase 250 sermões por ano. Seu estilo era consistente — ele expunha a Bíblia fazendo uma exposição consecutiva, passando pelos livros do Antigo Testamento (durante a semana) e os do Novo Testamento (nos domingos).

Por volta de 1546, a oposição a Calvino ressurgiu, quando os *Libertines* fomentaram um tumulto armado contra os imigrantes franceses. Em

---
[11] CO 11:99-110.
[12] CO 11:365-366.

1547, um bilhete anônimo colocado no púlpito da Igreja de São Pedro ameaçava Calvino de morte. Problemas familiares também emergiram. Charles, o irmão mais velho de Calvino, que havia sido ordenado como sacerdote, fora acusado de heresia e morrera excomungado. Antoine, o irmão mais novo de Calvino, vivia agora em Genebra e realizava algum serviço eclesiástico para seu irmão. O casamento de Antoine parecia ser difícil desde o começo. Sua esposa, que fora acusada, sem provas, de adultério em ocasião anterior, se tornara culpada de relações com o empregado da casa de Calvino, e o casamento terminou em divórcio em 1557. Sua enteada também se tornara culpada de adultério, e Calvino escreveu sobre este como um período em que sentia muita vergonha de sair de casa.

Uma decisão importantíssima foi tomada em agosto de 1549, pelos diáconos da igreja em Genebra, quando designaram o estenógrafo Denis Raguenier a taquigrafar aproximadamente cada palavra que Calvino proferia em público. Assim, nos próximos doze anos, 2.043 sermões foram registrados e impressos exatamente como Calvino os apresentou. Até hoje permanecem entre os mais valiosos documentos da pregação da Reforma. Depois da morte de Raguenier, em 1560 ou 1561, outros foram designados para continuar essa obra até a morte de Calvino, em 1564.[13]

Calvino nunca esteve isento de críticas teológicas. Em 1551, o assunto da predestinação ocupou a proeminência. Jérôme Bolsec fora banido de Genebra por negá-lo, e Jean Trolliet criticara publicamente Calvino por defender esse tema. Em 1553, as relações entre a igreja (o consistório) e o estado (o Pequeno Conselho) se agravaram. Em 1º de setembro, Philibert Berthelier, que no ano anterior perdera, por um ato do consistório, o acesso à Ceia do Senhor, por estar bêbado, recebeu do conselho permissão para participar da Ceia. Aconteceu um impasse que durou vários meses, à medida que Berthelier ameaçava participar da Ceia. Por fim, o conselho outorgou ao consistório o direito de excomungar membros da igreja. Depois da derrota dos *Libertines*, em 1555, Calvino pôde dedicar

---

[13] Em 1806, alguns dos sermões não publicados de Calvino que estavam na biblioteca de Genebra foram vendidos, por falta de espaço, a um editor público. Alguns desses sermões desapareceram sem deixar vestígio.

sua atenção à construção de uma escola para treinar homens para o ministério e a obra missionária no número crescente de igrejas reformadas, na Europa e no exterior. A Academia de Genebra foi inaugurada em 5 junho de 1559.[14] Aparentemente, a convocação incluía uma representação dos síndicos (os quatro governantes oficiais da cidade), membros dos conselhos de Genebra, pastores, professores e regentes (mestres em uma escola pré-universitária) da academia, bem como quase 600 estudantes. Calvino planejara essa academia desde 1541, e passaram-se 20 anos até a realização do projeto.[15]

ÚLTIMOS DIAS

A década final da vida de Calvino foi menos conflituosa. Nesse período, ele trabalhou novamente nas *Institutas*, publicando sua edição final em 1559, que era quatro vezes mais ampla do que a primeira, quase completamente revisada e reestruturada. No entanto, a saúde de Calvino começou a deteriorar-se. No inverno de 1558-59, ele ficou gravemente enfermo. Ele se recuperou no início das aulas da academia, mas adoeceu outra vez em 1564.[16]

Em 26 de fevereiro de 1564, Calvino fez sua última preleção com base em uma parte de Ezequiel 26. Seu último sermão havia sido apresentado poucas semanas antes, em 6 de fevereiro. Ele participou das reuniões da igreja nas próximas semanas, participando da Ceia do Senhor no sábado de Páscoa (2 de abril). Em 25 de abril, Calvino ditou seu testamento a um tabelião.[17] Expressou sua crença de que servira ao Senhor na habilidade que lhe fora dada. Dois dias depois, ele se despediu dos síndicos e dos membros do Pequeno Conselho, os quais vieram à

---

[14] Charles Borgeaud, Historie de 'Université de Genève, vol. 1: l'Académie de Calvin (1559-1978) (Geneva, 1900), 1.

[15] Karin Maag, *Seminary or University? The Genevan Academy and Reformed Higher Education*, 1560-1620 (Scolar Press, 1995), 8.

[16] Calvino experimentou grande quantidade de doença, incluindo nefrite, cálculo biliar, sangramento hemorroidal, cefaléia e muito mais.

[17] CO 20:298-302.

sua casa para cumprir esse propósito.[18] Ele morreu em 27 de maio e foi sepultado no dia seguinte, às 14h, "envolvido em uma mortalha e colocado em um caixão de madeira, sem pompa ou cerimônia requintada... seu túmulo foi identificado com um montículo simples, como o de seus mais humildes companheiros", conforme ele mesmo desejara.[19]

A vida de Calvino terminou, mas deixou para trás centenas de sermões, comentários de quase todos os livros da Bíblia, um manual de teologia, inúmeros folhetos e cartas e, muito mais do que isso, uma vida consagrada a Deus.

---

[18] CO 9:887-890.
[19] Williston Walker, *John Calvin*, 339.

Capítulo 3

O CORAÇÃO DE CALVINO PARA DEUS

SINCLAIR B. FERGUSON

Chamo de "piedade" aquela reverência unida ao amor a Deus, induzida pelo conhecimento de suas bênçãos. Pois, até que os homens reconheçam que devem tudo a Deus, que são mantidos pelo cuidado paternal de Deus, que Ele é o autor de todo bem, que devem buscar tão-somente a Ele, e nada mais — eles jamais se submeterão a servi-Lo espontaneamente. Não, enquanto não estabelecerem a sua completa felicidade em Deus, os homens jamais se dedicarão sincera e verdadeiramente a Ele.[1]

—João Calvino

João Calvino era um dos mais reservados homens cristãos e raramente demonstrava em público os movimentos internos de seu coração. Somente em algumas ocasiões ele removia o véu, como por exemplo no prefácio de seu *Comentário sobre os Salmos*. Ali, ele se reconhece como alguém que possuía uma "disposição um tanto rude e tímida, que sempre me levava a amar a solidão e o isolamento".[2]

Então, como um jovem erudito humanista, reservado, estudioso, do final da década de 1520 e começo de 1530, se tornou uma influência tão poderosa no ministério do evangelho?

---

[1] John Calvin, *Institutes of Christian Religion*. Ed. John T. McNeill; trad. Ford Lewis Battles. Library of Christian Classics, XX-XXI (Philadelphia: Westminster John Knox, 1960), 1.2.1.

[2] João Calvino, *O Livro dos Salmos*. Vol. 1 [dedicatória]. (São José dos Campos, SP; Editora Fiel, 2009).

A resposta mais simples se acha em uma carta que ele escreveu em 1564 ao seu amigo e colega Guillaume Farel: "Basta que eu viva e morra por Cristo, que é, para todos os seus seguidores, lucro tanto na vida como na morte".[3] O eco do testemunho de Paulo é inconfundível: "Para mim, o viver é Cristo, e o morrer é lucro" (Fp 1.21). Este moto sempre esteve associado a Calvino: "Ofereço-Te meu coração, Senhor, pronta e sinceramente" (*Cor meum tibi ofero, Domine, prompte et sincere*).[4]

RENOVAÇÃO PODEROSA

As Escrituras ensinam que a renovação realizada pelo Espírito Santo envolve a mente, a vontade e as afeições. E isso aconteceu com Calvino:

> Visto que eu me achava tão obstinadamente devotado às superstições do papado, para que pudesse desvencilhar-me com facilidade de tão profundo abismo de lama, Deus, por um ato súbito de conversão, subjugou e trouxe a minha mente a uma disposição suscetível, a qual era mais empedernida em tais matérias do que se podia esperar de mim naquele primeiro período de minha vida. Tendo assim recebido alguma experiência e conhecimento da verdadeira piedade, imediatamente me senti inflamado de um desejo tão intenso de progredir nesse novo caminho que, embora não tivesse abandonado totalmente os outros estudos, me ocupei deles com menos ardor.[5]

A forma e a ênfase do ministério de um indivíduo emerge, com freqüência, das influências e da atmosfera em que a sua conversão aconteceu. Às vezes, isso parece deixar uma marca permanente em sua vida.

---

[3] Jules Bonnet (ed.), *Letters of John Calvin*. Trad. M. R. Gilbert (Philadelphia: Presbyterian Board of Education, 1859), 4:364. A carta foi escrita em 2 de maio de 1564. Calvino morreu em 27 de maio.

[4] Compare a linguagem de sua carta dirigida a Farel em agosto de 1541, enquanto se preparava para retornar a Genebra: "Se eu tivesse uma chance à minha disposição, nada me seria menos agradável do que seguir seu conselho. Mas, quando me lembro que não pertenço a mim mesmo, ofereço meu coração como um sacrifício ao Senhor". *Letters of John Calvin*, 1:280-281.

[5] João Calvino, *O Livro dos Salmos*.

E aconteceu com Calvino. O que quer signifique a sua expressão "conversão súbita" [*subita conversione*], o rico vocabulário que ele utilizou para descrever sua conversão nos dá um retrato dos princípios que moldaram sua vida cristã. A sua linguagem é impressionantemente diversa da linguagem do evangelicalismo contemporâneo. É difícil imaginá-lo falando a respeito de "deixar Jesus entrar em meu coração" ou "orar aceitando Jesus". De fato, para Calvino, o movimento da conversão não é "Cristo entrar em", e sim "entrar em Cristo".

Duas coisas se destacam na conversão de Calvino: primeira, o seu estado anterior à conversão era caracterizado por um mente "empedernida" e resistente ("não suscetível ao ensino") e, por implicação, um desinteresse pela verdadeira piedade (transformado posteriormente num "desejo tão intenso"). Essa era a compreensão bíblica de alguém que acreditava que a mente humana caída é "uma perpétua fábrica de ídolos"[6] e, por conseguinte, profundamente resistente ao iconoclasmo da graça.

Segunda, para Calvino a conversão significava não somente a transição da condenação para a justificação, mas também da ignorância para o conhecimento, da rebelião arrogante para um coração humilde.[7] A mente de Calvino foi moldada e trazida a uma "disposição suscetível". Disso surgiram novas afeições poderosas. Depois da conversão, ele se tornou "inflamado" com um "desejo tão intenso" de fazer progresso na "verdadeira piedade". Portanto, oferecer coração a Deus implicava ter desejo de crescer no "conhecimento da verdade segundo a piedade" (Tt 1.1).

TRANSFORMAÇÃO PROGRESSIVA

A descrição de Calvino a respeito dos eventos que seguiram a sua conversão "súbita" nos dá uma indicação de seu progresso espiritual: "Fiquei totalmente aturdido ao descobrir que antes de haver-se esvaído um ano, todos quantos nutriam algum desejo por uma doutrina mais

---

[6] John Calvin, *Institutes of Christian Religion*, 1.11.8.

[7] Observe, nesta conexão, a sua aprovação quanto a um comentário nas cartas de Agostinho afirmando que a essência da vida cristã é a humildade. Ibid., 2.2.11.

pura vinham constantemente a mim com o intuito de aprender, embora eu mesmo não passasse ainda de mero neófito e principiante".[8]

Sua característica distintiva, evidente depois de sua conversão, era uma habilidade, dada por Deus, de penetrar o âmago do significado do texto das Escrituras. Mas essas palavras também indicam que seu progresso inicial estava estabelecido em um contexto de comunhão inter-relacionada — e, de algum modo, "secreta" — de jovens que tinham a mesma maneira de pensar, primeiramente em Paris e, depois, em toda a Europa. Essas irmandades são freqüentemente instrumentos de Deus para estimular o viver santo e o progresso do evangelho.

Calvino fora um estudante em Paris durante as conseqüências da análise dos doutores de Sorbonne quanto às obras de Martinho Lutero. Daquele caldeirão de intranqüilidade espiritual surgiu um grupo de rapazes fragilmente unidos que se tornaram líderes de novas igrejas da Reforma. Foi dessa escola de profetas que Calvino emergiu como um dos principais eruditos teológicos de sua geração, evidenciado na sua primeira publicação das *Institutas da Religião Cristã*, comparativamente breve, em 1536. O seu subtítulo enfatiza a percepção ousada do jovem Calvino: *Summa Pietatis*[9] ou "a totalidade da piedade". Seu alvo, desde o início, era não meramente o conhecimento, e sim um entendimento do evangelho que impactaria o coração e a vontade, transformando vidas.

Essa união de aprendizado com piedade marcou todo o ministério de Calvino e refletiu seu entendimento do que significa conhecer a Cristo, servir a Deus e viver no poder do Espírito. "Chamo de piedade", escreveu Calvino, "aquela reverência unida ao amor a Deus, induzida pelo conhecimento de suas bênçãos".[10] A *piedade* incluía o âmbito da família (a devoção ao pai era a expressão humana mais comum da piedade). Além do uso freqüente desse vocábulo, Calvino empregava outro termo familiar para descrever a vida cristã: *adoptio* — filiação adotiva. Embora ele nunca tenha feito uma consideração específica para cada um desses conceitos nas *Institutas*, juntos eles resumem o que está envolvido em ser

---

[8] João Calvino, *O Livro dos Salmos*.

[9] O título da primeira edição era: *Christianae religionis institutio tota fere pietatis summam... complectens*.

[10] John Calvin, *Institutes of Christian Religion*, 1.2.1.

um cristão e crescer na semelhança de Jesus Cristo. A piedade é uma expressão da adoção — reverência a Deus, viver tendo em vista a sua glória. Isso é o que os filhos são chamados a ser e fazer.[11]

TEOLOGIA RETRATADA NA VIDA

Viver a vida cristã é um tema que permeia todas as *Institutas*, mas é o tema central do Livro 3, intitulado "O modo de obter graça em Cristo; os benefícios que isso confere e os efeitos resultantes". A exposição de Calvino tem uma ordem distintiva (alguns a julgam bem própria dele), como indicará uma olhada rápida nos subtítulos do capítulo. Em alguma medida, isso destaca a maneira pela qual a grande obra de Calvino é, ao mesmo tempo, uma teologia trinitariana, uma expressão do evangelho e um retrato de sua própria vida espiritual.

Nos escritos de Calvino, em nenhum outro lugar podemos sentir o pulso de sua vida espiritual como o sentimos em sua exposição da vida cristã no Livro 3, capítulos 6 a 10, das *Institutas*. Esse material é o assunto do um capítulo deste livro, mas os seus temas são pertinentes à própria experiência de Calvino, e não podemos entender seu coração sem alguma referência a esses assuntos.[12]

CENTRALIDADE DE JESUS CRISTO

Para Calvino, o evangelho não é predestinação ou eleição, a soberania de Deus ou mesmo os cinco pontos de doutrina com os quais seu nome é freqüentemente associado. Esses são aspectos do evangelho, mas o evangelho é o próprio Jesus Cristo. Isso talvez seja óbvio — mas, quem

---

[11] Compare as belas palavras no Catecismo Francês de Calvino, de 1537, descrevendo a piedade como "um zelo puro e verdadeiro que ama a Deus completamente como Pai, reverencia-O genuinamente como Senhor, aceita a sua justiça, teme ofendê-Lo mais do que teme a morte" (John Calvin, *Instruction in faith*. Trad. Paul T. Fuhrmann [Louisville, Ky.: Westminster John Knox Press], 22).

[12] Este material apareceu em forma anterior na segunda edição das *Institutas*, em 1539, e foi publicado separadamente, em 1549, em uma tradução para o inglês, feita por Thomas Broke, intitulada *The Life and Communicacion [sic] of a Christian Man*. E foi republicada como *The Golden Booklet of Christian Life*.

pensaria em algo diferente? Contudo, essa verdade assume um significado novo no entendimento de Calvino.

Na época da segunda edição das *Institutas* (1539) e das edições subseqüentes, o estudo contínuo das Escrituras, por parte de Calvino, trouxera-o a um entendimento mais profundo do evangelho (ele completou seu comentário em Romanos naquele mesmo ano). Com esse novo entendimento, Calvino insistia em que a salvação e todos os seus benefícios nos advêm tão-somente por meio de Cristo e se acham exclusivamente nEle. A união com Cristo introduz o crente na comunhão com Cristo, crucificado, ressuscitado, assunto ao céu, que reina e voltará.

Disso resultam duas considerações. Primeira, Calvino entendia que, por meio da fé em Cristo, possuía todas as benções do evangelho. Segunda, ele percebeu que sua vida estava arraigada e fundamentada na comunhão com Cristo. Talvez tenha sido a compreensão pessoal desses fatos que o levou a se mostrar poético no clímax de sua exposição da seção cristológica do Credo dos Apóstolos:

> Vemos que a nossa salvação e todas as suas partes estão em Cristo (At 4.12). Por isso, devemos cuidar para não obtermos de qualquer outra fonte a menor parte de nossa salvação. Se a buscamos, somos ensinados pelo próprio nome de Jesus que a salvação está nEle (1Co 1.30).
>
> Se buscamos quaisquer outros dons do Espírito Santo, eles se acham na unção de Cristo. Se buscamos vigor, está em seu domínio; se pureza, em sua concepção; se amabilidade, ela se manifesta em seu nascimento... se buscamos redenção, ela se encontra em sua paixão; se inocência, em sua condenação; se remissão da maldição, em sua cruz (Gl 3.13); se satisfação, em seu sacrifício; se purificação, em seu sangue; se reconciliação, em sua descida ao inferno; se mortificação da carne, em sua sepultura; se novidade de vida, em sua ressurreição; se imortalidade, em sua ressurreição; se herança do reino celestial, em sua entrada ao céu; se proteção, segurança e suprimento abundante de todas as bênçãos, em seu reino; se esperança inabalável de juízo, no poder que Lhe foi dado para julgar.[13]

---
[13] John Calvin, *Institutes of Christian Religion*, 2.16.19.

Calvino fez uma grande descoberta, uma descoberta que dominou a sua teologia e a sua vida. Se Cristo é nosso Redentor, então Ele foi preparado na encarnação para lidar, de maneira precisa, perfeita e completa, com a causa de nossa culpa e as conseqüências de nosso pecado. A união com Cristo foi o instrumento que o Espírito Santo usou para realizar isso.

SEMELHANÇA COM CRISTO: CALVINO HUMILDE, AMÁVEL E MANSO?

Uma afirmação de Calvino, em sua exposição do Credo dos Apóstolos, pode servir como base de estudo das suas lutas pessoais por santificação e da medida de progresso que obteve: "Se buscamos... amabilidade, ela se manifesta em seu nascimento".[14]

Este era o homem conhecido por seus colegas de universidade como "O Caso Acusativo", o jovem de disposição tensa e nervosa, consciente de que possuía certa irritabilidade. Mas ele compreendeu que Deus fizera provisão para isso em Cristo — a fim de tornar João Calvino amável. Intrigantemente, o mesmo tema aparece em um hino atribuído a ele: "Saúdo a Ti, que és meu firme Redentor",[15] no qual ele escreveu: "Tu possuis a verdadeira e perfeita amabilidade. Não tens nenhuma indelicadeza e nenhuma amargura".

Isso é a *ipsissima vox* ("a própria voz" ou o conceito), se não a *ipsissima verba* ("as próprias palavras"), de Calvino, afirmando admiravelmente que em Jesus Cristo nós temos tudo que precisamos agora. Calvino escreveu: "Em resumo, visto que nEle existe em abundância um rico estoque de todo tipo de bem, bebamos somente desta fonte e de nenhuma outra".[16]

O quanto Calvino bebeu muito bem desta fonte, especialmente no tocante à amabilidade e à ternura, é indicado de várias maneiras incidentais:

---

[14] Ibid.

[15] O hino apareceu no Saltério de Estrasburgo, de 1545. Calvino versificou vários salmos, mas parece que teve baixa percepção de seu talento como poeta, e sua obra não reapareceu no Saltério de Genebra. Certamente, o sentimento deste hino é puro Calvino, quer escrito pelo próprio reformador, quer por alguém influenciado profundamente por seu ensino.

[16] John Calvin, *Institutes of Christian Religion*, 2.16.19.

1. Em seu restringimento da maldade pessoal em relação àqueles que se lhe opunham. Calvino usava linguagem forte e se entristecia por isso.[17] Mas Giovanni Diodati recorda como Johannes Eck ficou surpreso quando visitou o reformador de Genebra e teve a porta aberta pelo amável e modesto Calvino, que recusou, com cordialidade, as ofertas de posição elevada em Roma, se quisesse retornar ao rebanho.

2. Em sua empatia por aqueles que sofriam. Sua correspondência expressa a profunda afeição pelos amigos; também expressam a profunda compaixão por seus irmãos e irmãs em Cristo que estavam enfermos ou haviam perdido pessoas queridas. Suas cartas extensas dirigidas a alguns dos jovens homens que ele havia instruído para o martírio retratam uma ternura amável mesclada com uma coragem muito comovente e impressionante.

3. Em seu interesse por mostrar respeito aos outros. Em uma ocasião, Charles de Jonvilliers, seu secretário, argumentou com ele a fim de que ditasse suas cartas, em vez de escrevê-las à própria mão. Calvino se preocupava em que os destinatários de suas cartas se sentissem, em alguma medida, tratados com insignificância pelo fato de que ele mesmo não escrevera as cartas.

4. Em sua atitude graciosa para com os outros. Theodoro Beza, colega e sucessor de Calvino, ao escrever a biografia deste, disse que ele "nunca envergonhou os irmãos mais fracos".[18] Há algo comovente neste comentário de Beza. Calvino aprendera essa atitude de Cristo, que não esmagaria a cana quebrada, nem apagaria a torcida que fumega (Is 42.3). Calvino concluiu sua exposição desse texto de Isaías com um comentário quanto ao comportamento do pastor: "Seguindo este exemplo, os ministros do evangelho, que são representantes de Cristo, devem mostrar-se mansos e suportar os fracos, guiando-os gentilmente no caminho, de modo a não apagarem as frágeis chamas de piedade, mas, pelo contrário, acendê-las com todo o seu vigor".[19]

---

[17] Ver a carta de Calvino dirigida a Farel em 8 de outubro de 1539, na qual ele descreve suas agonias a respeito disto. Jules Bonnet (ed.), *Letters of John Calvin*, 1:151-157.

[18] Theodore Beza, *Life of Calvin* in: Henry Beveridge (ed. e trad.), *Tracts and Treatises* (Edinburgh: Calvin Translation Society, 1844), 1:xcvii.

[19] John Calvin, *Commentary on Isaiah*. Trad. William Pringle (Edinburgh: Calvin Translation Society, 1850; Grand Rapids: Baker, 2003), 3:288.

Evidentemente, Calvino se tornou, em certa medida, um pastor à semelhança de Cristo. Poderíamos citar inúmeras ilustrações de outras virtudes.

VIDA SOB A CRUZ

"No entanto, você tem de lembrar", escreveu Calvino a um correspondente, "que a cruz sempre nos acompanhará".[20] Ele entendia muito bem que o levar a cruz é central à vida cristã. A luta obrigatória com a perseguição, enquanto estava entre os 23 e 26 anos de idade, apresentou-lhe as implicações da união com Cristo: compartilhar da morte de Cristo envolve não somente a mortificação interior (*mortificatio interna*), que conduz à santificação, mas também a participação exterior nos sofrimentos de Cristo (*mortificatio externa*), quer pessoal, quer no caminho da perseguição ou mesmo do martírio:

> Todos os que o Senhor adotou e considerou dignos de sua comunhão devem preparar-se para uma vida intranqüila, difícil e laboriosa, repleta de muitos e diferentes tipos de males. É a vontade do Pai celestial usar esses males para colocar seus filhos em um teste definidor. Começando com Cristo, seu Primogênito, Ele segue esse plano com todos os seus filhos.[21]

Esse pensamento poderia ser citado centenas de vezes nos escritos de Calvino.

Esses princípios foram gravados em ampla escala na própria vida de Calvino como ministro do evangelho. Genebra não era uma sinecura. Banido efetivamente da cidade em 1538, Calvino escreveu a seu amigo Pierre Viret quando foi convidado a retornar: "Debaixo do céu, não há outro lugar que eu mais tema".[22] Contudo, ele retornou. Embora freqüentemente vilipendiado, Calvino era sustentado, em seu ministério,

---

[20] Jules Bonnet (ed.), *Letters of John Calvin*, 2:230.

[21] John Calvin, *Institutes of Christian Religion*. Ed. John T. McNeill; trad. Ford Levis Battles. Library of Christian Classics, XX-XXI (Philadelphia: Westminster John Knox, 1960), 3.8.1.

[22] Jules Bonnet (ed.), *Letters of John Calvin*, 1:231.

pela convicção de que é por meio de tribulações que entramos no reino e de que Deus as utiliza para transformar seus filhos na semelhança de Cristo.

Calvino também conhecia o sofrimento pessoal. Em 1540, ele perdeu a esposa e o filho Jaques, antes do final da década. A brevidade de seu comentário, dirigido a Viret, sobre a morte de Jaques é admiravelmente eloqüente: "[Deus] é, Ele mesmo, um Pai e sabe o que é melhor para seus filhos".[23]

Além disso, os anos finais de seu ministério foram marcados por uma série de enfermidades debilitantes. Ele descreveu literalmente um incidente ao seu amigo Heinrich Bullinger:

> No momento, estou livre de um sofrimento agudo; fui liberto de um cálculo [isto é, uma "pedra"] quase do tamanho do caroço de avelã. Como a retenção da urina era bastante dolorosa para mim, pelo conselho de meu médico, montei o dorso de um cavalo para que o impacto me ajudasse a lançar fora o cálculo. Em meu retorno para casa, fiquei surpreso ao descobrir que expeli sangue descolorido em lugar de urina. No dia seguinte, o cálculo havia forçado passagem da bexiga para a uretra. Disso resultou dores ainda mais excruciantes. Durante mais de uma hora e meia, esforcei-me para livrar-me do cálculo, agitando violentamente todo o corpo. Não ganhei nada com isso, mas obtive um breve alívio pelas fomentações com água quente. Enquanto isso, o canal urinário ficou tão lacerado que fluxos copiosos de sangue saíram dele. Parece que comecei a viver novamente nestes últimos dias, depois que fiquei livre dessas dores.

Admiravelmente, mas de algum modo característico da determinação de Calvino em focalizar-se na obra de Deus, suas palavras seguintes foram estas: "A respeito do estado da França deveria ter-lhe escrito em mais detalhes, se tivesse tempo disponível".[24]

---

[23] Ibid., 1:344.

[24] Ibid., 4:320-321. Uma carta dirigida a Farel, em 1540, indica que a doença de Calvino era duradoura, enquanto, ao mesmo tempo, nos dá percepção quanto à tensão em que ele vivia.

Qual é a explicação para esse padrão de agir? Calvino responde em palavras que podemos aplicar imediatamente a ele mesmo:

> Até as pessoas mais santas, embora reconheçam que se mantêm firmes não devido às próprias forças, e sim à graça de Deus, só poderão ter plena certeza de sua fortaleza e constância, se, pelo teste da cruz, Deus as trouxer a um conhecimento mais profundo dEle mesmo.[25]

VIVENDO PARA O FUTURO

Na teologia reformada contemporânea, é comum o reconhecimento de que os cristãos vivem "entre os tempos" — já estamos em Cristo, porém um futuro mais glorioso nos espera, na consumação final. Portanto, há um "ainda não" em relação à nossa experiência cristã presente. Calvino entendeu bem isso e nunca dissolveu a tensão entre o "já" e o "ainda não". Contudo, ele também enfatizava a importância, para o presente, de uma vida focalizada no futuro.

Calvino procurava, pessoalmente, desenvolver um equilíbrio entre o menosprezo da vida presente, com a profunda gratidão pelas bênçãos de Deus, e o amor e anelo pelo reino celestial. O senso de que o Senhor voltará e proferirá sua avaliação final a respeito de tudo e conduzirá seus eleitos à glória era um tema proeminente para Calvino. O tema de seu capítulo intitulado "Meditação sobre a Vida Futura"[26] era um elemento primordial na energia com a qual ele vivia em face do "ainda não" quanto a seus próprios males e doenças. Quando ficou gravemente enfermo e confinado à cama, seus amigos instaram-no a ter algum descanso, mas ele respondeu: "Vocês querem que o Senhor, quando voltar, me encontre ocioso?"[27] Por viver à luz do retorno de Cristo, Calvino se

---

Ibid., 1:204, ss.

[25] John Calvin, *Institutes of Christian Religion*, 3.8.2. Neste ponto, a exposição de Calvino a respeito de passagens como 2 Coríntios 4.10-12 e Filipenses 3.10 pode ser consultada.

[26] Ibid., 3.9.

[27] Citado no "Translator's Preface" em John Calvin, *Commentaries on the Book of Joshua*. Trad.

tornou profundamente cônscio da brevidade do tempo e da amplitude da eternidade.

Este senso da eternidade transbordava em sua vida e sua obra. Era tão característico de Calvino, que fluía naturalmente em suas orações na conclusão de suas preleções. Nisto vemos a maravilhosa harmonia entre a sua piedade pessoal e a sua exposição bíblica, seu entendimento do evangelho e seu interesse de ensinar homens jovens a viverem para glória de Deus. Um fragmento de uma de suas orações, escolhida quase aleatoriamente, resume de maneira adequada esta breve reflexão sobre o amor a Deus que Calvino expressou em seu aprendizado e liderança:

> Não importando o que aconteça, estejamos preparados para enfrentar centenas de mortes, em vez de abandonarmos a confissão da verdadeira piedade em que sambemos estar fundamentada a nossa segurança. E glorifiquemos o Teu nome de tal modo que sejamos participantes daquela glória que adquiriste para nós, por meio do sangue de Teu Filho unigênito. Amém.[28]

Henry Beveridge (Edinburgh: Calvin Translation Society, 1854; Grand Rapids: Baker, 2003), vi.

[28] Oração depois da palestra 16, sobre Daniel em John Calvin, *Commentaries on the prophet Daniel*. Trad. Thomas Myers (Edinburgh: Calvin Translation Society, 1852; Grand Rapids: Baker, 2003), 1:242.

Capítulo 4

O REFORMADOR DA FÉ E DA VIDA

D. G. HART

Pois quando toda a igreja ergue-se, por assim dizer, diante do trono de juízo de Deus, confessa-se culpada e tem seu único refúgio na misericórdia de Deus, não é um simples consolo estar presente ali o embaixador de Cristo, armado com o mandato da reconciliação, pelo qual a igreja ouve proclamada a sua absolvição.[1]

—João Calvino

João Calvino não se predispôs a ser um reformador. Até 1536, quando tinha 27 anos de idade, Calvino dera indicação de que desejava levar uma vida de contemplação dedicada a aprender. Estudara primeiramente teologia, porém mudara para o direito ante a insistência de seu pai. Seu gosto por idiomas e literatura adequaram-no para o mundo do humanismo, e seu temperamento possuía todas as características de um erudito. O primeiro livro de Calvino, um comentário sobre Sêneca, publicado em 1532, revelava a direção do pensamento maduro daquele que aspirava ser um erudito. Era uma obra bem elaborada que usava a sabedoria da antiguidade para abordar questões de importância política na Europa Ocidental, particularmente a tirania dos monarcas e a virtude da clemência.

---

[1] John Calvin, *Institutes of Christian religion*. Ed. John T. McNeill; trad. Ford Lewis Battles. Library of Christian Classics, XX-XXI (Philadelphia: Westminster John Knox, 1960), 3.4.14.

Essa orientação humanista não era inerentemente alheia à Reforma Protestante. De fato, a expressão da Renascença humanista no norte da Europa, mais notavelmente no caso de Desidério Erasmo, mesclava o estudo e o redescobrimento de autores antigos com a reforma eclesiástica. Portanto, quando Calvino se converteu do catolicismo romano à causa protestante, no final de 1533 ou início de 1534, sua peregrinação religiosa não estava em discordância com seus anseios por erudição.

Logo depois de seu repúdio a Roma, Calvino escreveu a primeira edição das *Instituas da Religião Cristã*. Publicada somente em 1536, essa obra era uma defesa dos protestantes que estavam sendo perseguidos na França e serviu para convocar todos os cristãos a unirem-se à causa dos crentes perseguidos. Além disso, a identificação de Calvino com o protestantismo não o tornou um reformador. Pelo menos conforme sua perspectiva, o que o tornou um reformador foi uma visita inesperada a Genebra, na Suíça, em 1536.

Guillaume Farel já havia começado as reformas nas igrejas de Genebra, e a chegada inesperada de Calvino atraiu a atenção do reformador mais velho. Ali estava um jovem erudito de habilidades impecáveis que poderia ajudar muito a causa da reforma. Calvino planejava apenas passar por Genebra, até que o caminho estivesse seguro para que se dirigisse a Estrasburgo. No entanto, como o próprio Calvino observou, "Deus me colocou no jogo".[2] Abandonando seus planos de ir a Estrasburgo, ele se uniu a Farel no empenho de reformar a igreja de Genebra, mas ficou duvidoso de haver tomado a decisão certa. Quando as autoridades de Genebra expulsaram Farel e Calvino em 1538, por ultrapassarem seus limites, Calvino se sentiu feliz por estar livre para reassumir seu plano de continuar estudando e escrevendo. Dessa vez, ele planejou residir em Basiléia. Todavia, Martin Bucer tinha outras idéias e rogou-lhe que pastoreasse uma congregação de exilados franceses em Estrasburgo. Calvino se mostrou relutante. O que o convenceu a ir para lá foi a ameaça de Bucer: "Deus saberá como achar o servo rebelde, assim como achou Jonas".[3]

---

[2] John T. McNeill, *The history and character of Calvinism* (New York: Oxford University Press, 1954), 131.

[3] Ibid., 144.

A OBRA DE REFORMA

De todas as tarefas que Calvino realizou como reformador, a teologia foi, sem dúvida, a mais fácil, pois utilizava seus talentos e interesses naturais. Ele era uma máquina notável na produção de instrução doutrinária e exposição bíblica. Em Genebra, onde passou maior parte de sua carreira, exceto pelos três anos de banimento em Estrasburgo, Calvino dava aulas bíblicas três vezes por semana e pregava todos os dias em semanas alternadas, como parte de seus deveres pastorais regulares. No começo de 1540, Calvino começou a escrever seus comentários sobre os livros da Bíblia. Essas obras foram publicadas e distribuídas amplamente. De modo semelhante, seus sermões foram transcritos e publicados, e depois de 1557 ele permitiu que suas palestras e aulas fossem preparadas para publicação. Sua capacidade de escrever era extraordinária. Em determinada ocasião, Calvino escreveu um livro de cem páginas em uma semana. Mesmo quando não podia se levantar da cama, por causa de seus diversos males físicos, ele ditava seus pensamentos para diferentes escritos.

Suas diversas publicações incluíram exposições sobre a Ceia do Senhor, conselhos aos protestantes na Polônia e tratados contra o Concílio de Trento, os anabatistas, os anti-trinitarianos, astrologia e problemas eclesiásticos. Sua pequena obra mais bem sucedida foi *An Assesment of the Value Christianity Would Receive from an Inventory of Relics* [Uma avaliação do valor que o cristianismo obteria de um inventário de relíquias], de 1543.[4] Por volta de 1622, esta obra (uma sátira, ao estilo de Erasmo, da coleção literalmente incrível de parte de corpos de santos, guardados pela Igreja Católica Romana, em igrejas por toda a Europa) estava em sua vigésima edição. Com base nesse resultado, Calvino emergiu, antes de chegar aos 40 anos, como o teólogo reformado mais popular e mais amplamente lido. Suas obras em francês foram traduzidas para alemão, italiano, espanhol, inglês, holandês, tcheco, polonês e latim.[5]

---

[4] Publicado em *Selected Works of John Calvin: Tracts and Letters*. Trad. e ed. por Henry Beveridge (Grand Rapids: Baker, 1983).

[5] Philip Benedict, *Christ's church purely reformed: a social history of Calvinism* (New Haven: Yale University Press, 2002), 91.

Na verdade, as *Institutas*, publicada inicialmente em 1536, contribuíram para a fama de Calvino. Essa obra começou como uma pequena exposição da Oração do Pai Nosso, do Decálogo e do Credo dos Apóstolos; também incluía seções concernentes aos verdadeiros e falsos sacramentos e uma seção sobre as relações entre a igreja e o estado. Contudo, as *Institutas* se tornaram um projeto vitalício para Calvino. Edições subseqüentes foram preparadas em 1539, 1543, 1550 e 1559. Em cada edição, Calvino expandia e revisava o material com base em estudo posterior e mudanças das circunstâncias na igreja e na sociedade. Em sua última edição, as *Institutas* eram cinco vezes mais extensas do que sua forma original, tendo crescido de 85.000 para 450.000 palavras. Tornou-se o livro que os inimigos do protestantismo usaram como alvo de ataque. Robert Bellarmine, o grande polemista católico romano do século XVI, citou as *Institutas* mais freqüentemente em sua obra *Disputations against the Heretics of Our Time* [Controvérsias contra os hereges de nossa época] do que qualquer outro teólogo protestante, seja luterano ou reformado.[6]

No entanto, apesar de toda a produção prodigiosa de Calvino como teólogo, ele estava igualmente envolvido como um pastor e clérigo ativo e fiel aos seus deveres. De fato, sua obra de reforma das igrejas de Genebra foi a principal causa de sua saída da cidade em 1538. Em apenas um ano, depois que Farel o persuadira a assumir a obra de instruir os fiéis de Genebra nas doutrinas protestantes, o jovem francês introduziu uma ordenação eclesiástica que os pastores genebrinos apresentaram aos magistrados da cidade. Essa ordem exigia a reforma imediata da prática dos sacramentos na cidade. A Ceia do Senhor seria celebrada mensalmente. Seria exigido dos membros da igreja que, antes de serem admitidos à Ceia, aprendessem um resumo da religião cristã, formulado por Calvino. E a igreja deveria estabelecer um grupo de "pessoas de vida correta" para determinar aqueles adequados para a Ceia.[7] O conselho da cidade aceitou grande parte do sistema de disciplina proposto, embora tenha havido debates intensos e alguma resistência. O artigo de

---

[6] Ibid., 92-93.
[7] Ibid., 94.

reforma que enfrentou mais objeção foi a exigência de que somente os crentes examinados poderiam participar da Ceia. O conselho da cidade rejeitou essa parte da política de Calvino. Em resposta, os ministros recusaram submeter-se aos magistrados por causa do ensino sobre os sacramentos e de sua convicção de que a igreja deveria governar suas próprias ordenanças. Quando os ministros pregaram contra as ações da cidade e recusaram celebrar a Ceia do Senhor no sábado de Páscoa, em 1538, os magistrados disseram aos pastores, incluindo Calvino, que arrumassem sua bagagem.

Em 1541 Calvino teve uma segunda chance de realizar as reformas em Genebra, quando os magistrados da cidade compreenderam que os pastores que haviam condescendido à política deles eram incapazes de corresponder às demandas de uma situação religiosa precária. Roma fizera propostas recentes a Genebra para que voltasse ao rebanho. E Genebra reconheceu a necessidade de uma resposta de Calvino. Sua carta a Jacob Sadoleto, o bispo de Carpentras, não somente impediu Genebra de realinhar-se ao papado, como também contribuiu para garantir a influência que Calvino necessitava para que fossem aceitas as reformas que ele defendia.

As Ordenanças Eclesiásticas de 1541 tinham como base as reflexões de Calvino sobre o ensino bíblico concernente aos ofícios eclesiásticos. O documento prescrevia quatro ofícios na igreja: ministros, mestres, presbíteros e diáconos. Expôs aos ministros residentes, aos magistrados da cidade e à congregação o papel de cada um ao se chamar um pastor. Exigiu que os pais trouxessem os filhos às aulas de catequese semanais na igreja. Estabeleceu reuniões semanais e trimestrais dos ministros visando à edificação e a correção mútua. E designou um corpo de pastores e presbíteros que teria a responsabilidade de realizar a disciplina da igreja. Embora Calvino acreditasse que o poder da excomunhão (excluir da Ceia do Senhor os crentes que não se arrependiam) pertencia ao consistório (o corpo de pastores e presbíteros), ele sabia que o conselho da cidade não concordaria. A linguagem das Ordenanças Eclesiásticas de Calvino refletia essa discordância e dava tanto à igreja como ao estado um poder de excomunhão.

A obra do consistório colocou em prática a reforma da igreja que Calvino propusera. Somente em 1542, os membros do consistório ouviram 320 casos. Metade desses casos se referia a irregularidades tais como pessoas que evitavam os cultos e ignoravam o catecismo. Outros casos envolviam genebrinos que persistiam nas práticas devocionais do catolicismo romano ou estavam presos à magia. Em varias ocasiões, o consistório insistiu que os ofensores adquirissem Bíblias para usarem no lar ou contratassem um professor que os instruíssem nos ensinos da igreja.

Em 1550, o número de casos trazidos ao consistório cresceu quase o dobro (584). Esse aumento resultou de uma expansão dos assuntos que os pastores e os presbíteros deviam supervisionar na vida dos membros de seus rebanhos. Além da obra de corrigir as práticas religiosas dos habitantes da cidade, o consistório procurava resolver conflitos familiares e brigas domésticas e corrigir impropriedades sexuais. Um de cada vinte casos se referia a más condutas, tais como jogos de azar, danças lascivas, práticas comerciais enganosas. Quase o mesmo número de ocorrências de disciplina tratava de pessoas que haviam falado sem respeito contra os pastores da cidade.

A FRAGILIDADE DA REFORMA

As reformas eclesiásticas em Genebra não foram bem-vindas unanimemente. A população nativa da cidade tinha reservas sobre os esforços de Calvino em vários níveis. Uma delas procedia do atrito natural entre aqueles que tinham crescido na cidade e os muitos imigrantes que ali chegavam a fim de escaparem da perseguição religiosa. Genebra acomodava muitos refugiados protestantes; o maior número vinha da França, enquanto o mais influente, da Inglaterra. Ao mesmo tempo, os novos e rigorosos padrões de disciplina eclesiástica rompiam com os códigos levianos da igreja anterior à reforma. Assim, os genebrinos nativos tinham razões para crer que sua cidade e suas igrejas haviam sido invadidas por características estrangeiras. Visto que a responsabilidade final de excomunhão ainda tinha de ser oficialmente resolvida, os habitantes mais antigos podiam expressar seu ressentimento quanto à nova ordem

O REFORMADOR DA FÉ E DA VIDA

eclesiástica apelando ao corpo de governantes da cidade.

Conflitos graves emergiram em 1546, a respeito da improvável questão de nomes supersticiosos. Um cidadão e membro da igreja submeteu seu filho ao batismo e pediu que fosse chamado de "Claude", a identidade do santo local. Isso foi tão objetável ao pastor oficiante, que este lhe deu o nome de "Abraham". Esse fato iniciou um conflito prolongado entre a igreja e as pessoas da cidade. Enquanto o conselho da cidade ficou ao lado da igreja e passou uma lei proibindo o uso de nomes impróprios, aqueles que se opunham à igreja começaram a chamar seus cachorros de Calvino e o pastor, de "Caim". A situação se agravou.[8]

O principal oponente da supervisão eclesiástica foi Philibert Berthelier. Ele apoiara originalmente a Reforma, e contam que em Lyon ele sacou a espada para defender o bom nome de Calvino. Todavia, o controle rígido da população era demais para ele, que posteriormente afirmou não faria mais nada por Calvino. Infelizmente, o comportamento de Berthelier o colocou sob a mira do consistório. Ele se envolvera em uma briga com espada, enquanto estivera bêbado, e rompeu seu compromisso de casamento quando soube que sua noiva era menos rica do que ele imaginava. Para complicar a situação, tinha agredido vários imigrantes. Cada uma dessas infrações lhe foi apresentada pelo corpo de pastores e presbíteros, resultando em que ele foi impedido de tomar a Ceia do Senhor. Em 1553, quando Berthelier desejou tomar a comunhão, em vez de dirigir-se aos oficiais da igreja, procurou o conselho da cidade, o grupo de pessoas que muitos julgavam possuir a autoridade final sobra a igreja no que se referia à excomunhão. Visto que o conselho era dominado por um grupo de famílias hostis a Calvino, o conselho deu permissão a Berthelier para que participasse da Ceia. Por sua vez, Calvino e outros ministros ameaçaram deixar a cidade e repetir as dificuldades que Genebra enfrentara entre 1538 e 1541. A política interna da Suíça e as relações com a França impeliram o conselho a ficar ao lado de Calvino e pedir a Berthelier que não viesse à Ceia do

---
[8] Ibid., 99.

Senhor.[9]

Durante mais dois anos, a amargura entre facções contrárias a Calvino e os pastores piorou, com flagrantes exibições de imoralidade confrontada com punição inflexível. Por exemplo, seis habitantes foram comprovados como culpados e executados por sodomia. Mas a situação começou a mudar em 1555, quando os habitantes favoráveis a Calvino puderam eleger mais candidatos pró-Calvino para o conselho da cidade, que resultou parcialmente do fato de que mais imigrantes franceses puderam garantir o status de cidadãos. Apesar disso, na primavera daquele ano irrompeu um tumulto em que os genebrinos anti-Calvino correram pelas ruas clamando pela execução do francês. Embora a situação tenha se acalmado, Calvino e os oficiais da cidade acreditavam que uma conspiração estava vindo à tona para destruir os ganhos da reforma. Uma investigação dos cidadãos mais importantes foi realizada; e doze deles foram achados culpados e, de acordo com as leis da cidade, sentenciados à morte por seus crimes. Dois terços dos culpados acharam uma maneira de escapar, mas os outros quatros foram executados.

Nas palavras de Nicholas Colladon, um contemporâneo de Calvino: "A descoberta da conspiração levou a um grande avanço da igreja de Deus, pois a população se tornou mais obediente à Palavra de Deus, a santa reforma foi melhor observada, e os escândalos, devidamente punidos".[10] Apesar disso, Calvino ouviu de outros pastores reformados que o incidente estava prejudicando sua reputação e custando a Genebra o apoio valioso de possíveis aliados.

Embora esses conflitos políticos não fossem os únicos obstáculos que Calvino enfrentava — o caso de Miguel Serveto se tornara uma infâmia, como um exemplo do lado obscuro do calvinismo —, eles foram muito importantes para a vida diária da igreja em uma cidade que antes era conhecida por sua imoralidade e crime. A taxa de nascimentos ilegítimos caiu acentuadamente, 30% dos novos bebês receberam nomes de pessoas do Antigo Testamento (comparados com os 3% anteriores à chegada de Calvino), e a profanidade quase cessou.

---

[9] Ibid., 100.
[10] Ibid., 102.

O REFORMADOR DA FÉ E DA VIDA

Essas mudanças na vida da cidade coincidiram com um influxo de imigrantes protestantes vindos da Grã-Bretanha, para escapar dos terrores de Mary Tudor (tristemente conhecida como Mary, a Sanguinária). Entre os imigrantes britânicos estava John Knox, da Escócia, que chamou Genebra de "a mais perfeita escola de Cristo... desde os dias dos apóstolos".[11] Knox observou como um empreendimento impecável foi o resultado de anos de conflitos, tanto pessoais como políticos, para Calvino e outros pastores reformados.

O SIGNIFICADO DA REFORMA

A descrição de Knox a respeito de Genebra tem inspirado os protestantes, através dos séculos, a considerarem o calvinismo como uma fé ativista com recursos prodigiosos para a reforma social e política. De fato, por causa das conexões muito próximas entre a igreja e o estado na sociedade européia, uma relação que poucos questionaram, a reforma de um não poderia deixar de envolver a do outro. Isso era especialmente verdadeiro no caso da cidade de Genebra, um lugar que os historiadores haviam descrito como um centro de viver dissoluto. Os habitantes da cidade poderiam escolher entre diversos bares e bordéis, e os clérigos e frades que ministravam ali antes da reforma tinham uma reputação de comportamento ímpio. Ao mesmo tempo, a existência de uma igreja estatal não deixava quase nenhum espaço para a distinção entre os que freqüentavam a igreja e os que não a freqüentavam. Os esforços de Calvino para reformar os padrões de participação na Ceia do Senhor não podiam deixar de ter um efeito em quase toda a cidade.

No entanto, embora as reformas de Calvino na igreja tivessem implicações para a cidade de Genebra, seu entendimento da disciplina eclesiástica fazia distinção entre a igreja e o estado de formas que a igreja medieval não poderia ter previsto. Por insistir que somente a igreja tinha o poder de excomunhão, e não o estado, Calvino reservava para o ministério uma autoridade oposta à autoridade física e temporal que o estado possuía. De fato, nas *Institutas*, em sua discussão sobre o magistrado civil, Calvino distinguiu claramente as esferas civil e espiritual,

---
[11] Ibid., 108.

insistindo que a primeira cuida "somente... do estabelecimento da justiça civil e da moralidade exterior", enquanto a segunda "reside na alma ou no homem interior e cuida da vida eterna".[12] Calvino até chamou de "vaidade judaica" o confundir "o reino espiritual de Cristo" com o governo civil, porque estas são "coisas completamente distintas".[13] Esse ensino não era apenas uma questão de conveniência que visava o ordenamento correto da igreja e de seus negócios. Calvino também pensava que o reino de Cristo era estritamente "espiritual em natureza".[14] Visto que o papel de Cristo é espiritual, "não terreno, carnal e, por isso, sujeito à corrupção", a autoridade da igreja precisa refletir essa realidade cristã fundamental.[15]

A relação entre a igreja e o estado em Genebra, íntima por um lado e distinta por outro, coloca em perspectiva a importância de Calvino como reformador. Vários historiadores e teoristas sociais têm argumentado que o calvinismo cumpriu um papel importante em transformar o Ocidente e criar o mundo moderno. A percepção do partido liberal [Whig] quanto à história de Calvino — uma percepção que atribuiu ao calvinismo o sucesso das sociedades democráticas e livres na Holanda, Grã-Bretanha e Estados Unidos —, contrastou as qualidades libertadoras e desmistificadoras das reformas de Calvino com os hábitos tirânicos e supersticiosos do catolicismo romano.

Philip Benedict, em seu livro *Christ's Churches Purely Reformed* [Igrejas de Cristo puramente reformadas], um esplêndido relato das origens e história do calvinismo, argumenta que as interpretações da influência de Calvino no Ocidente ignoram o fato de que o cristianismo reformado foi primeira e primordialmente um fenômeno religioso. E foi crucial no Ocidente numa época em que os "princípios e apegos confessionais se tornaram elementos estruturais na sociedade européia".[16] O calvinismo ofereceu aos "cristãos comuns motivação e modelos de estruturas alter-

---

[12] John Calvin, *Institutes of Christian Religion*, 4.20.1.
[13] Ibid.
[14] Ibid., 2.15.3.
[15] Ibid., 2.15.4.
[16] Philip Benedict, *Christ's church purely reformed*, 543.

nativas à igreja estatal" e convenceu governantes e seus conselheiros teológicos a serem fiéis à Bíblia. Nesse sentido, o mais profundo imperativo do calvinismo para os crentes, pastores e magistrados era "professar os ensinos de Cristo de modo puro, e não obedecer as palavras de qualquer documento humano".[17] Se as reformas de Calvino desempenharam um papel central na história do Ocidente, elas o fizeram não por serem princípios de organização que moldaram desenvolvimentos políticos e econômicos, e sim por causa de suas exigências de que os crentes e as congregações conformassem, individualmente, sua vida à Palavra de Deus.

---
[17] Ibid., 545.

Capítulo 5

O CLÉRIGO DA REFORMA

HARRY L. REEDER

O pastor deve ter duas vozes: uma, para ajuntar o rebanho; outra, para expulsar e repelir lobos e ladrões. A Escritura lhe dá os meios para fazer ambas as coisas.[1]

—João Calvino

Depois da conversão de Calvino e do conseqüente sucesso da publicação das *Institutas da Religião Cristã*, em 1536, ele se convenceu de que poderia servir melhor ao Senhor retirando-se à solidão e produzindo literatura que explicasse os temas teológicos da Reforma e estimulasse a expansão da igreja protestante. Mas Deus lhe disse "não" por meio do missionário ruivo e austero de Genebra, Guillaume Farel.

Calvino decidira que Estrasburgo era um lugar conducente ao seu desejo de escrever. Uma guerra o deteve providencialmente em Genebra para desfrutar o que ele imaginava seria uma simples noite em sua viagem para Estrasburgo. Farel, ouvindo sobre a presença de Calvino, achou-o e implorou-lhe que permanecesse em Genebra para liderarem a igreja que, no ano anterior, havia abraçado formalmente o protestan-

---

[1] John Calvin, *Commentaries on the epistles to Timothy, Titus, and Philemon*. Trad. William Pringle (Grand Rapids: Baker, 1979), 296.

tismo. Farel estava convencido de que havia muito a ser feito em favor da Reforma em Genebra e que Calvino era o homem de Deus para fazer isso. Inicialmente, Calvino não se deixou comover pela visão e paixão de Farel. A reação deste na forma de uma maldição imprecatória sobre a ambicionada vida de isolamento de Calvino, incluindo um pedido de que a ira e o juízo de Deus caíssem sobre ele, se rejeitasse a chamada a Genebra, rendeu a Calvino uma noite de insônia e um coração mudado. Ele abandonou seus desejos pessoais e se tornou pastor da Igreja de São Pedro, em Genebra.

A decisão de Calvino de permanecer em Genebra produziu, em última análise, o clérigo preeminente da Reforma. Martinho Lutero, que Calvino admirava, ajudara a tirar a igreja das garras da heresia, superstição e imoralidade católica romana. E os reformadores certamente demonstraram uma devoção admirável à igreja. Mas foi Calvino quem aplicou a Reforma à vida da igreja, restaurando a fidelidade bíblica e a simplicidade apostólica. Seu ministério pastoral em Genebra demonstrou a importância e o fruto da fidelidade da liderança pastoral. Levou ao treinamento de inúmeros pastores e plantadores de igreja. Fez a igreja avançar não somente em Genebra, mas também na Europa, na Grã-Bretanha, na Escócia e nas Américas. Resultou na publicação de literatura de grande importância teológica. Assim, o Senhor cumpriu para Calvino o desejo de escrever e publicar, além de suas expectativas originais. Por quê? Por que ele tinha o Senhor como o maior desejo de sua vida: "Agrada-te do Senhor, e ele satisfará os desejos do teu coração" (Sl 37.4).

O lema de vida de Calvino dizia: "Ofereço-Te o meu coração, Senhor, pronta e sinceramente", mas isso era mais do que um slogan, era a própria vida de Calvino, a vida de um clérigo que serviu como pastor da Igreja de São Pedro, em Genebra. Ele estava inalteravelmente comprometido com Deus e sua glória; desejava com fervor a preeminência de Cristo e dependia confiantemente do Espírito Santo.

O ministério pastoral de Calvino pode ser mais bem compreendido se examinarmos seus compromissos como líder, pregador, mestre, escritor, pastor e evangelista-missionário.

CALVINO COMO PASTOR

Calvino exerceu o pastorado durante 27 anos, quase metade de sua vida. Ele esteve a serviço do pastorado três vezes em apenas duas igrejas — a de São Pedro, em Genebra, e a dos exilados franceses em Estrasburgo. Ele começou seu primeiro pastorado na Igreja de São Pedro em 1536. Em janeiro de 1537, Calvino e Farel apresentaram ao Pequeno Conselho que governava a cidade uma proposta para reformar a vida e a prática das igrejas da cidade. A proposta requeria uma Ceia mensal, dividia a cidade em paróquias e exigia que os cidadãos adotassem um catecismo/credo escrito por Farel.

Depois de dois anos turbulentos, Calvino e Farel foram expulsos de Genebra, em 23 de abril de 1538. O momento crítico aconteceu quando Calvino, "protegendo a Ceia", se recusou a usar a liturgia legislada pelas autoridades civis e negou a comunhão a cidadãos proeminentes de Genebra envolvidos em imoralidade.

Farel deixou Genebra e assumiu um pastorado em Neuchâtel, permanecendo ali até o final de seu ministério. Calvino aceitou o convite de Martin Bucer e mudou-se para Estrasburgo, seu destino desejado antes de parar em Genebra. O breve pastorado de Calvino em Estrasburgo foi, de acordo com seu próprio testemunho, o período mais feliz de sua vida. Ali, foi mentoreado por Bucer, que Calvino considerava seu pai na fé, e se tornou o pastor da igreja de exilados franceses, tendo liberdade para escrever publicações teológicas. Ele se tornou um líder cívico honrado e estabeleceu amizade com muitos reformadores, incluindo Philip Melanchthon. Em 1540, casou-se com Idelete de Bure, viúva de um anabatista, e adotou seus dois filhos. Seus projetos literários incluíram um comentário de Romanos, uma edição ampliada das *Institutas da Religião Cristã* e *Uma Resposta ao Cardeal Sadoleto*, talvez a mais importante obra apologética da Reforma.

Esses anos maravilhosos foram interrompidos por uma carta vinda de Genebra, que o convidava a retornar como pastor da Igreja de São Pedro e líder da igreja em Genebra. Calvino era casado e feliz, realizando o que amava e desfrutando da hábil liderança de Bucer e de oportunidade ampla de escrever com erudição. Além disso, Estrasburgo se tornara um centro para a Reforma. Contudo, em 1º de setembro de 1541, convencendo-se de que a chamada procedia de Deus, Calvino se rendeu e deixou seu pastorado idílico para retornar a Genebra, plenamente certo dos desafios inevitáveis, perigos e perseguições. Quando deixou Estrasburgo, o estado de sua mente e coração e suas expectativas foram revelados em suas cartas. Ele escreveu a Pierre Viret, seu querido amigo e colega no ofício pastoral: "Agora vou para Genebra. Debaixo do céu, não há outro lugar que eu mais tema".[2] E escreveu a Farel: "Prefiro sofrer centenas de mortes a tomar a cruz desta chamada".[3]

Quando ele chegou a Genebra, em 13 de setembro, tudo parecia glorioso. Deram-lhe um salário suficiente e um orçamento generoso para a hospitalidade, por causa do compromisso de abrir sua casa a multidões que procurariam passar algum tempo com ele. Foi-lhe providenciada uma casa na Rua Canon, próxima à Igreja de São Pedro, e todas as despesas da mudança da família que vinha de Estrasburgo. Um púlpito alto foi instalado na Igreja de São Pedro e fez-se provisão para que houvesse uma toga preta de veludo, com bordas forradas de pele, para ser usada no púlpito. Uma carruagem puxada por dois cavalos foi comprada para o conforto da esposa e do filho. Além disso, as autoridades de Genebra afirmaram seu compromisso irrevogável com Calvino, ao declararem publicamente: "Fica resolvido mantermos João Calvino sempre aqui".[4]

A restauração de Calvino à Igreja de São Pedro deu início ao seu terceiro pastorado. Este seria marcado por conflitos significativos, lutas eclesiásticas, guerra espiritual, enfermidades intensas e perseguição física de 1541 a 1555. Felizmente, esse período seria seguido por um tempo concludente de ministério produtivo, de 1555 até a morte de Calvino, em maio de 1564. Esses anos finais, embora desafiadores, permitiram que ele se concentrasse na vitalidade espiritual de sua congregação e na expansão missionária do evangelho e da igreja protestante.

---

[2] John T. McNeill, *The history and character of Calvinism* (New York: Oxford University Press, 1970), 158.

[3] Ibid.

[4] Ibid., 160.

O CLÉRIGO DA REFORMA

CALVINO COMO PASTOR E LÍDER

Em Estrasburgo, Calvino aprendera a fazer poucas mudanças, selecionando aquelas que causariam maior impacto na eficácia do ministério pastoral. Em Genebra, ele realizou a mudança produzindo um documento chamado Ordenanças Eclesiásticas da Igreja de Genebra. Esse documento histórico se tornou um guia fundamental para as igrejas reformadas do século XVI e continua a abençoar a igreja até em nossos dias.

Nesse documento histórico, Calvino resistiu à tentação de redesenhar a igreja e seguiu o padrão da Reforma de levar a igreja de volta ao seu modelo bíblico e à simplicidade apostólica. Ele se convenceu de que a igreja tinha um arquiteto capaz, Jesus Cristo, e um projeto eficaz, delineado nas Escrituras e manifestado na igreja do século I. Evidentemente, Calvino abominaria os esforços de líderes contemporâneos para "redesenhar" a igreja. Calvino estava ciente de que o Senhor não nos chama a orar por planejadores de igreja, visto que o planejador da igreja é Cristo; e sim, a orar por "edificadores e trabalhadores" que constroem fielmente "sobre o fundamento dos apóstolos e profetas, sendo ele mesmo, Cristo Jesus, a pedra angular" (Ef 2.20).

As Ordenanças Eclesiásticas tratavam do governo, liderança e membresia da igreja. Admiravelmente, elas deram início ao que hoje chamamos de "separação entre a igreja e o estado". Calvino adotou a idéia das três esferas de vida biblicamente estabelecidas, interdependentes e não hierárquicas — a família, o estado e a igreja. As Ordenanças instituíram mudanças que visavam afirmar esse conceito bíblico. Finalmente, as Ordenanças Eclesiásticas desenvolveram um modelo prático de vida e ministério da igreja, incluindo as três marcas peculiares de uma igreja — o ministério de oração e da Palavra, a ministração fiel dos sacramentos e a disciplina eclesiástica.

Um dos elementos chaves nas Ordenanças foi o estabelecimento de uma infra-estrutura bíblica para o governo da igreja por meio de quatro ofícios: pastor, mestre, presbítero e diácono:

• *O pastor*: O pastor deveria ser um presbítero ordenado, comprometido com a pregação e o ensino da Palavra de Deus, com a oração intercessora e a supervisão da ministração dos sacramentos do Batismo e da Ceia do Senhor. Além disso, o pastor deveria guiar e servir o rebanho, com os presbíteros e, nas palavras de Calvino, "realizar correções fraternais".[5] O ingresso no ofício de pastor deveria acontecer por meio de exame — primeiro, um exame da doutrina e da teologia; segundo, um exame da conduta pessoal, casamento, família e reputação na comunidade. O treinamento formal de pastores era feito pela Academia de Genebra, enquanto o treinamento prático era realizado por meio de aprendizado. Até julho de 1542, Calvino já havia treinado quatro pastores que, por sua vez, treinavam outros, instituindo um processo que eventualmente produziria inúmeros pastores e missionários para a igreja. Era exigido que os pastores se reunissem semanalmente para comunhão e oração e, de quatro em quatro meses, em um presbitério, chamado de Consistório de Genebra, a fim de tratarem de assuntos concernentes à pureza e à disciplina da igreja.

• *O mestre/doutor*: Os mestres da igreja tinham de concentrar-se no treinamento acadêmico de pastores, provendo aulas regulares de teologia e resguardando a pureza doutrinária da igreja. A Academia de Genebra era administrada por mestres/doutores que forneciam treinamento ministerial e educação pública universal, visando à promoção da cidadania e da vocação cristãs.

• *O presbítero*: Os presbíteros deveriam ser leigos ordenados e separados para oferecer supervisão à igreja, guiando e pastoreando o rebanho, ao mesmo tempo em que se engajavam em oração intercessora consistente e, quando necessário, implementavam a disciplina eclesiástica. Eles deveriam satisfazer às qualificações de 1 Timóteo 3.1-7 e Tito 1.5-9. Inicialmente, doze presbíteros se juntaram aos pastores para formar o Consistório de Genebra.

• *O diácono*: Calvino dividiu o ofício de diácono em duas ordens. Uma ordem gerenciava os recursos da igreja e fornecia supervisão administrativa. A segunda ordem cuidava dos enfermos e necessitados, liderando a igreja no ministério de misericórdia. Os diáconos de misericórdia estabeleceram um hospital de caridade, um hospital para os iti-

---

[5] Ibid., 161.

nerantes e, eventualmente, um hospital que tratava das vítimas da praga. Eles também proveram médicos, cirurgiões e enfermeiras para cada paróquia e cuidado médico para os pobres.

Por meio das Ordenanças, Calvino dividiu a cidade em três paróquias. Cada paróquia era organizada ao redor de uma das três igrejas de Genebra: São Pedro, São Gervásio e Rive. Em 1541, Genebra tinha 12.000 habitantes, e isso colocava entre 3.000 a 5.000 pessoas sob o cuidado de cada paróquia. Cada igreja deveria ministrar a Ceia do Senhor quatro vezes por ano, em harmonia, de modo que a Comunhão estivesse disponível em cada mês aos cidadãos da cidade. O cronograma da Ceia do Senhor também incluía o Natal, a Páscoa, o Pentecostes e o primeiro domingo de setembro. Um catecismo foi elaborado para evangelizar e discipular os cidadãos; era ensinado semanalmente, e havia classes especiais para crianças. As cerimônias de casamentos podiam ser marcadas para qualquer dia, exceto para os domingos de Ceia. Assuntos matrimoniais eram tratados pelos pastores, com a ajuda dos presbíteros. Os funerais deveriam evitar qualquer vestígio de superstição, focalizando-se na comunicação do evangelho e provendo encorajamento à família entristecida.

CALVINO COMO PASTOR E PREGADOR

Em 16 de setembro de 1541, Calvino retornou ao púlpito da Igreja de São Pedro, depois de seus três anos de exílio em Estrasburgo. Estava ali uma grande congregação, cheia de expectativa. O que ele diria? Como abordaria, naquele primeiro sermão, as injustiças perpetradas contra ele, as lições que Deus lhe ensinara e as questões contemporâneas de Genebra? Subiu ao púlpito elevado, recém-construído, abriu a Palavra de Deus e começou a expor o próximo versículo do texto sobre o qual pregara antes de seu banimento. Essa atitude extraordinária anunciou com clareza a todos os presentes que a igreja deveria esquecer as coisas passadas e seguir adiante. Ao mesmo tempo, afirmou o compromisso pastoral de Calvino com a primazia da pregação, em geral, e com a importância da pregação expositiva, em particular.

JOÃO CALVINO

A princípio, Calvino pregava três vezes a cada domingo, duas vezes na Igreja de São Pedro e uma vez, semanal e rotativamente, nas igrejas de São Gervásio e Rive. Cultos diários eram oferecidos nas três igrejas. Por isso, sua agenda de pregação exigia cinco sermões a cada semana e vinte a cada mês. O hábito de Calvino era pregar sermões expositivos do Novo Testamento aos domingos e do Antigo Testamento durante a semana. Sua pregação era extemporânea, mas observou-se que não era apenas intelectualmente desafiadora, mas também fervorosa, prática e compreendida com facilidade pelas pessoas comuns, resultando em um nível extraordinário de conhecimento bíblico em toda a Genebra.

Eventualmente, um secretário foi contratado para escrever os sermões de Calvino para a posteridade. Os sermões escritos foram vendidos a quilo como papel reciclável depois da Revolução Francesa, mas foram recuperados e resultaram em um tesouro de quarenta e quatro volumes.

Assim, o homem que renunciou seus desejos pessoais de publicar obras teológicas eruditas, para ingressar no ministério pastoral, produziu por meio de sua pregação e ensino uma admirável quantidade de publicações teológicas. O púlpito da Igreja de São Pedro se tornou a fonte das publicações teológicas da Reforma, guiando a igreja protestante, alimentando cristãos famintos e treinando inúmeros pastores, líderes e teólogos até ao presente.

CALVINO COMO PASTOR E MESTRE

Calvino foi a incorporação do homem da Reforma. Seu compromisso com a educação se fundamentava na igreja e, expresso no ofício pastoral, era talvez um dos mais profundos aspectos de sua vida e ministério como clérigo.

Como educador, Calvino disciplinava regularmente o Consistório de Genebra, bem como centenas de indivíduos que o procuravam, vindos de toda a Europa. Seu catecismo, escrito tanto para adultos como para crianças, e sua implementação revelaram não somente seu coração e mente transformados, mas também seu compromisso de evangelizar e educar a próxima geração. Ele defendia a provisão de ensino público para todos os cidadãos de Genebra, incluindo meninos e meninas, implementado por meio de escolas para sexos distintos.

Antes do estabelecimento da Academia de Genebra, Calvino consultou seu confidente pastoral, Viret, a respeito da Academia de Lausanne e Johann Sturm quanto ao currículo da Academia de Estrasburgo. A Academia de Genebra foi dividida em dois níveis. Um nível era um colégio dedicado ao ensino público, e o outro, um seminário dedicado ao treinamento de futuros pastores. Eventualmente, a Academia cresceu a ponto de ter mais de mil e duzentos alunos no colégio e trezentos no seminário. Era liderada por Calvino e contou com docentes eruditos notáveis, como Theodoro Beza, François Hotman, Viret e outros. Quando a saúde de Calvino piorou, ele assegurou a aprovação de Beza como superintendente. A Academia, que não cobrava pelo ensino, atraiu imigrantes e produziu muitos pastores, missionários e eruditos. Seu impacto foi sentido em toda a Europa, em vocações de advocacia, política, medicina e educação, enquanto o seminário produziu pastores que transformaram o panorama religioso da Europa, realizando ministérios eficazes, como o de John Knox, na Escócia.

David Hall, um biógrafo moderno de João Calvino, documentou os esforços de Thomas Jefferson para comprar a Academia de Genebra e mudá-la para a América, em 1795.[6] Os esforços fracassaram. Por isso, Jefferson fundou o que hoje é conhecido como a Universidade da Virgínia. Vale ressaltar que, mais de 200 anos depois da morte de Calvino, a Academia de Genebra ainda era considerada uma das melhores instituições de educação.

CALVINO COMO PASTOR E ESCRITOR

Em sua maioria, as grandes publicações teológicas, desde o Pentecostes até a primeira metade do século XIX, foram obras de pastores. Houve duas razões para isso. Primeira, as igrejas e seus líderes espe-

---

[6] David W. Hall, *A heart promptly offered: the revolutionary leadership of John Calvin* (Nashville: Cumberland House, 2006).

ravam e desejavam que os pastores se focalizassem no estudo diligente da Palavra de Deus, visando à pregação e ao ensino eficazes. Segunda, havia o desejo de que os pastores multiplicassem a bênção da Palavra de Deus pregada, por meio da publicação de sermões em forma escrita. A invenção da imprensa apresentou providencialmente um instrumento valioso à amplitude desse esforço. Todos esses fatores se combinaram para fazer de Calvino um exemplo inigualável e excelente de pastor/ escritor. Seu ministério se tornou uma fonte de discursos homiléticos, comentários, devocionais, tratados e folhetos teológicos.

A obra prima de Calvino foram as *Institutas da Religião Cristã*, produzida primeiramente em 1536, anexada de uma carta dirigida a Francisco I, rei da França, pedindo o término da perseguição contra os protestantes franceses. Esse livro, conhecido popularmente como *As Institutas de Calvino* ou simplesmente como *As Institutas,* era tanto uma defesa dos principais assuntos teológicos da Reforma como um corpo de teologia para o cristão e a igreja. Uma obra em progresso, ela foi desenvolvida por meio de cinco edições durante vinte anos.

Um aspecto negligenciado, porém rico, do ministério literário de Calvino foi o enorme número de cartas e pequenas mensagens que procederam de seu escritório, lar e leito de enfermidade. As cartas de encorajamento e instrução redigidas por Calvino e enviadas a pastores e crentes perseguidos por toda a Europa e Inglaterra revelam os seus sentimentos em relação aos servos do Senhor, sentimentos de que prosperassem no ministério e perseverassem na perseguição. Também demonstraram um compromisso inabalável de estabelecer a igreja reformada por meio da oração e de líderes que estavam saturados com a Palavra de Deus e, por isso mesmo, eram capazes de responder, até no martírio, com amor e verdade.

O amor de Calvino pela música, particularmente na adoração, resultou na publicação do Saltério de Genebra, de 1562, que usava os salmos métricos do *Marot's Hymn Books* colocados em novas melodias. Essas melodias de ritmo mais alegre eram referidos sarcasticamente como "danças de Genebra".[7]

---

[7] Ibid.

Não é admirável que Genebra tenha se tornado um centro de publicação, produzindo inúmeros livros escritos por diversos autores. Tão profundos eram esses livros, que qualquer livro publicado em Genebra ou por Calvino era banido da França. Além das *Institutas,* outro projeto, talvez o mais importante, foi a Bíblia de Genebra, que continha notas e percepções referentes aos assuntos de vida, governo, vocação e ética. Ela se tornou a Bíblia da Reforma, instruindo e inspirando o povo de Deus e autores como William Shakespeare, que a citavam freqüentemente. Essa foi a Bíblia levada pelos colonos que fundaram os Estados Unidos.

CALVINO NO EXERCÍCIO DO PASTORADO

A percepção pública que as pessoas modernas têm a respeito de Calvino é a de um homem brilhante e profundo, mas severo. Ele era, de fato, brilhante e profundo e poderia ser firme em conflitos, se convencido de sua necessidade, mas seus sentimentos no exercício do pastorado têm sido, infelizmente, obscurecidos e negligenciados. Por essa razão, J. D. Benoit, no livro *John Calvin, Contemporary Prophet,* escreveu: "Embora Calvino seja considerado primeiramente um teólogo, ele era, muito mais, um pastor de almas".[8]

As Ordenanças Eclesiásticas exigiam que no prazo de três dias cada família reportasse à igreja por meio dos pastores e presbíteros quem estava enfermo. E as três razões de Calvino para essa exigência eram distintamente pastorais. Primeira, o enfermo necessitava de conforto pessoal e pastoral. Segunda, a família do enfermo necessitava de encorajamento e orientação pastoral. Terceira, se a doença fosse passível de morte, o crente precisaria ser instruído quanto à glória; e, se a pessoa não fosse crente, todo esforço deveria ser empreendido para levá-la à salvação.

Durante o ministério de Calvino, Genebra foi aterrorizada pela praga em cinco ocasiões. No primeiro surto, em 1542, Calvino realizou pessoalmente visitas a lares infectados. Sabendo que esse esforço talvez

---

[8] J. D. Benoit, "Pastoral care of the prophet" in: Jacob T. Hoogstra (ed.), *John Calvin, Contemporary Prophet* (Grand Rapids: Baker, 1959).

acarretasse uma sentença de morte, os líderes da cidade intervieram a fim de pará-lo, por causa da convicção de que a liderança de Calvino era indispensável. Os pastores continuaram seus esforços heróicos sob a orientação dele e narraram a alegria de verem muitas conversões. Vários pastores perderam sua vida nesta causa. Sem o conhecimento de muitos, Calvino continuou privativamente seu cuidado pastoral em Genebra e outras cidades assoladas pela praga. O seu amor pastoral, também evidenciado na provisão de hospitais tanto para os cidadãos como para os imigrantes, foi revelado posteriormente quando ele coletou recursos necessários para estabelecer um hospital separado para as vítimas da praga. Quando os crentes morriam, ele pregava mensagens fúnebres penetrantes, com amor e preocupação pessoal.

O profundo amor de Calvino como pastor também se revelou por meio de suas cartas. Ele escreveu inúmeras cartas de conforto e consolação aos crentes que sofriam em Genebra e na Europa. Um trecho de uma carta que ele escreveu a uma família desolada pela praga mostra a profundidade de suas preocupações pastorais: "O mensageiro veio até mim trazendo a sua carta. Fui tomado por um novo temor e, ao mesmo tempo, dominado por tristeza profunda. Na verdade, ontem alguém me disse que ele foi acometido pela praga. Portanto, não fiquei somente preocupado com a gravidade do perigo em que ele estava, fiquei também abalado; estava realmente chorando por ele, como se já estivesse morto. Amo-o muito, mas a minha tristeza é fruto tanto de meu amor por ele como da preocupação geral com toda a igreja".[9]

Sem dúvida, a doce, fiel e amável esposa de Calvino, Idelete, não obstruiu seu ministério pastoral; pelo contrário, ela o expandiu admiravelmente. Calvino e Idelete não somente abriram sua casa, na Rua Canon, por longos períodos aos membros da família, mas também a centenas de pobres, imigrantes e estudantes, os quais foram recebidos com cuidado e amor na pequena, mas aconchegante residência.

Calvino também demonstrou preocupação intensa pelos numerosos crentes que eram martirizados pela causa de Cristo, especialmente em sua amada França. *As Institutas* foram escritas originalmente com base no

---

[9] Richard Stauffer, *The humanness of John Calvin* (Nashville: Abingdon, 1971), 69.

desejo de encorajar os torturados e perseguidos e persuadir o rei Francisco I a cessar o apoio às atrocidades dos ativistas que se opunham aos protestantes. As indescritíveis crueldades infligidas aos fiéis comoveram profundamente o coração de Calvino e motivaram-no a intervir a favor dos torturados e moribundos. A famosa intervenção de Calvino em favor dos valdenses encorajou o heróico testemunho deles por Cristo, naquilo que se tornou a Igreja Francesa Huguenote.

O amor de Calvino pela igreja que estava além de Genebra foi revelado não somente por seu ministério aos afligidos pela praga e aos perseguidos, mas também por seus esforços incansáveis de promover a unidade entre os reformadores. Embora ele não adotasse pessoalmente um sistema de governo episcopal na igreja, estava disposto a trabalhar com os luteranos e a Igreja da Inglaterra para empreender a unidade, conforme revelam suas comunicações com Lutero e Thomas Cranmer. Esse desejo persistente, embora nunca realizado na Europa, levou realmente a uma admirável unificação da Igreja Reformada na Suíça. Calvino, em concordância com Farel e Viret, participou de nove anos de negociações prudentes e diálogo laborioso com Henry Bullinger, de Zurique, culminando no Consenso Tigurinus de 1549. Conseqüentemente, as igrejas de Zurique, Lausanne, Berna, Basiléia e Genebra, com suas respectivas paróquias, uniram-se em uma confissão doutrinária. A intensa alegria de Calvino por causa desse acordo público foi expresso em diversas ocasiões e em várias publicações.

O relacionamento pessoal de Calvino com Lutero, Melanchton, Bucer, Cranmer e John Knox, identificando apenas alguns, também revela a profundidade de seu amor pastoral pelos colegas. Esses reformadores testemunharam pessoalmente do ministério de Calvino como pastor de pastores, pois os encorajava e os instruía por meio de afirmações desafiadoras e unia-se a eles em louvor a Deus por suas gloriosas vitórias.

CALVINO COMO PASTOR, EVANGELISTA E MISSIONÁRIO

Muitos conhecem a acusação de que os calvinistas se preocupam somente com doutrina e são indiferentes à evangelização e missões. Além disso, o calvinismo é acusado de ser contraproducente em relação ao empreendimento de evangelização e missões. Isso é errado não somente no que diz respeito à história, conforme revela um exame da lista de grandes pastores-evangelistas e missionários que eram declaradamente calvinistas (a saber, George Whitefield, Charles H. Spurgeon, William Carey, David Brainerd, Jonathan Edwards, etc.), mas também no que diz respeito ao próprio Calvino.

A paixão de Calvino como pastor-evangelista se revelou de várias maneiras. Calvino evangelizava persistentemente as crianças de Genebra, por meio de aulas de catecismo e da Academia de Genebra. Além disso, ele treinava pregadores a rogarem aos homens e mulheres que seguissem a Cristo. A visitação na enfermidade prescrevia uma conversa evangelística. Até uma análise superficial dos sermões de Calvino mostra de imediato um zelo permanente para que homens e mulheres fossem convertidos a Cristo.

E o que podemos dizer sobre missões? O Registro da Venerável Companhia de Pastores relata que 88 missionários foram enviados de Genebra. De fato, houve mais do que cem, e muitos deles foram treinados diretamente por Calvino. Contudo, missões foram realizadas em um nível mais informal. Genebra se tornou o imã de crentes perseguidos, e muitos desses imigrantes foram discipulados e retornaram ao seu país como missionários e evangelistas eficazes.

Quando se acalmaram os tempos turbulentos no ministério pastoral de Calvino, surgiu a oportunidade para expansão missionária intencional e implantação de igrejas. A bênção de Deus sobre os esforços missionários de Calvino e das igrejas de Genebra, de 1555 a 1562, foi extraordinária — mais de 200 igrejas secretas foram implantadas na França por volta de 1560. Até 1562, o número crescera para 2.150, produzindo mais de 3.000.000 de membros. Algumas dessas igrejas tinham congregações que totalizavam milhares de membros. O pastor de Montpelier informou a Calvino, numa carta, que "nossa igreja, graças a Deus, tem crescido, e continua a crescer, tanto a cada dia, que pregamos três sermões aos domingos para mais de cinco ou seis mil pessoas".[10] Outra carta, do pastor de Toulouse, declarava: "Nossa igreja continua crescendo até ao admirável

---

[10] Frank James, "Calvin the evangelist", *Reformed Quarterly*, Jackson, v. 19, no. 2/3 (2001).

número de oito ou nove mil almas".¹¹ A amada França de João Calvino, por meio de seu ministério, foi invadida por mais de 1.300 missionários treinados em Genebra. Esse esforço, conjugado com o apoio de Calvino aos valdenses, produziu a Igreja Huguenote Francesa que quase triunfou sobre a Contra-Reforma católica na França.

Calvino não evangelizou e implantou igrejas somente na França. Os missionários treinados por ele estabeleceram igrejas na Itália, Holanda, Hungria, Polônia, Alemanha, Inglaterra, Escócia e nos estados independentes da Renânia. Ainda mais admirável foi uma iniciativa que enviou missionários ao Brasil. O compromisso de Calvino com a evangelização e missões não era teórico, mas, como em todas as outras áreas de sua vida e ministério, era uma questão de atividade zelosa e compromisso fervoroso.

DE PASTOR A PASTOR

Em 27 de maio de 1564, Theodoro Beza, o sucessor que Calvino escolhera e afirmara publicamente, escreveu a respeito da morte dele: "Naquele dia, com o pôr-do-sol, a luz mais brilhante que esteve no mundo para guiar a igreja de Deus foi levada de volta ao céu".¹² Que epitáfio para um pastor e clérigo!

Calvino realizou incansavelmente seu ministério pastoral, liderando, pregando, ensinando, escrevendo, cuidando do rebanho e evangelizando. Tudo fluiu de um homem chamado por Deus para ser pastor de pastores, de perseguidos e de reformadores. Seu ministério pastoral impactou nações inteiras, até nações que ainda viriam a existir, como os Estados Unidos.

Admiravelmente, seu ministério pastoral que transformou o mundo fluiu de um homem cujo principal traço de caráter foi a submissão. Ele se submeteu à ordem de seu pai, matriculando-se na Universidade de Paris e, depois, mudando seus estudos, de teologia para direito, um assunto que ele desprezava. Submeteu-se à chamada de Deus por meio de Farel e se tornou o pastor da Igreja de São Pedro, em Genebra. Submeteu-se ao apelo de Bucer a fim se tornar pastor e líder em Estras-

---

¹¹ Ibid.

¹² Philip Schaff, *History of Christian Church* (Grand Rapids: Eerdmans, 1958), 8:823.

burgo. Embora temeroso e reticente, ele se submeteu à providência de Deus e retornou a Genebra e à Igreja de São Pedro. Espontaneamente, submeteu-se à perseguição de seus adversários quando chamavam seus cães de Calvino, enviavam-lhe bilhetes com ameaças de morte e procuravam intimidá-lo, mandando turbas à sua igreja e à sua casa. Submeteu-se com paciência aos sofrimentos físicos excruciantes, agravados pelas exigências do pastorado. Observadores em Genebras e as próprias cartas de Calvino relatam ataques múltiplos de pedra nos rins, sangue expectorado enquanto ele pregava, várias desordens de um sistema gastrointestinal enfermo que produzia longos períodos de sofrimento acamado e hemorróidas crônicas. A sua dieta foi severamente limitada para minimizar-lhe os sofrimentos.

O fato de que Calvino entregou espontaneamente sua vida sobre o altar do ministério pastoral foi, em última análise, resultado de submissão a Cristo, seu Senhor — uma submissão nutrida pela alegria da salvação pela graça e impelida pela majestade de seu Salvador. Esse ministério que transformou o mundo teve sua fonte em um escritório iluminado por velas, no qual um homem, em súplicas, devorava páginas da Escritura, levava o fardo das necessidades dos outros e servia fielmente seu Senhor e Salvador. Quem era esse homem? Era João Calvino, o clérigo.

Capítulo 6

O PREGADOR DA PALAVRA DE DEUS

STEVEN J. LAWSON

Há uma regra prescrita para todos os servos de Deus: não tragam suas próprias invenções, mas simplesmente entreguem, como que de mão a mão, o que receberam de Deus.[1]

—João Calvino

Elevando-se acima do topo dos telhados da velha cidade de Genebra, surge a magnificente Igreja de São Pedro, a famosa casa de adoração em que João Calvino ministrou durante os emocionantes dias da Reforma. No interior, o teto arqueado eleva-se a uma altura majestosa, abrangendo todo o comprimento do santuário. Um sentimento de transcendência enche a alma de quem entra. Em 1536, esse antigo bastião católico romano foi transformado em uma fortaleza da verdade bíblica, tornando-se o centro do mundo reformado.

No alto de uma coluna circundada por uma escada espiral, está o púlpito de Calvino. Ali, acima do assoalho de pedra do santuário, o reformador de Genebra se levantava, domingo após domingo, até dia após dia, para proclamar a Palavra de Deus. Esse púlpito se tornou um trono do qual a Palavra de Deus reinava, governando os corações daqueles que se uniram no esforço histórico de reformar a igreja.

---

[1] John Calvin, *Commentaries on the Book of the Prophet Jeremiah and Lamentations*. Trad. John Owen (Grand Rapids: Baker, 1979), 1:43.

Quinhentos anos depois de seu nascimento, Calvino ainda é o mais influente pregador da Palavra de Deus que o mundo já testemunhou. Nenhum homem antes ou desde Calvino tem sido tão prodigioso no lidar com as Escrituras Sagradas. Ele era muitas coisas — um excepcional teólogo, um exegeta respeitado, um mestre famoso, um estadista eclesiástico, um influente reformador e mais. Todavia, como observou James Montgomery Boyce, Calvino era primariamente um pregador e, como tal, via-se a si mesmo como um mestre da Bíblia".[2] E acrescentou:

> Calvino não tinha nenhuma outra arma, exceto a Bíblia. Desde o princípio, sua ênfase era o ensino da Bíblia. Ele pregava as Escrituras todos os dias; e, sob o poder dessa pregação, a cidade começou a ser transformada. Visto que as pessoas de Genebra adquiriram conhecimento da Palavra de Deus e foram mudadas por ela, a cidade se tornou como John Knox a chamou, uma Nova Jerusalém.[3]

Devido ao fato de que a pregação de Calvino era prolífica, certas questões clamavam por resposta: quem era esse homem notável? Como ele lidava com o sagrado dever de expor a Palavra de Deus? Quais eram as características distintivas de seu famoso púlpito? Creio que podemos identificar dez marcas distintivas da pregação de Calvino.

FOCALIZANDO AS ESCRITURAS

A primeira marca é que *a pregação de Calvino era bíblica em seu conteúdo*. O reformador se manteve firme no principal fundamento da Reforma — *sola Scriptura* (somente a Escritura). Ele acreditava que o principal mandato de um pastor era pregar a Palavra de Deus. Calvino escreveu que toda a tarefa dos pastores "se limita ao ministério da Palavra de Deus; toda a sabedoria deles, ao conhecimento da Palavra divina; toda a sua eloqü-

---

[2] James Montgomery Boyce, foreword to John Calvin, *Sermons on Psalm 119* (Audubon, N. J.: Old Paths Publications, 1996), viii.

[3] James Montgomery Boyce, *Whatever happened to the gospel of grace? Rediscovering the doctrines that shook the world* (Wheaton, Ill.: Crossway, 2001), 83-84.

ência, à proclamação da Palavra".⁴ J. H. Merle D'Aubigné, o respeitado historiador da Reforma, observou: "No ponto de vista de Calvino, tudo que não tivesse a Palavra de Deus como seu fundamento era vanglória fútil e efêmera. E o homem que não dependia das Escrituras tinha de ser destituído de seu título de honra".⁵ Calvino acreditava que o pregador não tinha nada a dizer além das Escrituras.

Restringindo-se às Escrituras, Calvino escreveu: "Quando estamos no púlpito, não trazemos conosco nossas imaginações ou sonhos".⁶ O reformador de Genebra estava convicto de que, "quando os homens se afastam, em menor grau da Palavra de Deus, não podem pregar outra coisa, exceto mentiras, vaidades, imposturas, erros e enganos".⁷ Calvino afirmou: "Há uma regra prescrita para todos os servos de Deus: não tragam suas próprias invenções, mas simplesmente entreguem, como que de mão a mão, o que receberam de Deus".⁸ Calvino acreditava que quando a Bíblia fala, Deus fala. Este era o alicerce inabalável da pregação de Calvino — a pregação fiel das Escrituras.

PREGAÇÃO DE LIVROS INTEIROS

Segunda, *a pregação de Calvino seguia um padrão seqüencial*. Durante o ministério de Calvino, o seu procedimento era pregar sistematicamente livros inteiros da Bíblia. T. H. L. Parker escreveu: "Domingo após domingo, dia após dia, Calvino subia os degraus que o conduziam ao púlpito. Ali, com paciência, ele guiava a sua congregação, versículo por versículo, na exposição de um livro após outro das Escrituras".⁹ Na manhã dos domingos, Calvino pregava o Novo Testamento; à tarde, o Novo Testamento e Salmos; e, em semanas alternadas, pregava o Antigo

---

⁴ John Calvin, *Institutes of Christian Religion* (1536 edition). Trad. Ford Lewis Battles (Grand Rapids: Eerdmans, 1975), 195.

⁵ J. H. Merle D'Aubigné, *History of the Reformation in Europe in the time of Calvin* (Harrisonburg, Va.: Sprinkle, 2000), 7:85.

⁶ Citado em T. H. L. Parker, *Portrait of Calvin* (Philadelphia: Westminster Press, 1954), 83.

⁷ John Calvin, *Commentaries on the book of the prophet Jeremiah and Lamentations*, 2:226-227.

⁸ Ibid., 1:43.

⁹ T. H. L. Parker, *Calvin's preaching* (Louisville, Ky.: Westminster John Knox Press, 1992), 39.

Testamento todas as manhãs da semana. Servindo-se desse método consecutivo, Calvino pregou quase todos os livros da Bíblia.

As exposições bíblicas eram séries extensas, que duravam mais de um ano. Durante o seu pastorado em Genebra, Calvino pregou os seguintes livros do Antigo Testamento: Gênesis (123 sermões), Deuteronômio (201), Juízes (uma série curta), 1 Samuel (107), 2 Samuel (87), 1 Reis (vários sermões), Jó (159), Salmos individuais (72), Salmo 119 (22), Isaías (353), Jeremias (91), Lamentações (25), Ezequiel (175), Daniel (47), Oséias (65), Joel (17), Amós (43), Obadias (5), Jonas (6), Miquéias (28), Naum (não registrado) e Sofonias (17). Em sua maioria, esses sermões sobre o Antigo Testamento foram pregados às 6h da manhã (às 7h no inverno), cada dia da semana, em semanas alternadas, na Igreja de São Pedro.

Além disso, Calvino pregou grande parte do Novo Testamento, expondo sua plenitude e riqueza. Durante seu ministério em Estrasburgo, ele pregou o evangelho de João e Romanos. Em Genebra, Calvino pregou uma harmonia dos evangelhos (65 sermoes, concluindo quando ele morreu), Atos (189), 1 Coríntios (110), 2 Coríntios (66), Gálatas (43), Efésios (48), 1 e 2 Tessalonicenses (46), 1 Timóteo (55), 2 Timóteo (31) e Tito (17). Esse tipo de exposição deu abrangência à pregação de Calvino. Nenhuma doutrina foi deixada de lado, nenhum pecado, ocultado, nenhuma promessa, menosprezada.

COMEÇANDO DE MANEIRA DIRETA

Terceira, *a pregação de Calvino era direta em sua mensagem*. Quando expunha as Escrituras, Calvino era notoriamente direto e centrado no ensino principal. Ele não iniciava sua mensagem com uma história cativante, uma citação estimulante ou uma anedota pessoal. Em vez disso, Calvino introduzia de imediato os seus ouvintes no texto bíblico. O foco da mensagem era sempre as Escrituras, e Calvino falava o que precisava ser dito com economia de palavras. Não havia frases desperdiçadas. Como Theodoro Beza escreveu, "cada palavra era valiosa".[10]

---

[10] Citado em Leroy Nixon, *John Calvin: expository preacher* (Grand Rapids: Eerdmans, 1950), 31.

Na maioria das vezes, Calvino começava cada mensagem revisando seu sermão anterior. Depois, estabelecia o contexto da passagem, apresentando à congregação o pensamento do autor bíblico e dos leitores originais. Em seguida, Calvino mostrava como aquele texto específico se enquadrava no argumento de todo o livro. Então, após revelar a sua proposição para o sermão, ele ia diretamente ao texto, expondo-o frase por frase. Como Parker escreveu, "cláusula por cláusula, versículo por versículo, a congregação era conduzida através da epístola, ou da profecia, ou da narrativa".[11]

PREGANDO VIVIDAMENTE

Quarta, *a pregação de Calvino era extemporânea em sua apresentação*. Quando subia ao púlpito, ele não levava consigo um rascunho escrito ou esboço do sermão. O reformador fez uma escolha consciente de pregar *extempore*, ou seja, espontaneamente. Ele queria que seus sermões tivessem uma desenvoltura natural e cheia de paixão, enérgica e envolvente; acreditava que a pregação espontânea era mais conveniente para cumprir esses objetivos.

O reformador disse certa vez: "Parece-me que no reino há pouca pregação vívida; a maioria dos ministros pregam lendo um discurso escrito".[12] Portanto, confiando no Espírito Santo, Calvino se levantava diante das pessoas tendo somente a Bíblia aberta. Pregava com uma Bíblia em hebraico, quando expunha o Antigo Testamento, e outra em grego, quando pregava o Novo Testamento. Para a sua exposição, ele se servia do seu amplo estudo da passagem e de sua preparação rigorosa para outros compromissos do ministério, especialmente de suas preleções em sala de aula e da preparação de comentários. O sermão se unificava à medida que ele pregava.

Era o gênio de Calvino em atividade. Sem qualquer recurso visual ou mesmo um esboço do sermão, para guiar seus pensamentos, e tendo somente a Bíblia aberta, na língua original, seus sermões atingiam um

---

[11] T. H. L. Parker, *Calvin's preaching*, 90.
[12] John Calvin, *Letters of John Calvin* (Edinburgh, Scotland: Banner of Truth Trust, 1980), 95.

fluxo natural. Ele não apresentava mensagens acadêmicas e formais das Escrituras. Pelo contrário, seus sermões eram apresentações calorosas da verdade. Mas sua pregação também era fervorosa. O pregador tem de falar, disse Calvino, "de um modo que demonstre não estar fingindo".[13] Calvino fazia isso — ele era passional em sua pregação.

PERSCRUTANDO O TEXTO BÍBLICO

Quinta, *a pregação de Calvino era exegética em sua abordagem*. Ele insistia em que as palavras da Escritura têm de ser interpretadas conforme o ambiente histórico específico, as línguas originais, as estruturas gramaticais e o contexto bíblico. Philip Schaff ressaltou que Calvino afirmava "o princípio hermenêutico correto e fundamental de que os autores bíblicos, assim como todos os escritores perceptíveis, desejavam transmitir aos seus leitores um pensamento definido em palavras que estes poderiam entender".[14] Calvino acreditava que o primeiro dever de um expositor bíblico era discernir o significado do autor sagrado. Ele escreveu: "Visto que quase a única tarefa do intérprete é penetrar fundo a mente do escritor a quem deseja interpretar, o mesmo erra seu alvo, ou, no mínimo, ultrapassa seus limites, se leva seus leitores para além do significado original do autor".[15] Portanto, à medida que Calvino pregava, ele avançava, "sentença por sentença, às vezes palavra por palavra, explicando o que cada parte significava".[16]

Nessa prática exegética, Calvino insistiu no *sensus literalis*, o sentido literal do texto bíblico. "O verdadeiro significado das Escrituras é o significado mais óbvio e natural",[17] ele escreveu. E acrescentou: "A coisa mais importante é que a Escritura seja entendida e explicada; o modo como ela

---

[13] Citado em T. H. L. Parker, *Calvin's preaching*, 115.
[14] Philip Schaff, *History of Christian Church* (Grand Rapid Eerdmans, 1984), 8:532.
[15] João Calvino, *Romanos* (São Paulo, SP: Edições Parakletos, 2001), 17.
[16] James Montgomery Boyce, foreword to Calvin, *Sermons on Psalm 119*, ix.
[17] John Calvin, *Sermons on Galatians*. Trad. Kathy Childress (Edinburgh: Banner of Truth Trust, 1997), 136.

é explicada é secundário".[18] Calvino declarou: "Acho que não existe nada mais importante do que uma interpretação literal do texto bíblico".[19]

Calvino se apegava à analogia da fé, a idéia de que a Bíblia fala em uma única voz e jamais se contradiz — *sacra Scriptura sui interpres*, ou "a Escritura interpreta a Escritura". Portanto, em sua interpretação, ele recorria a toda a Escritura para obter esclarecimento e apoio. Assim, ele consultava cuidadosamente e citava referências correspondentes, sem desviar-se do pensamento central do texto sobre o qual pregava.

FALANDO À PESSOA COMUM

Sexta, *a pregação de Calvino era acessível em sua simplicidade*. Como pregador, o principal objetivo de Calvino não era comunicar-se com outros teólogos, e sim alcançar as pessoas comuns, assentadas nos bancos. Ele queria que as pessoas tivessem familiaridade com a Bíblia e "tornassem-na um assunto pessoal, não somente uma coleção de idéias".[20] Para atingir esse objetivo, esse homem brilhante resolveu intencionalmente empregar palavras simples e linguagem entendível. Ele escreveu: "Os pregadores devem ser como pais que dividem o pão em pequenos pedaços para alimentar os filhos".[21]

Como disse Parker, o vocabulário do reformador era "quase sempre familiar e fácil".[22] E acrescentou: "A palavra que Calvino usava para descrever o que considerava como estilo mais conveniente para o pregador era *familiere*",[23] que significava uma maneira de falar pessoal e familiar. Além de descrever o estilo simples de Calvino, Boyce escreveu: "Há pouco floreado retórico. A palavras de Calvino eram diretas,

---

[18] Citado em T. H. L. Parker, *Calvin's New Testament commentaries* (Grand Rapids: Eerdmans, 1971), 50.

[19] General introduction in: *Calvin: commentaries*. Ed. John Baillie, John T. McNeill e Henry P. Van Dusen (London; Philadelphia: S. C. M. and Westminster, 1958), 359.

[20] T. H. L. Parker, *Calvin's preaching*, 139.

[21] Citado em Joel R. Beeke, "John Calvin, teacher and practitioner of evangelism", in: *Reformation and Revival*, 10:4 (Fall 2001), 69.

[22] T. H. L. Parker, *Calvin's preaching*, 141-142.

[23] Ibid., 139.

as sentenças, simples".[24] À medida que pregava, Calvino falava "muito deliberadamente",[25] tornando fácil, como notou um observador, "escrever tudo que ele dizia".[26] O resultado era que o brilhante intelecto de Calvino permanecia "oculto, por trás de [suas] explicações simples do significado do autor que ele expunha".[27]

Ocasionalmente, Calvino explicaria mais cuidadosamente o significado de uma palavra, sem citar o grego ou o hebraico original. Todavia, Calvino não hesitava em usar a linguagem da Bíblia. "A terminologia de Calvino... dificilmente se afastava da Bíblia", observa Parker. "Palavras comuns eram 'justificar', 'eleger', 'redimir', 'pecado', 'arrependimento', 'graça', 'oração', 'julgamento' — de fato, toda a linguagem familiar do Antigo e do Novo Testamento".[28]

PASTOREANDO O REBANHO DE DEUS

Sétima, *a pregação de Calvino possuía um tom pastoral*. O reformador de Genebra nunca perdia de vista o fato de que ele era um pastor. Assim, ele aplicava calorosamente as Escrituras, com exortação amável a fim de pastorear o seu rebanho. Ele pregava com a intenção de estimular e encorajar suas ovelhas a seguirem a Palavra.

Calvino usava freqüentemente pronomes na primeira pessoa do plural — "nós", "nos", "nossos" — enquanto exortava sua congregação. Por exemplo, ele disse: "Aprendamos a não inebriar-nos com as nossas esperanças insensatas. Antes, esperemos em Deus e em suas promessas; assim jamais seremos decepcionados".[29] Fazendo isso, Calvino se incluía humildemente na necessidade de agir com base na verdade bíblica. Dessa maneira, ele evitava a pregação fria aos seus ouvintes.

---

[24] James Montgomery Boyce, foreword to Calvin, *Sermons on Psalm 119*, x.
[25] Publisher's introduction, "John Calvin and His Sermons on Ephesians", in: John Calvin, *Sermons on the epistle to the Ephesians* (Edinburgh: Banner of Truth Trust, 1998), ix.
[26] Ibid.
[27] T. H. L. Parker, *Calvin's preaching*, 87.
[28] Ibid., 141.
[29] John Calvin, *Sermons on the book of Micah*. Trad. Benjamin Wirt Farley (Phillipsburg, N. J.: P & R, 2003), 84.

No entanto, Calvino não hesitava em chamar seus ouvintes ao auto-exame, à medida que aplicava a verdade bíblica. Por exemplo, ele proclamou: "Devemos todos examinar nossa vida não à luz de um dos preceitos de Deus, e sim à luz de toda a lei. Algum de nós pode dizer verdadeiramente que é inculpável?"[30] A pregação de Calvino também se distinguia por admoestação penetrante. Quando estava ciente de que membros de seu rebanho estavam flertando com o pecado, ele atacava isso abertamente. Advertia sua congregação, afirmando: "Esse pecado reina hoje mais do que o fazia no tempo de Miquéias. Sim, muito mais! É verdade que muitos se contentam em ter o evangelho pregado, embora este não os comova nem os inquiete".[31] Essa reprovação amável era uma parte essencial de seu dever pastoral.

REPELINDO OS LOBOS VORAZES

Oitava, *a pregação de Calvino era polêmica em sua defesa da verdade*. Para ele, a pregação necessitava de uma defesa apologética da fé. Ele acreditava que os pregadores tinham de resguardar a verdade; por isso, a exposição sistemática exigia a confrontação das mentiras do Diabo em todas as suas formas enganadoras. Ele escreveu: "Afirmar a verdade é apenas metade do ofício de ensinar... exceto quando todas as mentiras do Diabo são também dissipadas".[32]

De seu púlpito, Calvino, como um ousado guardião da verdade, usava cada oportunidade para defender a sã doutrina e refutar todos que a contradiziam. Ele censurava abertamente os falsos mestres de seus dias, em especial o papa. Por exemplo, ele disse: "A Igreja Católica Romana continua hoje o mesmo tipo de práticas idólatras que eram comuns entre os pagãos, mas em nome dos apóstolos e da virgem Maria. As únicas coisas que mudaram foram os nomes dos ídolos! A superstição é tão ímpia e detestável hoje como o era entre os primeiros idólatras!"[33]

---

[30] John Calvin, *Sermons on Galatians*, 264.
[31] John Calvin, *Sermons on the book of Micah*, 101.
[32] Citado em Graham J. Miller, *Calvin's Wisdom: an anthology arranged alphabetically by a grateful reader* (Edinburgh: Banner of Truth Trust, 1992), 252.
[33] John Calvin, *Sermons on Galatians*, 3.

Quando o pastor está pregando, Calvino escreveu, ele "deve ter duas vozes: uma, para ajuntar o rebanho; outra, para repelir... lobos".[34] Calvino usava uma voz severa para repelir os lobos vorazes. Ao defender o evangelho, Calvino não media as palavras.

CHAMANDO OS PECADORES

Nona, *a pregação de Calvino era cheia de paixão em seu alcance*. Em nossos dias, há uma noção errônea de que, por acreditar na predestinação, Calvino não era evangelístico. O mito persistente é que ele não tinha paixão por alcançar almas perdidas para trazê-las a Cristo. Nada pode estar mais distante da verdade. Calvino possuía uma grande paixão por alcançar as almas perdidas. Por essa razão, ele pregava o evangelho com uma persuasão que afetava o coração e com amor, apelava aos pecadores desgarrados a se renderem à misericórdia de Deus.

Quando concluía seus sermões, Calvino apresentava freqüentemente um apelo ao perdido. Ouça as próprias palavras de Calvino, quando pregou sobre Gálatas 2.15-16:

> Não podemos descansar enquanto o Senhor Jesus Cristo não nos tiver salvado. Vejam quão bom é estarmos sobrecarregados, quero dizer, odiar nossos pecados e ficar em agonia tão intensa por eles, que nos sintamos cercados pelos sofrimentos da morte, para que busquemos a Deus, a fim de que nos livre desse fardo. Portanto, temos de buscá-Lo sabendo que não podemos obter a salvação, total ou parcial, se não nos for dada como um presente.[35]

Em seguida, ele instou seus ouvintes a serem "salvos por meio da fé... [pois] temos de entregar-nos a Ele total e completamente".[36] É claro que Calvino era um verdadeiro evangelista.

---

[34] John Calvin, *Commentaries on the epistles to Timothy, Titus, and Philemon*. Trad. William Pringle (Grand Rapid: Baker, 1979), 296.
[35] John Calvin, *Sermons on Galatians*, 186.
[36] Ibid.

EXALTANDO A GLÓRIA DE DEUS

Décima, *a pregação de Calvino era doxológica em sua conclusão*. Todos os sermões de Calvino eram completamente teocêntricos, mas seus apelos conclusivos eram sinceros e amorosos. Ele não podia descer do púlpito sem exaltar o Senhor e instar seus ouvintes a se rederem à absoluta supremacia dEle. Os ouvintes tinham de se humilhar sob a poderosa mão de Deus.

Quando concluía, Calvino exortava regularmente sua congregação: "Prostremo-nos todos ante a majestade de nosso grande Deus". Não importando o texto bíblico sobre o qual ele pregava, essas palavras demandavam uma submissão incondicional de seus ouvintes.

Calvino sempre concluía com uma oração que exaltava a Deus. Sua intenção era elevar sua congregação ao trono de Deus. Essas intercessões finais eram verticais, elevando os seus ouvintes ao alto, a Deus. Revelavam a gloriosa majestade do Pai celestial, quando Calvino deixava o seu povo *coram Deo* — face a face com Deus.

QUINHENTOS ANOS DEPOIS

Quando celebramos o qüingentésimo ano de nascimento de Calvino, temos de concluir que ele continua sendo "um dos mais influentes pregadores da história do pensamento cristão".[37] Pode-se argumentar que Calvino seja o maior teólogo e comentarista que a igreja já conheceu, mas ele era, antes de tudo, um pregador. Esse reformador magistral se dedicou à exposição da Palavra como nenhum outro na história.

Que Deus levante uma nova geração de expositores semelhantes a Calvino. Que experimentemos uma nova Reforma em nossos dias. Que vejamos, mais uma vez, o poder iluminador da Palavra pregada nesta meia-noite de nossa história.

---

[37] Donald K. McKim, *The Cambridge Companion to John Calvin* (Cambridge: Cambridge University Press, 2004), 121.

Capítulo 7

O CONSELHEIRO DOS AFLITOS

W. ROBERT GODFREY

Ora, onde a consolação é prometida em meio à aflição, especialmente em passagens que descrevem a libertação da igreja, prenuncia-se ali o estandarte da confiança e da esperança em Cristo.[1]

—João Calvino

Ao lembrar-se de João Calvino, as pessoas o vêem hoje, primeiramente, como um grande teólogo e, em segundo lugar, como um grande erudito bíblico. Quando muitos pensam nele, "conselheiro" talvez não seja um papel que lhes ocorra imediatamente.

Calvino merece reconhecimento por sua obra teológica e exegética. Contudo, ele se via, antes de tudo, como um pastor; e todos os seus esforços serviam às necessidades de seu ministério pastoral. E, como pastor, ele dava conselhos àqueles que tinham necessidades físicas, emocionais e espirituais. Aqueles que o conheciam bem o consideravam um pastor fiel, bondoso e amigo, nas várias circunstâncias da vida.

Em vários aspectos, o conselho de Calvino se fundamentava em sua doutrina da providência. A profunda natureza de seu entendimento da providência de Deus era a base do caráter de seus conselhos aos cristãos atribulados. Calvino apresentou uma exposição sistemática de sua doutrina da providência em suas *Institutas da Religião Cristã*, no Livro 1, nos capítulos 16 e 17. Todavia, essa apresentação da doutrina também se re-

---

[1] John Calvin, *Institutes of Christian religion*. Ed. John T. McNeill; Trad. Ford Lewis Battles. Library of Christian Classics, XX-XXI (Philadelphia: Westminster John Knox, 1960), 2.6.3.

velou em seu estudo do livro de Salmos. Ali, ele tratou do assunto da providência de maneira bastante ampla e, em certo grau, de um modo mais pessoal e experimental. Os salmos eram muito importantes para Calvino, em sua própria vida; e retornou a eles repetidas vezes em seu ministério.

Em 1557, Calvino publicou seu enorme comentário sobre o livro de Salmos. Esse comentário reflete uma vida vivida com o Saltério. Ele amava os salmos. Conhecia-os, estudava-os, escrevia, pregava sobre eles e cantava-os.

Calvino acreditava que o valor do livro dos Salmos não era apenas para ele mesmo, mas também para os outros cristãos, porque ensinavam todos os cristãos a conhecerem e honrarem a Deus. "Não há outro livro em que somos mais perfeitamente instruídos na correta maneira de louvar a Deus ou em que somos mais poderosamente estimulados à realização desse sacro exercício".[2] Em outras palavras, o Saltério mostra como os cristãos devem oferecer louvor e oração a Deus em meio às diferentes circunstâncias da vida.

Ele era atraído ao livro de Salmos, como o deixa claro em seu prefácio ao comentário, por causa de sua forte identificação com as emoções que Davi expressou nos poemas. Calvino via o livro de Salmos como "uma anatomia de todas as partes da alma, pois", escreveu ele, "não há sequer uma emoção da qual alguém... tenha participado que não esteja aí representada num espelho. Ou, melhor... os temores, as dúvidas, as expectativas, as perplexidades, enfim, todas as emoções... com que a mente humana se agita".[3]

Para Calvino, os salmos ensinavam, em particular, a lição vital de que o cristão sofrerá durante esta vida por seu Senhor: "Eles... nos ensinarão e nos exercitarão para podermos levar a cruz".[4] No entanto, em nossos sofrimentos, os salmos também provêem encorajamento, ensinando "os verdadeiros cristãos a... buscarem nele, de todo o seu coração, o auxílio em todas as suas necessidades".[5]

---

[2] João Calvino, *O Livro dos Salmos*. Vol. 1 (São José dos Campos, SP: Editora Fiel, 2009), 29.
[3] Ibid., 1:26-27.
[4] Ibid., 1:29.
[5] Ibid.

CINCO TEMAS CONCERNENTES À PROVIDÊNCIA

No seu comentário, Calvino apresenta expressamente vários aspectos de sua doutrina da providência. Cinco dos temas sobre a providência se repetem em sua exposição do livro de Salmos:

Primeiro, Calvino reconhece o poder de Deus como o governante ativo do mundo:

> Ele nos dá a entender com este termo que o céu não é um palácio no qual Deus jaz perenemente ocioso e entregue a prazeres, como sonham os epicureus, e sim é uma corte real, donde exerce seu governo sobre todas as partes do mundo. Portanto, se ele erigiu seu trono no santuário celestial, com o fim de governar o universo, segue-se que de forma alguma negligencia as atividades terrenas, senão que as governa com a perfeita razão e sabedoria.[6]

Segundo, Calvino declara que este poder ativo deve levar todas as criaturas a louvarem a Deus como Deus: "Visto que Deus, por sua providência, preserva o mundo, o poder de seu governo se estende igualmente a todos, de modo que ele deve ser adorado por todos".[7]

Terceiro, Calvino nos ensina que, em seu governo do mundo, Deus sempre age como o Pai amoroso de seu povo:

> Pela expressão a face de Deus, devemos entender o cuidado e a providência paternais que Deus estenderia a seu povo. Tão numerosos são os perigos que nos cercam, que não poderíamos sobreviver um único momento se seus olhos não estivessem insones sobre a nossa preservação. Mas a verdadeira segurança para uma vida feliz está em nos convencermos de que estamos sob o governo divino.[8]

Esse cuidado paternal de Deus não implica que seu povo não sofrerá:

---

[6] João Calvino, *O Livro dos Salmos*. Vol. 2 (São Paulo, SP: Edições Parakletos, 1999), 68.
[7] João Calvino, *O Livro dos Salmos*. Vol. 1 (São José dos Campos, SP: Editora Fiel, 2009), 469.
[8] João Calvino, *O Livro dos Salmos*. Vol. 2 (São Paulo, SP: Edições Parakletos, 1999), 567.

> Aqui somos advertidos que a proteção de Deus não impede que, de vez em quando, sejamos exercitados pela cruz e por aflições; e que, portanto, os fiéis não devem prometer a si mesmos uma vida amena e fácil neste mundo, sendo-lhes suficiente que não sejam abandonados por Deus, quando se sentirem necessitados de seu auxílio. É verdade que seu Pai celestial os ama mui ternamente, mas deseja que sejam treinados pela cruz, para que não se entreguem demasiadamente aos prazeres da carne. Se abraçarmos esta doutrina, ainda que sejamos oprimidos pela tirania dos perversos, esperemos com paciência até que Deus ou quebre o cetro deles ou o arranque de suas mãos.[9]

Quarto, Calvino afirma que a confiança na providência de Deus leva os cristãos a crescerem na fé em Cristo e na confiança de viverem para Ele:

> Além disso, a alegria aqui mencionada se deriva de que não existe nada mais idealizado para aumentar nossa fé do que o conhecimento da providência de Deus; porque, sem ela, seríamos açambarcados pelas dúvidas e temores, vivendo na incerteza, se não estivéssemos sendo governados pelo acaso. Por essa razão, segue-se que aqueles que almejam a subversão desta doutrina, privando os filhos de Deus do genuíno conforto e oprimindo a mente deles, por perturbarem a sua fé, forjam para si mesmos um inferno na terra. Pois, o que pode ser mais terrivelmente perturbador do que viver constantemente torturado pela dúvida e a ansiedade? E jamais estaremos aptos a alcançar um estado de tranquilidade mental, enquanto não aprendermos a descansar com implícita confiança na providência de Deus.[10]

Quinto, Calvino ensina que o conhecimento de que Deus governa todas as coisas leva o seu povo à oração mais frequente e fervorosa:

> Se tais pessoas refletissem nos juízos de Deus, perceberiam imediatamente que não existe sorte ou acaso no governo do mundo.

---

[9] João Calvino, *O Livro dos Salmos*. Vol. 4 (São José dos Campos, SP: Editora Fiel, 2009), 360.
[10] Ibid., 4:32-33.

Além disso, enquanto os homens não são persuadidos de que todos os problemas lhes sobrevêm por designação de Deus, jamais pensarão em rogar-Lhe livramento.[11]

Em seu prefácio ao comentário do livro de Salmos, Calvino fez uma declaração notável a respeito da providência, uma declaração que atinge o próprio âmago e cerne do cristianismo que ele aceitara e aconselhou outros a aceitarem. Ele escreveu que conhecer os salmos ensina os cristãos a sofrerem por Deus, a fim de que renunciemos "a liderança de nossas próprias afeições" e nos submetamos "inteiramente a Deus, permitindo-lhe nos governar e dispor de nossa vida segundo os ditames de sua vontade, de modo que as aflições que são as mais amargas e mais severas à nossa natureza se nos tornem suaves, porquanto procedem dele".[12]

As mais severas aflições desta vida são agradáveis quando os cristãos sabem que elas procedem de Deus, cumprem os seus propósitos e, em última análise, contribuem para o bem deles. Calvino tinha uma confiança verdadeiramente admirável em Deus e em seus caminhos e estimulava essa mesma confiança em seus seguidores.

CONSOLO PARA UM PAI ENTRISTECIDO

Para o historiador, o registro dos conselhos de Calvino é limitado. O caráter de seus comentários e seus sermões certamente ressaltam a sua preocupação pastoral, mas as conversas que ele deve ter tido com as pessoas necessitadas não foram preservadas. As cartas de Calvino são a melhor fonte de informação a respeito de seus conselhos.

Durante o seu ministério, ele desenvolveu uma vasta correspondência, escrevendo a pessoas e igrejas que conhecia e que não conhecia. Calvino respondeu perguntas teológicas, ofereceu conselhos a igrejas atribuladas, encorajou pastores e amigos e escreveu cartas de consolação aos que estavam em aflição. Essas cartas, totalizando mais de mil e du-

---

[11] Ibid., 4:20.
[12] Ibid., 1:29.

zentas, preservam um retrato claro do caráter e amplitude dos conselhos que Calvino deu aos que se achavam em necessidade. As muitas cartas de conselho que ele escreveu eram aplicações de sua doutrina da providência abordando várias circunstâncias e lutas da vida.

Ele escreveu sobre muitos assuntos. Dois exemplos podem nos dar um senso de seus conselhos e auxílio. A primeira é uma carta dirigida a um pai que perdera seu filho. Em abril de 1541, Calvino escreveu uma carta extensa de condolência a *Monsieur* de Richebourg sobre a morte de seu filho Louis, um estudante que Calvino conhecera em Estrasburgo.

Ele começou a carta expressando sua profunda tristeza e mostrando que a fé em Deus não era uma reação fatalista e insensível às tristezas da vida:

> Quando recebi a notícia da morte... de seu filho Louis, fiquei tão abatido por vários dias, que não tinha disposição para qualquer outra coisa, senão entristecer-me. E, embora tenha sido, de algum modo, amparado por aqueles auxílios pelos quais Ele sustenta a nossa alma na aflição, eu era, entre os homens, quase uma pessoa sem existência.[13]

Em seguida, Calvino disse que achara consolo, escrevendo: "Meu coração foi revigorado em oração e meditações particulares, que são propostas na Palavra de Deus".[14]

Ele recordou suas reações à morte e a fonte de seu consolo para encorajar Richebourg: "Desejo comunicar-lhe os remédios dos quais me aproveitei e, é claro, aqueles que me foram os mais benéficos".[15] Em especial, Calvino recordou ao pai entristecido a verdade bíblica do cuidado providencial de Deus, a verdade de que, por meio de "determinado conselho, Deus não somente prevê, decreta e executa o que é justo e

---

[13] John Calvin, *Selected works of John Calvin*. Ed. H. Beveridge e J. Bonnet (Grand Rapids: Baker, 1983), 4:246.
[14] Ibid., 4:247.
[15] Ibid.

correto em si mesmo, mas também o que é bom e saudável para nós".[16] Em seguida, Calvino aplica essa doutrina à perda de Richebourg:

> No entanto, o fiel tem um alívio suficiente de suas tristezas por meio da providência especial de Deus e de sua provisão sobremodo abundante, não importando o que aconteça. Pois não há nada mais desanimador para nós do que inquietar-nos com este tipo de pergunta: por que as coisas não acontecem de modo diferente conosco?... foi Deus quem tomou de volta o seu filho, que Ele lhe confiara para educar, na condição de que fosse sempre dEle mesmo. Portanto, Deus o levou porque tanto era vantajoso para seu filho deixar este mundo como era proveitoso para você essa perda, a fim de humilhá-lo ou provar a sua paciência. Se você não entende a vantagem disso, antes de tudo, sem demora, peça a Deus que lhe mostre isso, deixando de lado qualquer outro objeto de consideração. Talvez seja a vontade de Deus exercitá-lo ainda mais, por ocultar isso de você, e submetê-lo a essa vontade, para que se torne mais sábio do que a fraqueza do seu entendimento possa atingir.[17]

Calvino encorajou o pai com a segurança a respeito da piedade de Louis: "O que estimávamos muito nele era o fato de que não somente absorvera amplamente os princípios da piedade e tinha um entendimento correto e verdadeiro do cristianismo, mas também que fora impregnado com um temor e reverência sinceros para com Deus".[18] À luz dessa piedade, Calvino assegurou ao pai entristecido a promessa do céu para seu filho: "Você não deve julgar que perdeu aquele que recuperará na bendita ressurreição no reino de Deus".[19]

Calvino concluiu sua consolação refletindo sobre a realidade e legitimidade das emoções humanas e sobre a necessidade de controlá-las:

---

[16] Ibid., 4:248.
[17] Ibid., 4:249.
[18] Ibid., 4:250.
[19] Ibid., 4:251.

Não insisto que deixe de lado todo o pesar. Não, na escola de Cristo, não aprendemos nenhuma filosofia que exige que nos despojemos daquela humanidade comum com a qual Deus nos dotou e, sendo homens, nos tornemos pedras. Essas considerações servem para isto: que você estabeleça limites e modere a sua mais razoável tristeza; que, tendo derramado aquelas lágrimas devidas à natureza e à afeição paternais, não dê expressão, de maneira alguma, a uma lamentação insensata. Não, não estou, de modo algum, interferindo porque não confio em sua prudência, firmeza ou sobriedade; faço-o somente para que eu não fique ausente e aquém do meu dever.[20]

Essa carta mostra que João Calvino, o jovem pastor, tentava ser compreensivo em seu aconselhamento quanto à aflição. Está repleta de orientação e encorajamento prudentes.

ENCORAJANDO UM SANTO PERSEGUIDO

O segundo exemplo do conselho de Calvino é extraído de algumas cartas que ele escreveu a um homem que enfrentava a perseguição. Mathieu Dimonet, um cristão reformado de Lyon, foi preso em 9 de janeiro de 1553, e martirizado em 15 de julho daquele ano. Logo depois de seu encarceramento, Calvino escreveu para encorajá-lo, afirmando que Dimonet se tornara reformado havia pouco tempo, mas Deus lhe "dera tal firmeza e coragem" e que muitos haviam testemunhado a sua devoção a Cristo.[21] Calvino reconheceu a dificuldade da grave situação de Dimonet: "Pela simpatia que tenho por você (conforme devo), sinto realmente que Satanás não cessa de dar-lhe novos alarmes; mas você tem recorrido Àquele que começou a boa obra, rogando-Lhe que complete sua própria obra".[22] Em seguida, Calvino assegurou a Dimonet o cuidado de Deus em favor de seu povo:

---
[20] Ibid., 4:253.
[21] Ibid., 5:384.
[22] Ibid., 5:385.

> Você não precisa atemorizar-se, visto que Deus prometeu capacitar os seus à medida que são assaltados por Satanás. Entregue-se a Deus, desconfiando de você mesmo, e espere que somente Ele é suficiente para sustentá-lo. Além disso, você deve atentar principalmente a duas coisas: que lado você defende e que coroa está prometida àqueles que permanecem firmes no evangelho.[23]

Calvino escreveu que o futuro de Dimonet era incerto, mas, ainda que enfrentasse a morte, a provisão e o amor de Deus lhe eram garantidos:

> Não sabemos o que Ele determinou a seu respeito, mas não lhe há nada melhor do que sacrificar a sua vida por Ele, estando pronto a perdê-la quando Deus quiser, esperando que Ele a preservará, pois sabe o que é proveitoso para a sua salvação. E, embora isso seja difícil para a carne, é a verdadeira felicidade dos fiéis. E você deve orar que este Deus gracioso se agrade em imprimir essa verdade em seu coração, para que dela jamais se afaste. De nossa parte, também rogaremos a Deus que lhe faça sentir o poder dEle e lhe outorgue a plena certeza de que está sob a proteção dEle; que Deus controle a fúria de seus inimigos e manifeste-se a Si mesmo, em cada situação, como seu Deus e Pai.[24]

Em 7 de julho de 1553, Calvino escreveu novamente a Dimonet e outros aprisionados em Lyon a fim de assegurar-lhes que Deus prometera fortalecê-los para o que teriam de enfrentar. Calvino escreveu: "Tenham certeza de que Deus, o qual se manifesta em tempos de necessidade e aperfeiçoa seu poder em nossa fraqueza, não os deixará sem aquilo que exaltará poderosamente o seu nome".[25]

Calvino reconheceu que, de acordo com o raciocínio humano, o sofrimento deles era errado, mas instou-os a confiarem em Deus e seus propósitos:

---

[23] Ibid.
[24] Ibid., 5:386.
[25] Ibid., 5:412.

De fato, é estranho à razão humana que os filhos de Deus sejam saciados de aflições, enquanto os ímpios se regalam em deleites; porém o que é mais estranho é o fato de que os servos de Satanás nos pisoteiam, como o dizemos, e triunfam sobre nós. No entanto, temos com o que nos consolar em todas as infelicidades, aguardando aquela bendita promessa que Ele nos fez: não somente nos livrará por meio de seus anjos, mas também limpará, Ele mesmo, de nossos olhos toda lágrima. Assim, temos bom motivo para menosprezar o orgulho desses homens cegos e infelizes, que para sua própria ruína elevam a sua ira contra o céu. Embora, no presente, não estejamos na situação de vocês, não deixamos, por causa disso, de lutar com vocês, por meio da oração, com ansiedade e terna compaixão, como irmãos em Cristo, visto que agradou a nosso Pai celestial, em sua bondade infinita, unir-nos em um corpo, sob a autoridade de seu Filho, nosso Cabeça. Com base nisso, eu rogo a Deus que lhes dê esta graça: estando firmes nEle, não hesitem de maneira alguma e, em vez disso, cresçam em vigor. Rogo-lhe também que lhes dê a segurança de que são capazes de desprezar tudo que é do mundo.[26]

Estes dois exemplos são apenas um breve modelo da obra de Calvino em aconselhar como pastor fiel. Ele procurava sempre ministrar a verdade e o consolo da Palavra aos filhos de Deus. Calvino abordava de maneira direta as infelicidades e lutas desta vida e indicava aos cristãos o cuidado paternal de Deus tanto nesta vida como no porvir. Acima de tudo, ele encorajava os cristãos a olharem para Cristo como Aquele que desfruta o amor do Pai; e lhes assegurava que, embora o choro possa durar a noite inteira, a alegria vem no amanhecer.

---

[26] Ibid., 5:413.

Capítulo 8

ESCRITOR PARA O POVO DE DEUS

PHILLIP R. JOHNSON

Nada me poderá impedir de afirmar abertamente o que tenho aprendido da Palavra de Deus, pois a escola do Senhor ensina somente o que é útil. A Palavra de Deus é meu único guia, e concordar com suas doutrinas claras será minha regra permanente de sabedoria.[1]
—João Calvino

João Calvino foi excelente em todo dever ministerial em que se envolveu. Ele se destacou em sua própria geração pelo evidente poder de sua pregação e seu admirável domínio das Escrituras. Sua habilidade como exegeta e comentador bíblico superou qualquer outro na história da igreja. Sua competência como professor de teologia também superou a todos que vieram antes dele. Sua influência como discipulador de jovens produziu frutos que ainda se multiplicam em nossos dias. Ele era famoso por sua competência como líder eclesiástico, sua autoridade como apologista da verdade e sua notável capacidade de educar e motivar os outros. Nas palavras de William Cunningham, "Calvino foi o maior de todos os reformadores no que diz respeito aos talentos que possuía, a influência que exerceu e os serviços que prestou no estabelecimento e difusão de verdades importantes".[2]

---

[1] Philip Schaff, *History of Christian church, vol. VIII: modern christianity: the swiss reformation* (Grand Rapids: Eerdmans, 1949-50), 128.

[2] William Cunningham, *The reformers and the theology of the Reformation* (Edinburgh: Banner of Truth Trust, 1967), 292.

No entanto, de todos os dons extraordinários de Calvino, sua aptidão como escritor foi o que mais ampliou todos os outros e garantiu sua posição na história. Ele era um escritor prolífico, quase obsessivo. Em termos práticos, tudo que ele fez por meio do ensino, da pregação ou de debates foi colocado na forma escrita e, posteriormente, publicado — seus sermões, seus comentários, seus pontos de vista teológicos, suas respostas em polêmicas quanto a assuntos de doutrina e prática, bem como grande quantidade de sua correspondência. Nenhuma outra mente daquela geração é tão bem documentada. É por causa da própria laboriosidade de Calvino como escritor que temos esse registro valiosíssimo.

UM VASTO LEGADO LITERÁRIO

Um fato notável é que a primeira das principais obras teológicas que Calvino publicou era um livro que se tornaria a obra-prima de seu vasto legado literário — o mais importante, o mais bem conhecido e mais influente de todos os seus livros.[3] Ele o intitulou *Institutas da Religião Cristã*. Sua primeira edição foi publicada em 1536, quando Calvino tinha apenas 27 anos de idade. O livro se tornou um grande sucesso, dando imediatamente a Calvino respeito e reconhecimento entre os protestantes na França e na Suíça. No decorrer de poucas décadas, as *Institutas* se tornaram uma importante bússola doutrinária para o movimento protestante em todo o mundo. Sem dúvida, a disseminação do sucesso e da influência duradoura do livro impressionou Calvino com o valor da publicação de suas idéias, porque, afinal, daquele ponto em diante, ele não parou de escrever.

As obras reunidas de Calvino enchem 59 nove grandes volumes no *Corpus Reformatorum*, uma coleção de 101 volumes de obras cruciais da

---

[3] A primeira obra publicada de Calvino (em 1532) foi uma edição de *De Clemmentia*, de Sêneca, incluindo comentários de Calvino sobre a filosofia de Sêneca. Essa obra era basicamente um tratado secular. O primeiro tratado religioso de Calvino, intitulado *Psichopannychia*, era uma refutação da doutrina do sono da alma, que os primeiros anabatistas promoviam na França, na época de Calvino. *Psichopannychia* foi escrito em 1534, mas só foi publicado em 1542, seis anos depois da primeira edição das *Institutas*.

era da Reforma.⁴ Mas, como destaca Robert Reymond, "esses volumes não exaurem a obra literária de Calvino. Doze volumes adicionais, sob o título *Supplementa Calviniana*... estão disponíveis".⁵

Calvino não foi o autor protestante mais prolífico. Essa honra talvez pertença a Charles H. Spurgeon (se o critério fosse um simples cômputo das palavras publicadas) ou a Cotton Mather (se contássemos apenas o número de livros escritos). No entanto, Calvino ganharia com certeza se avaliássemos o significado, a profundidade, a importância, a erudição, a originalidade e o impacto duradouro das obras reunidas de cada autor. Spurgeon e Mather declararam, eles mesmos, sua dívida para com João Calvino e consideram-no um modelo; e isso também é verdade para cada teólogo protestante e expositor bíblico importante, desde a geração de Calvino até agora. Nenhum outro luzeiro protestante desde o tempo de Calvino até hoje se aproxima dele em termos de importância extensiva como autor.

Desde a publicação inicial da primeira edição das *Institutas* até a morte de Calvino, em 1564, passaram-se 28 anos e dois meses. Assim, aqueles 71 volumes enciclopédicos publicados dos escritos de Calvino foram escritos ao ritmo de dois e meio volumes por ano — isso é igual a duas grandes obras do tamanho das *Institutas* (em sua enorme edição final).

Em seus anos mais prolíficos, Calvino publicava meio de milhão de palavras.⁶ Esse seria um ritmo quase impossível para alguém cuja única função fosse a de escrever — especialmente alguém que tentasse produzir material bíblico sério e teológico com a profundidade e diversidade que encontramos nos escritos de Calvino. Mas devemos lembrar que

---

⁴ Karl G. Bretschneider et al. (eds.). *Corpus reformatorum*, 101 vols. (Halle: Schwetske, 1863-1900). A obra de Calvino constitui a Série 2 de uma coleção enorme, *Ioannis Calivini, Opera Quae Supersunt Ominia*, vols. 29-87.

⁵ Robert Reymond, *John Calvin:* his life and influence (Ross-shire, U.K.: Christian Focus, 2004). A breve obra de Reymond sobre Calvino, 152 páginas adaptadas de uma série de preleções feitas na Coral Ridge Presbyterian Church (Fort Lauderdale, Fl.), em 2002, é o mais excelente resumo disponível sobre a vida e influência de Calvino. Nas palavras iniciais do livro, Reymond apresenta o reformador como "João Calvino, o autor" — ressaltando que o ministério literário de Calvino teve importância preeminente em todos os aspectos de sua vida e ministério.

⁶ Andrew Pettegree, *Reformation and the culture of persuasion* (New York: Cambridge University Press, 2005), 23.

Calvino também era pastor, professor de teologia e conselheiro dos administradores de Genebra. Ele cumpria, ao mesmo tempo, a tarefa árdua de estudar, ensinar e pastorear — incluindo casamentos, batismos, reuniões do consistório e toda uma carga de ensino e aconselhamento pessoal com os membros de seu rebanho —, não mencionando os vários deveres cívicos e diplomáticos que se tornaram necessários porque o conselho da cidade de Genebra dependia dele para obter conselhos morais e espirituais. Qualquer dessas coisas tornaria a concentração na escrita uma disciplina bastante difícil. Tudo isso combinado tornaria impossível a tarefa de escrever comentários e tratados teológicos extensos para formarem um livro.

"UM HOMEM MOTIVADO"

Agora, poderíamos perguntar: um homem como Calvino — conhecido pela fragilidade de sua constituição física e suas enfermidades freqüentes — poderia produzir esse enorme conjunto de obras verdadeiramente importantes em tão pouco tempo? É claro que ele foi um homem notável, que possuía dons extraordinários e bastante energia mental para compensar dez vezes mais o que lhe faltava em vigor físico.

Calvino se tornou famoso por sua obra ética. Sua crença na importância do trabalho sério não era apenas um conceito acadêmico, era algo que ele praticava — remindo o tempo por meio de labor e atividade, evitando a ociosidade até em suas horas de folga. Comentando João 9.4 ("é necessário que façamos as obras do que me enviou, enquanto é dia; vem a noite, quando ninguém pode trabalhar"), ele disse: "Quando percebemos que um tempo curto de vida é-nos designado, devemos nos envergonhar do ócio e da inatividade".[7] Ele mesmo nunca ficava ocioso, ministrando com freqüência aos alunos quase literalmente de seu leito de enfermidade.

Nas palavras do biógrafo William Bouwsma, Calvino "era um homem motivado, motivado por exigências externas e, acima de tudo, por

---

[7] John Calvin, *The gospel according to John*. Ed. David W. Torrance e Thomas F. Torrance; trad. T. H. L. Parker (Grand Rapids: Eerdmans, 1961), 240.

impulsos de seu próprio íntimo. Nós o chamaríamos agora de super-realizador. Ele nunca estava satisfeito com seu próprio desempenho, contrastando sempre o pouco que fizera com o muito por fazer. Quando ainda era jovem, Calvino já lamentava a sua 'indolência habitual'".[8]

Apesar do que possamos imaginar com base na prodigiosa produção de Calvino, escrever era um esforço fora do normal para ele. Calvino escreveu a Heinrich Bullinger: "Estou tão exausto de escrever constantemente, que, desanimado pela fadiga, muitas vezes odeio escrever cartas".[9] Por isso, ele não escrevia pessoal e manualmente e editava tudo aquilo que achava seria impresso. Confiava muito em amanuenses — assistentes literários que escreviam o que ele falava e editavam o conteúdo no que diz respeito ao estilo, à gramática, ao fluxo lógico e assim por diante. Os nomes desses heróis não celebrados se perderam na história, mas eles eram, sem dúvida, jovens escolhidos dentre os melhore e mais cultos alunos de Calvino. Ele mesmo explica como transformava seus sermões e palestras em obras publicadas: "Não tenho muito tempo para escrever, mas [um escriba] anota tudo à medida que eu dito e, depois, organiza-o em casa. Eu o leio, e, se há alguma coisa que ele não entendeu a respeito do eu quis dizer, corrijo-o".[10]

Nos anos posteriores, os comentários de Calvino foram reunidos por comissões de assistentes literários, que editavam por si mesmos, às vezes sem qualquer acréscimo ou revisão dele. Felizmente, os assistentes editoriais de Calvino pareciam atentos quanto a revisarem em excesso o material, preferindo freqüentemente deixar as coisas que poderiam ter sido mudadas a editarem demais. Em alguns dos comentários mais tardios, os sinais de transcrição das preleções são muito evidentes. Por exemplo, a preleção de Calvino sobre Jeremias 30.1-7 termina com as palavras "Não haverá preleções amanhã por causa do Consistório".[11] O final de sua preleção sobre Jeremias 1.8-12 é ainda mais abrupto, termi-

---

[8] William J. Bouwsma, *John Calvin: a sixteen-century portrait* (New York: Oxford University Press, 1988), 29-30.

[9] Ibid., 30. Carta enviada a Heirinch Bullinger, datada de 17 de fevereiro de 1551.

[10] Ibid., 29. Carta enviada a Francisco de Enzimas (Dryander), datada de 7 de março de 1550.

[11] John Calvin, *Commentaries on the Book of the Prophet Jeremiah and the Lamentations*. Ed. John Owen (Grand Rapids: Baker, 1963), 4:11.

nando literalmente no ponto em que ele foi interrompido pelo ressoar do sino da igreja: "Concluímos, então, que — mas, como o relógio está batendo, não posso mais continuar hoje".[12]

Apesar dessas falhas de arranjo, as obras publicadas de Calvino permanecem tão importantes, tão ricas de percepção e tão úteis como sempre foram. Todas elas se classificam entre as melhores obras teológicas e bíblicas já produzidas. Talvez nenhum teólogo possa se dar o luxo de negligenciar as *Institutas*; nenhum pastor ou estudante sério das Escrituras jamais deveria ignorar os comentários de Calvino; nenhum professor de teologia deveria perder as lições contidas nas preleções de Calvino. De fato, nenhum cristão deveria deixar de conhecer pessoalmente Calvino, por meio da leitura de uma generosa e seleta porção dos escritos do reformador.

AS INSTITUTAS DE CALVINO

Um exame breve dos escritos de Calvino tem de começar por sua obra mais famosa e duradoura. Como já vimos, essa foi praticamente sua primeira obra. Publicada antes de seu nome tornar-se bem conhecido além do círculo de familiaridade pessoal, a primeira edição das *Institutas* (1536) continha 111 páginas, em seis grandes capítulos. Calvino seguiu aproximadamente o Credo dos Apóstolos na maneira como organizou o conteúdo das *Institutas*.

Parece que ele começou a escrever o livro para seu próprio benefício. Seu propósito original era simplesmente ajudar a organizar e explicar as principais idéias da doutrina protestante em um estilo lógico, de compreensão fácil.[13] Calvino começou a obra na França, mas completou-a enquanto estava em Basiléia, na Suíça, para a qual ele fugira em 1535, quando a perseguição aos protestantes tornou precária sua posição na França.

O rei da França na época, Francisco I, estava dividido por motivos políticos conflitantes e, por isso, se mostrou ambivalente a respeito do

---

[12] Ibid., 1:51.

[13] Calvino explicou, em suas próprias palavras, o propósito original da obra no primeiro parágrafo da dedicação do livro ao rei Francisco I, da França.

que fazer com os protestantes em seu país. Ele mesmo era um católico romano, mas rivalizava com Carlos V, imperador do Sacro Império Romano. Por isso, valendo-se de um expediente político, fez com Solimão, o Magnífico, imperador do Império Otomano, uma aliança informal contra Carlos V. É claro que Francisco I também precisava do apoio dos príncipes alemães (todos dedicados à causa protestante). Assim, ele considerou os protestantes franceses como politicamente úteis e mostrou grande medida de tolerância ao movimento deles, que estava em seu começo.

Mas aconteceu que um editor protestante fez alguns cartazes atacando a missa católica romana; e foram colocados secretamente em alguns lugares estratégicos da França central. Um dos cartazes foi fixado na porta do quarto do próprio rei. De acordo com a história, uma cópia foi colocada até numa caixa sobre sua penteadeira. Francisco I entendeu esses eventos como parte de um plano contra ele e opôs-se aos protestantes. De fato, numa expressão pública de ira por causa dos cartazes, irrompeu entre os franceses uma perseguição imediata e ampla contra os protestantes. Visto que Francisco I se sentiu pessoalmente atacado pelos cartazes, ele aprovou a perseguição. Pessoas foram agredidas, presas e torturadas cruelmente — e algumas foram queimadas até a morte, incluindo alguns conhecidos de Calvino.

Essa foi a perseguição que levou Calvino à Suíça. Também o estimulou a terminar e publicar suas *Institutas* antes do que planejara. O rei Francisco I emitiu uma carta pública acusando o movimento protestante francês de anarquia e sedição. Ela precisava ser respondida. E qual a melhor resposta, senão uma explicação simples e sistemática das doutrinas em que os protestantes *realmente* acreditavam? O prefácio de Calvino para as *Institutas* era uma carta dedicatória, sincera, dirigida a Francisco I, apelando ao rei por justiça em favor dos protestantes franceses.

De imediato, o livro trouxe para Calvino respeito, apoio e seguidores entre os protestantes de todo o mundo. Era uma obra erudita, porém clara, concisa e inspiradora. Era também uma resposta perfeita aos perseguidores do protestantismo, porque era imparcial, meticulosa em sua argumentação e totalmente bíblica — não acusatória, nem defensiva, e sim uma afirmação positiva da crença protestante. Dissipou muitos mal-entendidos populares e ganhou inúmeros convertidos à causa protestante em toda a Europa.

A devoção de Calvino à autoridade das Escrituras é provavelmente a característica mais notável e convincente das *Institutas*. Ele apelou com freqüência aos escritos dos Pais da Igreja para demonstrar que não estava apresentando novas idéias a respeito do que a Bíblia significava. Contudo, ele não se mostrou relutante em discordar dos Pais e demonstrar claramente em que pontos as opiniões deles discordavam das Escrituras, quando surgiam tais ocasiões. Visto que as Escrituras eram enfatizadas de modo tão proeminente na obra como a suprema autoridade de Calvino — e devido ao notável conhecimento bíblico de Calvino —, alguém que quisesse disputar com ele teria de fazê-lo biblicamente. Mas, quase 500 anos depois, nenhuma das características essenciais da soteriologia, da bibliologia, da cristologia ou da teologia de Calvino tem sido desacreditada em bases puramente bíblicas.

Calvino viveu mais 28 anos depois da primeira publicação das *Institutas* e republicou sua obra em várias edições revisadas, incluindo a primeira edição francesa, em 1541. Sua edição final, em latim, foi publicada em 1559 (cinco anos antes de sua morte), e sua própria tradução para o francês, no ano seguinte.[14]

Admiravelmente, embora o livro tenha passado por essas diversas revisões e edições durante a vida do autor, as principais mudanças foram acréscimos. Até a sua morte, Calvino sustentava as mesmas posições doutrinárias fundamentais delineadas na edição original, de 1536. Como observou Cunningham, "a primeira edição, produzida quando Calvino era jovem, continha a substância de todo o sistema de doutrina que esteve comumente associado com o seu nome".[15]

---

[14] Quanto a uma análise abrangente das várias edições das *Institutas*, ver B. B. Warfield, "On the literary history of Calvin's Institutes" in: John Calvin, *Institutes of the Christian Religion*. Trad. John Allen (Philadelphia: Presbyterian Board of Christian Education, 1936), xxx-xxi.

[15] William Cunningham, *The reformers and the theology of the Reformation* (Edinburgh: Banner of Truth Trust, 1967), 294.

OS COMENTÁRIOS DE CALVINO

A doutrina de Calvino é um equilíbrio primoroso de teologia exegética e sistemática. Sua habilidade exegética — seu cuidado, abrangência e precisão em lidar com as Escrituras — é mais evidente em seus comentários. Ele escreveu comentários completos sobre 24 dos 39 livros do Antigo Testamento e de todos os livros do Novo Testamento, exceto 2, 3 João e Apocalipse. Até hoje os comentários são leitura recompensadora, estando repletos de discernimento; e, por causa do que eles são e do que almejam cumprir, são mais acessíveis ao leigo do que a maioria dos outros escritos de Calvino.

Alguns críticos têm imaginado que vêem inúmeras contradições entre as *Institutas* de Calvino e seus comentários, mas, à luz de uma análise atenta, essas contradições se comprovam diferenças de ênfase, determinadas pelo texto que Calvino estava comentando em seu contexto natural. Por exemplo, as famosas observações de Calvino sobre João 3.16 são freqüentemente ressaltadas pelos arminianos como contraditórios à soteriologia fundamental do calvinismo — especialmente as doutrinas da eleição e da chamada eficaz. Calvino escreveu:

> Cristo trouxe vida porque o Pai celestial ama a raça humana e não deseja que os homens pereçam... Ele utilizou a expressão universal todo aquele que tanto para convidar todos indiscriminadamente a participarem da vida como para anular cada desculpa dos incrédulos. Essa é também a força da palavra mundo, que João usou antes; pois, embora no mundo nada se ache que seja digno do favor de Deus, Ele se mostra reconciliado com todo o mundo, quando convida todos os homens, sem exceção, à fé em Cristo, que não é nada mais do que a entrada na vida.[16]

Na realidade, nesses comentários não há a menor incompatibilidade com as opiniões de Calvino a respeito da salvação ou com as doutrinas

---

[16] John Calvin, *The gospel according to John*. Trad. William Pringle (Grand Rapids: Baker, 1963), 1:123-125.

que ele delineou nas *Institutas*. Ele afirmou *tanto* a doutrina da eleição *como* a oferta indiscriminada da reconciliação contida na mensagem do evangelho. À semelhança de muitos segmentos do calvinismo em nossos dias, Calvino não via qualquer conflito entre as verdades da soberana eleição de Deus, o seu oferecimento de misericórdia a todos os pecadores, o dever de arrepender-se e crer por parte do pecador e a verdade de que pecadores tão depravados não podem e não responderão ao evangelho sem a graça capacitadora da parte de Deus.

Cinqüenta anos atrás, uma proveitosa resenha dos comentários de Calvino publicada em uma revista teológica ofereceu este conselho saudável:

> Os comentários complementam as Institutas. Muitas das controvérsias que têm afligido e, às vezes, fragmentado igrejas reformadas poderiam ter sido evitadas, se os comentários tivessem sido estudados tão assiduamente como as Institutas. O estudante que conhece somente as Institutas não tem um quadro completo da teologia do reformador francês. Assuntos como inspiração, teologia natural e predestinação são abordados de outra maneira nas obras exegéticas de Calvino. Isso não significa que haja contradições entre as Institutas e os comentários. Essas obras devem ser consideradas juntas, para obtermos um entendimento claro da teologia de Calvino.[17]

Os comentários são calorosos e pastorais, poderosos e lúcidos, esplêndidos e eruditos. São um empreendimento notável. E, se esta tivesse sido a única contribuição de Calvino à literatura da Reforma, a sua reputação como o maior dos pensadores bíblicos, dentre os principais reformadores, estaria garantida.

OS SERMÕES E PRELEÇÕES DE CALVINO

Os sermões de Calvino revelam a perfeita combinação de uma mente persuasiva e um coração pastoral. Temos pouco conhecimento sobre

---
[17] Walter G. Hards, "Calvin's commentaries", *Theology Today* (April 1959), 16:1:123-124.

os hábitos de púlpito ou a inflexão da voz de Calvino, mas suas palavras transmitem o admirável poder de sua pregação.

O próprio Calvino fazia distinção entre as preleções e os sermões. As preleções eram discursos eruditos apresentados no auditório que ficava próximo à Igreja de São Pedro. E muitas dessas preleções foram depois editadas para publicação — a princípio, por ele mesmo e, nos anos posteriores, pelos assistentes editoriais. Os sermões foram pregados visando ao benefício da congregação de Calvino, que eram leigos de toda classe e nível de instrução. Por essa razão, os sermões eram deliberadamente simples, exortativos e cheios da paixão do pregador. Tanto as preleções como os sermões eram instrutivos e dignos de serem lidos por causa de seus próprios méritos.

A preservação dos sermões de Calvino em forma impressa não foi idéia dele mesmo, nem um projeto em relação ao qual ele se mostrou entusiasta. Mas, no começo de 1549, alguns dos seus paroquianos abastados decidiram que os seus sermões precisavam ser registrados por estenógrafos e publicados tendo em vista o benefício dos leitores que julgavam bastante desafiadoras as outras obras de Calvino.

Como resultado, temos um maravilhoso conhecimento da filosofia pastoral de Calvino. Ele pregava para todos os segmentos de sua audiência, jamais favorecendo um em detrimento do outro e, com freqüência, se referia a assuntos de interesse imediato para a comunidade — política, moral e questões sociais. Embora os magistrados da cidade se assentassem no primeiro banco, quando Calvino pregava, ele nunca adaptava seus sermões para agradá-los. Nas palavras de um autor, para os magistrados "os sermões de Calvino tinha uma imprevisibilidade desconfortável" e, às vezes, a sua pregação aumentava as tensões entre as facções, em vez de acalmar todas as discordâncias.[18]

Muito do dinamismo dessas mensagens ainda causa impacto. Encorajo os pregadores a lerem os sermões de Calvino com regularidade, para que absorvam um pouco da paixão pastoral que ele destilou em sua pregação.

---

[18] Andrew Pettegree, *Reformation and the culture of persuasion*, 23-24.

AS CARTAS DE CALVINO

A obra mais subestimada de Calvino são as suas cartas — longas epístolas, em muitos casos. Umas quatro mil dessas cartas foram publicadas, formando onze grandes volumes no *Corpus Reformatorum*. Edições modernas das cartas de Calvino dificilmente surgirão, mas a Banner of Truth Trust publicou uma pequena coletânea delas em 1980, que inclui alguns dos melhores exemplos da correspondência de Calvino.[19]

Como dissemos antes, Calvino se fatigava com o dever de responder tantas cartas, mas, apesar disso, perseverava nessa tarefa. Ocasionalmente, empregava o pseudônimo de "Charles d'Espeville" em suas cartas polêmicas (incluindo sua correspondência com Serveto), mas não era segredo para Serveto (ou outros destinatários) quem era o verdadeiro autor. O historiador eclesiástico Philip Schaff referiu-se ao nome de escritor de Calvino como "bem conhecido".[20]

Muitas de suas cartas transmitem a grande ternura de seu coração de pastor — especialmente quando escrevia para admoestar ou corrigir alguém que estava no erro. O tom das cartas contradiz a caricatura moderna de Calvino como um tirano severo, bravo e dogmático autoritário. A sua paixão pela verdade, seu conhecimento amplo das Escrituras e da história da igreja e sua lógica meticulosa são evidentes nas cartas. Há toques ocasionais de emoção, indo desde a frustração ao humor; e por meio delas obtemos o senso de um homem que (embora consistentemente franco) não era, jamais, indiferente ou inacessível, mas sempre sociável, sensível e cordial. As cartas nos dão a melhor e mais íntima percepção de Calvino como homem.

Terminarei este capítulo com um de meus exemplos favoritos da correspondência de Calvino, um trecho de uma carta que ele escreveu a Laelius Socinus, um italiano que se encantara com a Reforma, mas abandonara tanto os princípios católicos como os da Reforma. Esse homem se tornou o principal arquiteto da heresia que recebeu o seu nome, socinianismo. Sua teologia consistia de uma combinação particularmente

---

[19] John Calvin, *Letters of John Calvin* (Edinburgh: Banner of Truth Trust, 1980).
[20] Philip Schaff, *History of christian church, vol. VIII: modern christianity: the swiss reformation*, 328.

perniciosa de ceticismo e valores humanistas, passando-se por cristianismo, mas negando quase tudo que era distintivo quanto à fé. Em resumo, Socinus era um teólogo liberal, e seu sistema lançou o alicerce para o deísmo, o unitarianismo e uma hoste de variações similares, indo desde a teologia do processo e teísmo aberto até ao ceticismo puro do chamado "Seminário de Jesus".

Assim como muitos dos escritores "emergentes" e pós-evangélicos de hoje, Socinus preferiu questionar tudo a afirmar definitivamente qualquer coisa. Ele viveu por algum tempo em Wittenberg, na Alemanha e, enquanto estava ali, escreveu a Calvino apresentando-lhe uma lista de perguntas, que eram aparentemente um protesto disfarçado contra os ensinos de Calvino.

A resposta de Calvino está repleta de conselhos para aqueles que se declaram cristãos nestes tempos pós-modernos e gostam de brincar com o ceticismo.

> Ninguém pode ser mais avesso a paradoxos do que eu mesmo e não me deleito em sutilezas. No entanto, nada me poderá impedir de afirmar abertamente o que tenho aprendido da Palavra de Deus, pois a escola do Senhor ensina somente o que é útil. A Palavra de Deus é meu único guia, e concordar com suas doutrinas claras será minha regra permanente de sabedoria. Você também, meu querido Laelius, deveria aprender a ajustar as suas capacidades com essa mesma moderação!
>
> Você não deve esperar receber de mim uma resposta, visto que me apresenta essas perguntas monstruosas. Se você se satisfaz em flutuar entre essas especulações vazias, permita-me, eu rogo, um humilde discípulo de Cristo, meditar naquelas coisas que contribuem para a edificação de minha fé. E, de fato, eu seguirei, daqui para frente, os meus desejos em silêncio, para que você não se inquiete a meu respeito. Na verdade, muito me entristeço com o fato de que os excelentes talentos que Deus lhe outorgou são ocupados com o que é vão e infrutífero e prejudicados por ficções perniciosas. Tenho de repetir novamente aquilo que há muito lhe adverti: a menos que você corrija a tempo essa coceira, depois de

investigação, devemos temer que trará sobre si mesmo sofrimento severo. Eu lhe seria cruel se tratasse com indulgência o que creio ser um erro perigoso. De acordo com isso, prefiro ofendê-lo um pouco, no momento, com minha severidade, a permitir que você se satisfaça, sem avaliar, com os fascinantes encantos da curiosidade. Virá o tempo, eu espero, em que você se alegrará por ter sido advertido com tanta veemência. Adeus, irmão muito estimado por mim; e, se esta repreensão é mais severa do que deveria, atribua-a ao meu amor por você.[21]

---

[21] Ibid., 128-129.

Capítulo 9

A SUPREMACIA DE JESUS CRISTO

ERIC J. ALEXANDER

Não importa quantos inimigos fortes planejem destruir a igreja, eles não têm poder suficiente para prevalecer contra o imutável decreto de Deus pelo qual Ele designou seu Filho como Rei eterno.[1]

—João Calvino

É interessante, e acho que é significativo, o fato de os eruditos, ao buscarem uma palavra para descrever a teologia, a pregação e o raciocínio de João Calvino, têm sido atraídos, muitas vezes, ao vocábulo *cristocêntrico*.[2] Isso nos leva a concluir que, em todos os seus interesses, Calvino não permitia que nada ou ninguém tirasse o Senhor Jesus Cristo de seu lugar de supremacia em cada esfera da vida. Essa não era somente a maneira como Calvino pensava, escrevia e pregava; era a maneira como ele vivia e orava. Visando à completude, alguns eruditos preferem usar a palavra *teocêntrico* ou, pelo menos, acrescentá-la a *cristocêntrico*. Ser descrito de ambas as maneiras era o mais profundo desejo de Calvino.

Sem dúvida, ele tem sido mal interpretado e vituperado, de maneira notável, especialmente no âmbito da igreja que se declara cristã — e

---

[1] Calvin, John. *Institutes of christian religion*. Ed. John T. McNeill; trad. Ford Lewis Battles. Library of Christian Classics, XX-XXI (Philadelphia: Westminster John Knox, 1960), 2.15.3.

[2] Stephen Edmondson, *Calvin's christology* (Cambridge: Cambridge University Press, 2004), 169.

isso é surpreendente, quase além da compreensão. J. I. Packer sugere que "a quantidade de distorções às quais a teologia de Calvino tem sido submetida é suficiente para comprovar inúmeras vezes a sua doutrina da depravação total!"[3]

Se os críticos de Calvino lessem suas obras, chegariam a uma conclusão diferente. Há duas fontes principais para a leitura de Calvino. Uma dessas fontes é *As Institutas da Religião Cristã*. Essa obra consiste de 80 capítulos, 4 livros e mais de 1.000 páginas. Packer chama-a de "uma obra-prima sistemática, que conquistou um lugar permanente entre os mais importantes livros cristãos".[4] Os comentários bíblicos de Calvino são outra fonte de leitura.[5] Nenhuma dessas fontes apresenta linguagem obscura ou difícil.

Essas obras oferecem inúmeras percepções para o leitor. Mas revelam também, de modo conclusivo, que Calvino era um homem humilde, piedoso e semelhante a Cristo, um homem que se gloriava somente na pessoa e obra de Jesus Cristo, a quem ele se dedicava totalmente.

O desejo de Calvino de exaltar a Cristo a um lugar de supremacia singular é revelado em seus comentários do Novo Testamento. Até uma familiaridade superficial com esses comentários demonstra quão exata é a palavra *cristocêntrico* para descrever o evangelho que Calvino pregava e a ênfase que ele discerniu na teologia do Novo Testamento. Nos comentários, ele escreveu:

• Não há qualquer aspecto de nossa salvação que não possa ser achado em Cristo (Romanos).

• Todo o evangelho está contido em Cristo (Romanos).

• Todas as bênçãos de Deus nos alcançam por meio de Cristo (Romanos).

• Cristo é o começo, o meio e o fim — nada pode ser achado à parte de Cristo (Colossenses).

Sinclair B. Ferguson resumiu bem a supremacia de Cristo na teologia de Calvino, dizendo: "Tudo que nos falta, Cristo nos dá; todo o

---

[3] J. I. Packer, *The collected shorter writings of J. I. Packer* (Carlisle, U. K.: Paternoster, 1999), 4:19.
[4] Ibid., 4:20.
[5] John Calvin, *The commentaries of John Calvin*, 46 vols. (Grand Rapids: Eerdmans, 1948-1950).

nosso pecado Lhe é imputado; e todo o julgamento que merecemos foi suportado por Cristo".⁶

Há diversas maneiras pelas quais se sobressai o desejo de Calvino de exaltar Jesus Cristo a um lugar de supremacia única. Neste capítulo me limitarei apenas uma dessas maneiras, ou seja, o ensino de Calvino sobre a obra de Cristo como Mediador por meio de seu ofício tríplice, como Profeta, Sacerdote e Rei.

Paul Wells escreveu que "João Calvino foi indubitavelmente o maior teólogo da *mediação por intermédio de Cristo*".⁷ E acrescentou: "Foi Calvino que desenvolveu o conceito do ofício tríplice de Cristo, como sacerdote, profeta e rei, como uma maneira de apresentar as diferentes facetas da realização da salvação".⁸ É claro que o Antigo Testamento é a sementeira dos três ofícios mediadores, que aguardavam sua plenitude em Cristo. Por nome e pela atividade de Deus em seu favor, Cristo é o "Ungido".

O OFÍCIO DE CRISTO COMO PROFETA

Quando começamos a entender todo o escopo da obra de Cristo como Mediador, compartilhamos imediatamente do senso de Calvino quanto à grandeza e à glória que pertencem a Cristo. Calvino escreveu: "A obra que seria realizada pelo mediador era incomum: envolvia o restaurar-nos ao favor de Deus, a ponto de tornar-nos filhos de Deus, em vez de filhos de homens; herdeiros do reino celestial, em vez de herdeiros do inferno. Quem poderia fazer isso, se o Filho de Deus não se tornasse igualmente Filho do Homem e, assim, recebesse o que nos pertence e nos transferisse o que Lhe é próprio, tomando o que Lhe pertence, por natureza, e tornando-o nosso por graça?"⁹

---

⁶ Sinclair B. Ferguson, ensaio em *The practical calvinism* (Ross-shire. U. K.: Christian Focus, 2002), 117.

⁷ Paul Wells, *Cross words: the biblical doctrine of the atonement* (Ross-shire, U. K.: Mentor, 2005), 168.

⁸ Ibid., 174.

⁹ John Calvin, *Institutes of christian religion*. Trad. Henry Beveridge (London: James Clarke & Co., 1953), 2.12.2.

O acontecimento clássico por meio do qual Cristo foi comissionado e revelado como Profeta foi sua unção e batismo. Calvino comentou: "A voz que trovejou do céu: 'Este é meu Filho amado, a ele ouvi' deu-lhe um privilégio especial acima de todos os mestres. De Cristo, como cabeça, essa unção é difundida aos seus membros, como Joel antecipou: 'Vossos filhos e vossas filhas profetizarão'".[10]

No começo de seu ministério, Cristo anunciou sua vocação profética quando, na sinagoga, durante a adoração, manuseou o livro do profeta Isaías. É significativo o fato de que Ele leu uma passagem messiânica: "O Espírito do Senhor está sobre mim, pelo que me ungiu para evangelizar os pobres; enviou-me para proclamar libertação aos cativos e restauração da vista aos cegos, para pôr em liberdade os oprimidos, e apregoar o ano aceitável do Senhor" (Lc 4.17-19). Ele fechou o rolo, devolveu-o ao assistente e assentou-se. Em seguida, os olhos de todos os presentes se fixaram nEle, que disse: "Hoje, se cumpriu a Escritura que acabais de ouvir" (Lc 4.21). E todos se maravilhavam das palavras de graça que saíam dos lábios de Jesus. Calvino explicou:

> O propósito desta dignidade profética, em Cristo, é ensinar-nos que na doutrina ministrada por Ele estava incluída substancialmente a sabedoria que é perfeita em todos os seus aspectos. Fora de Cristo, não há nada digno de conhecermos; aquele que pela fé apreende o verdadeiro caráter de Cristo, esse possui a ilimitada imensidão das bênçãos celestiais.[11]

Uma aplicação importante do ofício profético de Cristo na vida de Calvino foi o seu compromisso total com o ensino e a pregação do texto das Sagradas Escrituras. Sua exposição de maior parte da Bíblia deixou a igreja, desde a Reforma, com um tesouro inestimável. Contudo, ainda mais vital era sua absoluta submissão à autoridade final das Escrituras. Em seu comentário sobre a visão relatada em Isaías 6, Calvino disse: "Não me arrisco a fazer qualquer afirmação sobre assuntos a

---

[10] Ibid., 2.15.2.
[11] Ibid.

respeito dos quais as Escrituras silenciam".[12] De modo semelhante, ele concluiu com estas palavras uma discussão sobre julgamento: "Nossa sabedoria deve consistir em aceitar, com docilidade e sem qualquer exceção, tudo que é ensinado nas Sagradas Escrituras".[13]

A posição de Cristo como nosso Mestre ungido e designado tem implicações profundas em nossa atitude para com as Escrituras. Fazer separação entre a supremacia absoluta de Cristo e a supremacia absoluta das Escrituras — o que Calvino defendia com firmeza — seria para ele impossível e ridículo. De fato, ele descreveu as Escrituras como "o cetro real de Cristo",[14] significando que Ele nos governa por meio delas. Calvino concluía freqüentemente com estas palavras: *"Ad verbum est veniendum"* ("vocês têm de vir à Palavra").[15]

O OFÍCIO DE CRISTO COMO SACERDOTE

O sacerdócio é o segundo dos ofícios para os quais Cristo foi ungido. Um sacerdote era um homem designado por Deus para agir em favor de outros nos assuntos relacionados a Deus. Em outras palavras, Ele era um mediador entre Deus e os homens. O Antigo Testamento preparou o terreno para este conceito, e a Epístola aos Hebreus desenvolve-o intensamente. Calvino explicou a tarefa sacerdotal em palavras solenes: "A sua função consistia em obter o favor de Deus para nós. Contudo, visto que uma maldição merecida obstruía a entrada, e Deus, em seu caráter de Juiz, era hostil para conosco, a expiação tinha de intervir necessariamente, a fim de que, como sacerdote escolhido para aplacar a ira de Deus, Cristo pudesse restaurar-nos ao favor divino".[16]

Este é o aspecto singular do sacerdócio de Cristo: Ele é não somente sacerdote, mas também vítima — não somente o sujeito da obra de intercessão, mas também o meio de realizá-la. Ele apresentou a oferta e se

---

[12] John Calvin, *Commentary on Isaiah*. Trad. William Pringle (Edinburgh: Calvin Translation Society, 1850; Grand Rapids: Baker, 2003), 1:203.

[13] John Calvin, *Institutes of Christian Religion*. Trad. Henry Beveridge (London: James Clarke & Co., 1953), 1.18.4.

[14] John Calvin, *Commentary on Isaiah*, 1:379.

[15] John Calvin, *Institutes of Christian Religion*, 1.7.1.

[16] Ibid., 2.15.6.

tornou a oferta; por isso, se relaciona com os homens a favor de Deus e com Deus, a favor dos homens.

Havia três deficiências fatais no sacerdócio do Antigo Testamento. Primeira, o sacerdote tinha seus próprios pecados que exigiam expiação. Portanto, sendo imperfeito, ele não podia expiar seus pecados e, quanto menos, os dos outros. Segunda, "é impossível que o sangue de touros e de bodes remova pecados" (Hb 10.4). Esse sangue ensinava o caminho de salvação por meio da morte de um Cordeiro imaculado, mas não podia outorgar, nem outorgava a realidade da salvação. Terceira, os sacrifícios dos sacerdotes eram contínuos: aconteciam diariamente no templo. O trabalho do sacerdote do Antigo Testamento nunca acabava.

Calvino contrastou tudo isso com a perfeição do sacerdócio de Cristo descrito em Hebreus 9.12-14. Ele escreveu: "O apóstolo... explicou toda a questão na Epístola aos Hebreus, mostrando que sem derramamento de sangue não há remissão (Hebreus 9.22)... Todo o fardo de condenação do qual fomos livre foi lançado sobre Ele".[17]

No entanto, Calvino chama nossa atenção para outras implicações do sacerdócio de Cristo. Este sacerdócio é permanente e eterno, não temporário e não limitado ao estado de encarnação de Cristo. No presente, Ele está assentado à mão direita de Deus, implicando que completou sua obra na cruz, mas ainda está ativo como nosso Advogado e Intercessor. Calvino escreveu:

> A fé percebe que o assentar-se de Cristo ao lado do Pai tem grande proveito para nós. Depois de haver entrado no templo não feito por mãos humanas, Ele comparece agora constantemente como nosso Advogado e intercessor à presença do Pai; dirige nossa atenção à sua própria justiça, a fim de afastá-la de nossos pecados; reconcilia-nos consigo mesmo e, por meio de sua intercessão, repleta de graça e misericórdia, prepara-nos um meio de acesso ao seu trono, apresentando-o a pecadores miseráveis, para os quais, de outro de modo, esse trono seria objeto de terror.[18]

---

[17] Ibid., 2.17.4.
[18] Ibid., 2.16.16.

Calvino se referiu a diversos exemplos da intercessão de Cristo nos evangelhos. Um desses exemplos foi a segurança pessoal que Cristo outorgou a Pedro dizendo-lhe que, em face do ataque de Satanás, poderia contar com a intercessão dEle em seu favor. Todavia, o principal exemplo é a grande intercessão de Cristo em João 17. O valor crucial dessa oração é que Jesus garantiu a seus discípulos que Ele mesmo é o grande Intercessor em favor deles, não somente neste mundo, mas também quando ascendeu à direita do Pai. Pelo fato de que os crentes têm acesso ao Pai, nós mesmos possuímos um ministério sacerdotal de oração.[19]

O OFÍCIO DE CRISTO COMO REI

É claro que o ofício de Cristo como rei também está intimamente conectado com sua obra sacerdotal de oferecer um sacrifício suficiente na cruz; por isso, Calvino afirmou: "O reino de Cristo é inseparável de seu sacerdócio".[20]

Esse reino ainda não está consumado, mas foi inaugurado por meio do triunfo de Cristo sobre o pecado e Satanás, na cruz. Foi este retrato maravilhoso do *Christus Victor* ("Cristo, o Vitorioso") que Calvino nos apresentou ao comentar Colossenses 2.14-15: "Portanto, não é sem razão que Paulo celebra com magnificência o triunfo que Cristo obteve na cruz, como se a cruz, o símbolo da ignomínia, tivesse sido convertida em uma carruagem de triunfo".[21]

Em certo sentido, esse reino já está estabelecido. Como R. C. Sproul escreveu: "É uma realidade presente. Está agora invisível ao mundo. Mas Cristo já ascendeu... Neste exato momento, Ele reina como o Rei dos reis e Senhor dos senhores... Os reis deste mundo e todos os governantes seculares podem ignorar esta realidade, mas não podem desfazê-la".[22]

Contudo, nesta vida sempre existe um "ainda não" em nossas convicções sobre o reino. Não somente nos gloriamos na inauguração invisível do reino, como também esperamos com alegria indizível aquele

---

[19] Ibid., 2.15.6.
[20] João Calvino, *Salmos*. Vol. 4 (São José dos Campos, SP: Editora Fiel, 2009), 429.
[21] John Calvin, *Institutes of Christian Religion*, 2.16.6.
[22] R. C. Sproul, *The Heart of Reformed Theology* (London: Hodder & Stoughton, 1997), 98.

dia em que o invisível se tornará visível e todo joelho se dobrará diante do "herdeiro de todas as coisas" (Hb 1.2). Enquanto isso, precisamos reconhecer a verdade da afirmação de Calvino: "Todo o reino de Satanás está sujeito à autoridade de Cristo".[23] Novamente, em seu sermão sobre Isaías 53, Calvino nos exorta: "Não nos limitemos aos sofrimentos de Cristo, mas vinculemos a ressurreição à morte e saibamos que Ele, tendo sido crucificado, está assentado como substituto de Deus, seu Pai, para exercer domínio soberano e possuir toda a autoridade tanto no céu como na terra".[24]

Calvino enfatizou as seguintes características do ofício de Cristo como rei:

• *O reino é espiritual, não material.*[25] Ele esclareceu essa afirmação citando as palavras de Jesus registradas no evangelho de João: "O meu reino não é deste mundo" (Jo 18.36). Calvino escreveu: "Vemos que tudo que é terreno e do mundo é temporário e logo se desvanece".[26] Em seguida, ele ressaltou essa verdade dizendo: "Temos, portanto, de saber que a felicidade prometida em Cristo não consiste de vantagens exteriores — tais como: levar uma vida tranqüila e prazerosa, ser bastante rico, estar protegido de toda injúria e ter abundância de deleites, vantagens essas que a carne está acostumada a anelar —, e sim da vida celestial".[27]

• *O reino de Deus está dentro de vós* (Lc 17.21). Calvino pensava ser provável que nessa ocasião Jesus estava respondendo aos fariseus que talvez Lhe houvesse pedido, em atitude de menosprezo, que mostrasse suas insígnias. Por isso, Calvino escreveu:

> Não podemos duvidar que seremos vitoriosos contra o Diabo, o mundo e tudo que pode prejudicar-nos... Mas, a fim de impedir aqueles que já estavam sobremodo inclinados às coisas terrenas,

---

[23] John Calvin, *Commentary on a Harmony of the Evangelists Matthew, Mark, and Luke* (Edinburgh: Calvin Translation Society, 1845; Grand Rapids: Baker, 2003), 1:430.

[24] Citado em John F. Jansen, *Calvin's doctrine of the work of Christ* (Cambridge: James Clarke & Co., 1956), 60.

[25] John Calvin, *Institutes of Christian Religion*, 2.15.3.

[26] Ibid.

[27] Ibid., 2.15.4.

por viverem há muito em suas pompas, Ele os ordena a incutir em sua consciência o fato de que "o reino de Deus... é... justiça, e paz, e alegria no Espírito Santo". Essas palavras nos ensinam brevemente o que o reino de Cristo nos outorga. Não sendo humano, nem carnal, nem, por isso, sujeito à corrupção, e sim espiritual, o reino nos ergue à vida eterna, de modo que possamos viver pacientemente, no presente, em meio à labuta, fome, frio, desprezo, desgraça e outras inquietações, contentes com isto: o nosso Rei jamais nos abandonará, mas suprirá nossas necessidades, até que nossa guerra acabe e sejamos chamados ao triunfo... Visto que Ele nos arma e nos capacita pelo seu poder, nos veste com seu esplendor e magnificência e nos enriquece com seus tesouros, encontramos nisso o mais abundante motivo de gloriar-nos.[28]

Todo o conceito do ofício tríplice de Cristo foi aplicado por Calvino à necessidade espiritual do homem. Cegos por natureza e ignorantes da verdade, precisamos da revelação que veio por meio de Jesus Cristo, pois Ele é nosso Profeta e Mestre. Acima de tudo, Ele nos mostra onde achamos a verdade acerca de nós mesmos, do pecado, da salvação, do perdão para o pecado e da paz com Deus — e tudo isso, nas Sagradas Escrituras. Como J. F. Jansen disse, "Calvino, à semelhança de Lutero, jamais esqueceu que toda a Bíblia é a manjedoura em que achamos a Cristo".[29]

No entanto, a triste situação do homem não é apenas que somos ignorantes quanto a Deus e à verdade. Somos também pecadores, culpados, objetos da ira de Deus e não temos esperança de salvar a nós mesmos. Nesta situação em que não temos qualquer acesso a Deus, Jesus Cristo surge como nosso Mediador, conduzindo-nos ao Pai mediante um novo e vivo caminho, oferecendo-se a Si mesmo como um perfeito sacrifício e expiando, por meio desse sacrifício, o nosso pecado. Calvino fez a distinção de que o sacerdócio anterior podia somente tipificar a expiação por meio do sacrifício de animais e de que Cristo realizou a expiação pelo sacrifício de Si mesmo.

---

[28] Ibid.
[29] Citado em John F. Jansen, *Calvin's doctrine of the work of Christ*, 64.

Finalmente, o pecador necessita do conhecimento da verdade e da reconciliação com Deus, mediante a morte de seu Filho. Necessita também da liberdade do poder de Satanás e de ser transportado para o reino de Deus. Precisamos que a poderosa mão do Rei dos reis esteja sobre nós para guiar-nos, governar-nos e subjugar, diariamente, em nós, tudo que O entristece.

A essência de toda a questão é que Calvino se preocupava, em todos os seus escritos, pregação, oração e viver, com aquilo que Abraham Kuyper chamou de "um sistema de vida".[30] Esse sistema extraía seu poder de Cristo em uma vida na qual Ele tinha a supremacia completa. Foi em benefício de vidas transformadas que Calvino viveu, pregou, ensinou, orou e morreu — tudo que exaltasse e glorificasse a Cristo. "Àquele que nos ama, e, pelo seu sangue, nos libertou dos nossos pecados, e nos constituiu reino, sacerdotes para o seu Deus e Pai, a ele a glória e o domínio pelos séculos dos séculos. Amém!" (Ap 1.5b-6).

Sempre achei que nada resume tão admiravelmente a vida Calvino como as duas estrofes do hino "Saudação a Jesus Cristo", que lhe é atribuído:

> *Saúdo a Ti, que és meu firme Redentor,*
> *Única confiança e Salvador do meu coração,*
> *Que sofreste tanta dor, aflição e infortúnio,*
> *Por causa de minha indignidade e miséria;*
> *Rogo-Te que de nosso coração todo pesar,*
> *Angústia e tolice inúteis cuides em remover.*
>
> *Tu és o Rei de misericórdia e graça,*
> *Que reinas onipotente em todo lugar:*
> *Vem, ó Rei, digna-te reger nosso coração*
> *E dominar todo o nosso ser;*
> *Brilha em nós por tua luz e leva-nos*
> *Às alturas de teu dia puro e celestial.*

---

[30] Abraham Kuyper, *Lectures on Calvinism* (Grand Rapids: Eerdmans, 1931), 9.

Capítulo 10

A OBRA TRANSFORMADORA DO ESPÍRITO

THABITI ANYABWILE

Por causa da insolência e fraqueza que há em nós, temos de ser governados pelo Espírito de Deus, que é a chave-mestra que nos abre as portas do Paraíso.[1]

—João Calvino

Os nossos ancestrais reformados entenderam claramente que a igreja necessita constantemente ser reformada de acordo com a Palavra de Deus. O lema deles era "*Ecclesia refomata, semper reformanda*" ("igreja reformada sempre reformando"). A reforma era o alvo e a estratégia deles, fazendo isso em harmonia com o prumo da infalível Palavra de Deus.

Em nossos dias, o clamor dos reformados tem se desvanecido em um sussurro distante e indistinguível. Por um lado, muitos demonstram zelo por reformar a igreja, mas não de acordo com a Palavra de Deus. Parecem preferir técnicas de marketing, psicologia e tendências culturais como padrões de reforma superiores à Palavra de Deus. São zelosos, mas sem entendimento. E há aqueles que parecem achar que a igreja não precisa de reforma, de maneira alguma. Muitos são indiferentes às infecções cancerosas do mundanismo e do desvio doutrinário. Onde os

---

[1] John Calvin, *Sermons on Ephesians* (Edinburgh: Banner of Truth Trust, 1998), 207.

reformadores tomariam as armas, hoje alguns cristãos e líderes eclesiásticos desdenham com desinteresse e seguem adiante sem reconhecer o grande obscurecimento da verdade bíblica que acontece entre nós.

O que a igreja necessita em nossos dias é resgatar a visão e o zelo de homens como Calvino — uma visão e zelo instruídos, do começo ao fim, pela sublimidade, centralidade, autoridade e glória da Palavra de Deus.

Visto que Calvino possuía um ótimo entendimento das Escrituras, ele pode ser um dos melhores e mais edificantes auxílios para os cristãos contemporâneos. A Bíblia é atemporal, e obras brilhantes a respeito da Bíblia assumem, às vezes, essa qualidade. Os livros de Calvino se incluem nessa categoria. E talvez em nenhuma outra parte de suas obras isso seja mais evidente do que nos seus escritos a respeito de Deus e do Espírito Santo.

O que parece nos faltar, e que Calvino compreendia, é um compromisso firme com a necessidade do Espírito Santo na conversão de pecadores, bem como uma profunda dependência da obra contínua do Espírito na vida e na igreja cristã. No que diz respeito a essas coisas, Calvino nos recorda a nossa necessidade urgente de confiar na terceira Pessoa da Trindade.

O ESPÍRITO SANTO NA CONVERSÃO E UNIÃO COM CRISTO

Conforme Calvino, nossa dependência do Espírito Santo começa em nossa conversão. A salvação está muito além dos recursos de homens caídos, que desconhecem as "operações secretas" do Espírito de Deus. Como um tipo de preâmbulo ao livro 3 das *Institutas*, Calvino perguntou: "Como recebemos aqueles benefícios que o Pai outorgou ao seu Filho unigênito — não para o seu uso pessoal, mas para que Ele pudesse enriquecer homens miseráveis e necessitados?" Demonstrando o papel vital que o Espírito Santo realiza na conversão, Calvino respondeu que esse recebimento se dá por meio da "energia secreta do Espírito Santo, pela qual chegamos a desfrutar de Cristo e de todos os seus benefícios".[2]

---

[2] John Calvin, *Institutes of Christian Religion*. Ed. John T. McNeill; trad. Ford Lewis Battles. Library of Christian Classics, XX-XXI (Philadelphia: Westminster John Knox, 1960), 3.1.1.

A OBRA TRANSFORMADORA DO ESPÍRITO

Nas *Institutas*, Calvino explicou que a fé salvadora é uma obra divina do Espírito Santo. Na teologia de Calvino, o Espírito age como "o Ensinador íntimo por cujos esforços a promessa da salvação penetra em nossa mente, uma promessa que, de outro modo, apenas ressoaria pelo ar ou apenas atingiria os nossos ouvidos".[3] Sem o Espírito Santo, "a cegueira e a perversidade" do homem e sua "inclinação à vaidade" o impediriam de "aderir à verdade" e o deixariam sempre "cego para a luz da verdade de Deus".[4] De acordo com Calvino, "a fé é um dom singular da parte de Deus tanto em purificar a mente do homem para provar a verdade de Deus como em firmar seu coração na verdade. Pois o Espírito não somente é o iniciador da fé, mas também a aumenta por graus, até que, por meio dela, nos leva ao reino do céu".[5]

Deus, o Espírito Santo, transforma a mente de uma pessoa, volvendo-a das trevas e insensatez do mundo à luz do reino de Deus por meio da pregação do evangelho. Em outras palavras, "a Palavra de Deus é como um sol que resplandece sobre todos aos quais é proclamada, mas não tem qualquer efeito nos cegos... [porque] neste aspecto todos nós somos cegos por natureza".[6]

Calvino parecia regozijar-se nesta verdade, exaltando-a e exultando na obra do Espírito em produzir e fazer crescer essa fé. Ele quase canta, à medida que escreve: "Nossos olhos são mais do que cegos, enquanto Deus não os ilumina pelo seu Espírito Santo".[7] E acrescenta: "Por causa da insolência e fraqueza que há em nós, temos de ser governados pelo Espírito de Deus, que é a chave-mestra que nos abre as portas do Paraíso".[8]

A obra do Espírito, de acordo com as Escrituras e com a exegese de Calvino, não termina quando Ele produz a fé no pecador. Calvino detalhava freqüentemente sua opinião de que o começo da fé era insuficiente à salvação eterna devido à fraqueza do homem. Ele acreditava que o Espírito Santo era necessário à salvação em dois aspectos:

---

[3] Ibid., 3.1.4.

[4] Ibid., 3.2.33.

[5] Ibid.

[6] Ibid., 3.2.34.

[7] John Calvin, *Sermons on Ephesians*, 92.

[8] Ibid., 207.

Observemos quão instáveis são os homens. Aquele que está mais bem disposto a seguir a Deus logo falhará, pois somos tão frágeis que o Diabo nos vencerá a cada minuto, se Deus não nos sustentar com mão forte. É por essa razão que se diz que Deus manifesta seu poder em sustentar-nos, visto que nos elegeu e nos deu ao Senhor Jesus Cristo. Pois, se Ele não lutasse por nós, o que seríamos? Seríamos completamente confundidos, não somente por um golpe, mas por um número infinito de quedas, como disse antes. Logo que estivéssemos no caminho de salvação, nos afastaríamos dele por causa de nossa fragilidade, fraqueza e inconstância, se não fôssemos impedidos e se Deus não agisse de modo que pudéssemos, por meio de seu Espírito Santo, vencer todos os ataques do Diabo e do mundo. Assim, o Espírito de Deus realiza uma obra dupla em relação à nossa fé. Ele nos ilumina para fazer-nos entender as coisas que, de outro modo, ficariam ocultas para nós e para recebermos as promessas de Deus com toda obediência. Essa é a primeira parte da obra. A segunda é que o mesmo Espírito se agrada em habitar-nos e dar-nos perseverança, a fim de não voltarmos para trás no meio de nosso caminho.[9]

Do começo ao fim, o cristão deve a sua salvação à obra de iluminação, convencimento e salvação da parte do Espírito Santo. Emprestando a figura bíblica de Efésios 1.13-14, Calvino retratou o Espírito Santo como que "gravado como um selo em nosso coração, resultando em que Ele autentica a purificação e o sacrifício de Cristo". Algumas sentenças depois, Calvino escreveu: "O Espírito Santo é o vínculo por meio do qual Cristo nos une eficazmente a Si mesmo".[10]

Alguém pode se admirar de que esta verdade bíblica consistente ainda seja crida de alguma maneira. Certa vez, o Senhor me concedeu o privilégio de ministrar um estudo bíblico sobre o Espírito Santo. Comecei perguntando: quantos de vocês já ouviram algum ensino substancial a respeito do Espírito Santo ou fizeram parte de uma igreja em que essa doutrina era explicada? Na sala havia adultos de nacionalidades, contextos denominacionais e idades diferentes. Alguns andavam com o Senhor já fazia

---

[9] Ibid., 73.
[10] John Calvin, *Institutes of Christian Religion*, 3.1.1.

quarenta ou cinqüenta anos. De um grupo que continha cerca de quarenta pessoas, talvez quatro ou cinco levantaram as mãos afirmativamente.

Não nos surpreende o fato de que a evangelização e o evangelho pregado hoje sejam amplamente ineficazes ou inexistentes em alguns lugares. A evangelização e a pregação parecem ser planejadas em torno da capacidade persuasória do pregador e do apelo emocional, e não da obra secreta e soberana do Espírito Santo. Precisamos resgatar urgentemente a visão bíblica da conversão e do agir soberano do Espírito Santo em salvar pecadores, para que nos livremos da tirania do pragmatismo metodológico e das tendências passageiras.

O ESPÍRITO SANTO E O VIVER CRISTÃO

Calvino viveu e ministrou em um tempo de agitação e conflito social, político e religioso. Quase toda noite, províncias inteiras abandonavam a sua lealdade à Igreja Católica ou à causa protestante. As lutas eram intensas e, às vezes, severas. Em uma ocasião, o próprio Calvino fugiu do aprisionamento e da morte certa.

Então, não é surpreendente que o reformador pensasse na vida cristã em termos de guerra e luta. Sua experiência talvez tenha aumentado o seu próprio uso das figuras bíblicas para descrever a vida cristã.

Os principais inimigos do cristão são o mundo, a carne e o Diabo — as principais forças contra as quais a armadura de Cristo é eficiente. Pregando em Gálatas 6.14-18, Calvino afirmou:

> Até ao dia em que deixarmos este mundo, sempre haverá falhas e manchas em nós e seremos prostrados pelo fardo de nosso pecado e fraquezas. Isso acontece para nos humilhar e mostrar que nossa vida é uma batalha constante. Assim, embora o pecado habite em nós, ele não deve ter o domínio, pois o Espírito deve vencê-lo. Isso poderá acontecer somente se fugirmos para Deus com zelo intenso e rogarmos que Ele corrija o mal que não podemos mudar e nos outorgue mais dos dons do Espírito, para que vençamos tudo que nos tem oprimido.[11]

---

[11] John Calvin, *Sermons on Galatians*. Trad. Kathy Childress (Edinburgh: Banner of Truth Trust,

Evidentemente, Calvino percebia que o cristão enfrenta uma batalha constante contra o pecado que habita nele. Calvino sabia que esse conflito permaneceria em nós, mas ele não era derrotista. Também sabia que o Espírito Santo nos acompanha e que o cristão tem de viver pelo Espírito a fim de vencer o pecado.

A santificação cristã era central no pensamento de Calvino. Ele entendia que a unção de Cristo no Espírito, como Profeta, Sacerdote e Rei, garantia, de algum modo, a santificação cristã. Em outras palavras, ele acreditava que nossa santidade está vinculada à obra completa de Cristo realizada pelo Espírito Santo. Calvino o expressou desta maneira: "Cristo veio dotado com o Espírito Santo de uma maneira especial, para separar-nos do mundo, para reunir-nos na espera da herança eterna. Por isso, Ele é chamado de 'Espírito de Santificação', porque não somente nos vivifica e nutre pelo poder geral que é visível na raça humana e nas demais criaturas, mas também é a fonte e a semente da vida celestial em nós".[12]

O Espírito Santo, "a fonte e a semente da vida celestial em nós", santifica o cristão por meio de "remover e destruir persistentemente nossos erros e desejos imoderados, [e assim] Ele inflama nosso coração com o amor de Deus e devoção zelosa".[13] De acordo com Calvino, o Espírito "sopra a vida divina em nós para que não mais vivamos por nós mesmos e, em vez disso, sejamos regidos por sua ação e impulso. Em harmonia com isso, as coisas boas que há em nós são fruto da graça do Espírito; e sem Ele os nossos dons são trevas na mente e perversidade no coração".[14]

Calvino considerava essa obra do Espírito uma evidência da regeneração autêntica. Ele insistia que "não basta as pessoas afirmarem que o Espírito de Deus habita em seu coração, pois Ele não é ocioso. Se habita ali, a sua presença se revelará".[15] Também acreditava que a obra do Espírito Santo era essencial ao crescimento espiritual. "É somente por meio da unção do Espírito que somos revigorados", ele escreveu. "Especial-

---

1997), 530.

[12] John Calvin, *Institutes of Christian Religion*, 3.1.2.

[13] Ibid., 3.1.3.

[14] Ibid.

[15] John Calvin, *Sermons on Galatians*, 560.

mente no que diz respeito à vida celestial, não há qualquer gota de vigor que não seja instilada pelo Espírito Santo. Pois o Espírito escolheu a Cristo como sua habitação, para que, a partir dEle, fluam sobremaneira as riquezas celestiais que tanto precisamos. Os crentes se mantêm vencedores mediante a força de seu Rei, cuja riqueza espiritual abunda neles. Por isso, eles são apropriadamente chamados de cristãos."[16]

Nesta guerra, o verdadeiro cristão recebe a segurança da vitória: Cristo enriquece seu povo com todas as coisas necessárias para a salvação eterna de suas almas e fortalece-os com a coragem para permanecerem inabalados contra os ataques dos inimigos espirituais. Disso concluímos que Ele governa — interior e exteriormente — mais em nosso benefício do que em benefício de Si mesmo. Por isso, somos dotados dos dons do Espírito, os quais não possuímos por natureza, na medida do que Deus julga necessário para nós. Por meio desses frutos, podemos perceber que estamos realmente unidos a Deus em perfeita bem-aventurança. Então, dependentes do poder do mesmo Espírito, não duvidemos que seremos sempre vitoriosos sobre o Diabo, o mundo e todas as coisas prejudiciais.[17]

Em sua própria vida e ministério, Calvino confiava nesta verdade:

> O Espírito de Deus é nosso penhor durante o tempo em que esperamos ser tirados desta vida transitória e libertos de todas as misérias, especialmente da escravidão ao pecado, que é o mais árduo de todos os fardos. Até àquele tempo, quando seremos livres de todas essas coisas, temos de confiar nisto: o Espírito de Deus habita em nós.[18]

Essa era a razão por que Calvino se regozijava espontânea e plenamente no Espírito Santo. Em um sentido, ele chegou a resumir a vida cristã em regozijar-se no Espírito Santo. Ele escreveu: "Os cristãos... se gloriam na presença do Espírito Santo, pois, sem esse gloriar-se, o cristianismo não subsiste!"[19]

---

[16] John Calvin, *Institutes of Christian Religion*, 2.15.5.
[17] Ibid., 2.15.4.
[18] John Calvin, *Sermons on Ephesians*, 78.
[19] John Calvin, *Institutes of Christian Religion*, 3.2.39.

Em que nos gloriamos hoje? Os cristãos se regozijam na obra santificadora do Espírito Santo, bem como em sua união com Cristo realizada pelo Espírito? Nossas vidas demonstram uma dependência sensata e consciente do Espírito de Deus para dar-nos vitória e poder nesta vida, enquanto aguardamos o retorno glorioso do Salvador, Jesus Cristo? Se não, Calvino fala especialmente para nós hoje:

> Devemos rogar a Deus que nos renove e nos fortaleça pelo seu Espírito Santo; e aumente cada vez mais seus dons em nós, para que, enquanto passamos por este mundo, tenhamos sempre esse alvo e sejamos simples peregrinos, a fim de que o Senhor nos confesse como seus filhos e nos dê a herança que prometeu e adquiriu a um custo tão elevado, mediante a morte e paixão de nosso Senhor Jesus Cristo.[20]

O ESPÍRITO SANTO E A IGREJA

Em último lugar, aprendemos muito de Calvino quanto à necessidade do Espírito Santo para vivermos a fé cristã corporativamente, como igreja.

Calvino percebeu o entrelaçamento da pessoa e obra de Jesus com o Espírito e a igreja local. De acordo com Calvino:

> Jesus foi ungido pelo Espírito para ser arauto e testemunho da graça do Pai. Temos de notar isto: Ele recebeu a unção, não somente para Si mesmo, para que pudesse desempenhar o ofício de ensinar, mas também para todo o seu corpo, a fim de que o poder do Espírito esteja presente na pregação contínua do evangelho.[21]

Calvino entendeu o que alguns esquecem freqüentemente — a pregação eficaz do evangelho depende completamente do poder do Espírito, uma vez que Cristo se oferece no evangelho. Se deixarmos de procla-

---

[20] John Calvin, *Sermons on Ephesians*, 287.
[21] John Calvin, *Institutes of Christian Religion*, 2.15.2.

mar a obra de Cristo ou de suplicar a obra do Espírito, toda a pregação é morta e sem poder.

No entanto, Calvino nos recorda que as Escrituras são necessárias para produzirem a unidade conveniente à vida regenerada. Em sua expiação, Cristo se tornou a "nossa paz", comprou e criou para Si mesmo um "novo homem" (Ef 2.14-15). Mas o Espírito Santo é o agente que aplica essa realidade.

Comentando Efésios 2.16-19, Calvino escreveu: "Todos devemos ser participantes de um único Espírito". A participação no Espírito de Deus produz "entre nós tal união que somos, de fato, o corpo de nosso Senhor Jesus Cristo. Não basta sermos empilhados como um monte de pedras; temos de ser unidos com afeição cordial".[22] Calvino proclamava resolutamente que, "quando Deus nos governa, Ele reforma nossas afeições de tal modo que nossas almas são unidas".[23]

Que linda figura da vida na igreja local! Mas, para Calvino, isso não era um floreio da parte do pregador. Ele acreditava que as Escrituras ensinam que essa unidade é a marca distintiva da igreja de Deus. Ele escreveu:

> Temos de manter a unidade do Espírito no vínculo da paz. Aqui, o apóstolo apresenta a unidade do Espírito como a marca exigida na igreja e rebanho de Deus, visto que, se estamos divididos entre nós mesmos, estamos alienados de Deus. E, com isso, o apóstolo nos mostra o que vimos brevemente antes: se não somos unidos entre nós mesmos, Deus nos repudia e diz que não pertencemos a Ele. Portanto, essa unidade é algo que deve ser valorizada em nossos dias, visto que é o meio pelo qual somos reconhecidos como filhos de Deus.[24]

Se essa unidade tinha de ser valorizada nos dias de Calvino, ela não é menos necessária em nossa época. Unidade na verdade e no Espírito de Deus é essencial. Esta unidade precisa ser um dos objetivos em favor

---

[22] John Calvin, *Sermons on Ephesians*, 326.
[23] Ibid.
[24] Ibid., 323.

dos quais os pregadores do evangelho labutam, lembrando que nosso amor e unidade recomendam a verdade do evangelho de Jesus Cristo a um mundo que perece (Jo 17.20-21).

A igreja do século XXI precisa de inúmeras coisas, incluindo um entendimento mais profundo a respeito da fé salvadora e da conversão; necessita de um desejo maior por santificação e libertação do mundanismo, de um ressurgimento da pregação poderosa do evangelho e de um compromisso inabalável com a unidade da igreja. Quinhentos anos depois de seu ministério e morte, Calvino nos ensina que o essencial para satisfazermos a todas essas necessidades é uma dependência diária de Deus, o Espírito Santo, "a chave que nos abre as portas do Paraíso".[25]

---

[25] Ibid., 207.

Capítulo 11

A CORRUPÇÃO RADICAL DO HOMEM

JOHN MACARTHUR

As Escrituras testificam freqüentemente que o homem é escravo do pecado. Isso significa que o espírito do homem está tão alienado da justiça de Deus, que o homem concebe, deseja e pratica nada além do que é mal, perverso, iníquo e sórdido.[1]

—João Calvino

Conjuntos de crenças falsas sempre parecem minimizar a depravação humana. Alguns chegam a negá-la por completo, insistindo que as pessoas são fundamentalmente boas. Essa é uma tendência de quase todas as heresias semi-cristãs, filosofias humanistas e cosmovisões seculares. Os apóstolos dessas religiões e filosofias parecem pensar que descrever a natureza humana em termos otimistas e elevados torna, de algum modo, mais nobre o ponto de vista deles. Esse fato, por si mesmo, é um exemplo típico da irracionalidade cega que anda lado a lado com a incredulidade e a religião falsa. Afinal de contas, o dilema moral da humanidade deve ser bastante óbvio para qualquer pessoa que pondera com seriedade sobre o problema do mal. Como observou G. K. Chesterton, o pecado original é o único ponto da teologia cristã que pode ser facilmente provado de modo empírico.[2]

---

[1] John Calvin, *Instruction in faith* (1537). Trad. Paul T. Fuhrmann (London: Lutterworth, 1949), 22.

[2] G. K. Chesterton, *Orthodoxy* (Garden City, N.J.: Doubleday, 1959), 15.

A corrupção da raça humana é um dilema universal, profundo e destrutivo — inexplicável por qualquer lógica naturalista, mas inegavelmente óbvia. Onde quer que haja seres humanos, ali você encontra evidência ampla de que toda a raça está cativa à influência corruptora do pecado.

Vemos isso, por exemplo, nos temas predominantes do entretenimento popular. Essa corrupção é exibida ousadamente aos olhos da civilização em grandes outdoors, em luminosos e anúncios de revistas. Nós a vemos sendo apresentada, em cores vívidas e som *surround*, no noticiário da manhã, bem como nas manchetes locais, regionais ou mundiais. Nossos relacionamentos mais achegados também nos proporcionam lembretes permanentes de que ninguém está livre do pecado e de que as melhores pessoas estão aquém do padrão justo de Deus. Finalmente, cada um de nós conhece seu estado de pecaminosidade por experiência própria, porque sentimos o peso de nossa culpa (mesmo o pecador resoluto que cauteriza totalmente a sua consciência está apenas suprimindo a verdade que ele conhece muito bem). Não podemos fazer o que sabemos que deveríamos fazer; e não podemos, por nós mesmos, ser o que deveríamos ser. Lembretes de nossa terrível corrupção incomodam-nos quase a cada hora, em todos os dias. Não podemos escapar deste fato (a não ser por meio de negação franca e injustificável): a raça humana está infectada de pecado.

No entanto, a idéia de que pecadores estão em total servidão ao pecado e, por isso, são incapazes de vir a Deus por sua própria vontade tem sido um dos princípios de teologia bíblica mais controversos e mais freqüentemente atacados desde os primeiros dias da igreja. É surpreendente o fato de que parte da oposição mais tenaz a essa doutrina tem vindo de dentro da comunidade eclesiástica. Na verdade, teólogos e líderes eclesiásticos que rejeitam ou depreciam a doutrina da depravação humana talvez sejam os que mais têm cooperado para confundir e impedir o avanço da verdade evangélica, como os mais hostis adversários do cristianismo. E mesmo em nossos dias há muita controvérsia a respeito da extensão e natureza da depravação.

A CORRUPÇÃO RADICAL DO HOMEM

OS PRINCIPAIS EPISÓDIOS NO CONFLITO SOBRE A DEPRAVAÇÃO TOTAL

O episódio central em todo o debate foi, sem dúvida, a controvérsia pelagiana. Esse conflito surgiu bem no início do século V, quando Pelágio e Celestius se opuseram ao ensino de Agostinho, o ensino de que os pecadores são totalmente incapazes de obedecer a Deus, a menos que Ele intervenha por graça, para livrá-los do pecado.[3]

Agostinho estava apenas afirmando a verdade de Romanos 8.7-8: "Por isso, o pendor da carne é inimizade contra Deus, pois não está sujeito à lei de Deus, nem mesmo pode estar. Portanto, os que estão na carne não podem agradar a Deus". Mas, de acordo com o *pelagianismo*, qualquer pessoa que resolva obedecer a Deus pode fazer isso. Em contradição com Romanos 5.12-19, Pelágio negava firmemente que a natureza humana foi, de algum modo, corrompida ou tornada incapaz pelo pecado de nossos primeiros pais. Ele insistia que somente Adão caiu, quando comeu o fruto proibido, e que nem culpa nem corrupção passou de Adão aos seus descendentes por causa de sua desobediência. Em vez disso, afirmavam os pelagianos, cada pessoa possui perfeita liberdade de vontade, como Adão possuía no início. Então, quando pecamos, isso acontece tão-somente por escolha, e não porque a nossa natureza é corrompida. Os pelagianos também diziam que os pecadores têm a capacidade de mudar seu coração e livrar a si mesmos do pecado, pelo exercício do poder de sua vontade.

De fato, os pelagianos negavam a necessidade da graça divina e reduziam a salvação a uma noção superficial de auto-reforma. É claro que eles fracassaram completamente em formular qualquer argumento convincente ou sensato para esse sistema, e seu ponto de vista foi oficialmente denunciado como heresia pelo Concílio de Éfeso, em 431.

Contudo, logo que a onda do ensino de Pelágio foi deixada de lado, surgiu um novo movimento para explicar a gravidade da depravação hu-

---

[3] A famosa queixa de Pelágio era uma resposta à breve seção do livro 10 das Confissões de Agostinho (cap. 29, parágrafo 40), em que este expressou sua profunda gratidão a Deus pela graça divina e reconheceu que poderia obedecer a Deus se Ele mesmo o capacitasse e o habilitasse graciosamente. Por isso, Agostinho orou: "Dá-me o que ordenas e ordena o que quiseres". Isso era um reconhecimento explícito de que a vontade do pecador não é "livre" em nenhum sentido. Depois, Agostinho registrou que Pelágio ficou furioso e começou a argumentar imediatamente, assim que o parágrafo foi lido para ele.

mana — utilizando um artifício doutrinário mais sutil. Ao mesmo tempo em que reconhecia formalmente que o pecado de Adão infectou e incapacitou, em alguma medida, toda a sua descendência, esse novo ponto de vista insistia que, apesar disso, os pecadores tinham liberdade da vontade suficiente para dar os primeiros passos de fé em direção a Deus sem o auxílio da graça divina. Hoje nos referimos a essa posição como *semi-pelagianismo*, porque ela é, de certo modo, uma posição intermediária entre as opiniões de Agostinho e de Pelágio. Esse nome foi cunhado em tempos mais recentes, nos primeiros anos da Reforma; mas a idéia surgiu inicialmente não muito tempo depois de começar a controvérsia pelagiana.

A essência do semi-pelagianismo é que a depravação humana, embora seja real, não é *total*. Os pecadores ainda são suficientemente bons para apropriarem-se, por si mesmos, da graça salvadora. Portanto, a graça salvadora é uma resposta à iniciativa humana, e não a causa eficaz de nossa salvação.

O princípio central ressaltado pelo semi-pelagianismo foi denunciado por vários concílios eclesiásticos, começando pelo Segundo Concílio de Orange, em 529.[4] Todavia, inúmeros mestres influentes, na história da igreja, têm proposto variações e modificações, tentando evitar serem chamados de pelagianos ou semi-pelagianos, mas procurando uma maneira de sustentar a noção de que o livre-arbítrio humano é, de algum modo, o eixo em torno do qual gira a salvação de pecadores.

O *arminianismo* serve-se dessa abordagem. Esse ponto de vista surgiu em reação ao calvinismo. Não era um fator importante até cinqüenta anos depois da morte de João Calvino. Entretanto, para entendermos as

---

[4] Por infelicidade, o Concílio de Orange confundiu a questão sugerindo que "a graça do batismo" liberta automaticamente as pessoas da escravidão ao pecado. Mas, apesar disso, o Concílio reconheceu que a Queda destruiu por completo tanto em Adão como em sua descendência a liberdade da vontade e que somente a graça de Deus pode livrar os pecadores dessa condição. O Cânon 13 do Concílio diz: "A liberdade da vontade que foi destruída no primeiro homem só pode ser restaurada pela [graça], pois aquilo que foi perdido só poderia ser restituído por Aquele que poderia dá-lo. Por isso, a própria Verdade declara: 'Se, pois, o Filho vos libertar, verdadeiramente sereis livres' (Jo 8.36)". O Concílio de Trento, ocorrido na metade do século XVI, assumiu a posição condenada por Orange e o ponto vista do magistério da Igreja Católica Romana. O Cânon 5, na sexta seção (sobre a justificação) do Concílio de Trento, afirma isto: "Se alguém diz que, desde o pecado de Adão, o livre-arbítrio do homem foi perdido ou extinto... seja anátema". De fato, Trento afirmou uma variação do semi-pelagianismo e tornou-a um dogma católico obrigatório.

várias maneiras como as pessoas tentaram evitar as implicações da depravação total, será útil resumir o arminianismo antes de examinarmos em detalhe a doutrina de Calvino a respeito da depravação total.

A posição arminiana se fundamenta numa leva modificação do princípio semi-pelagiano (de fato, muitos do que hoje se declaram arminianos são, na realidade, pelagianos ou semi-pelagianos). Nenhum verdadeiro arminiano negará deliberadamente que o pecado de Adão deixou sua descendência corrompida e escravizada ao pecado. Mas, de acordo com o sistema arminiano, certa medida de "graça preveniente" tem sido outorgada universalmente aos pecadores, anulando ou mitigando os efeitos da Queda. Não é graça suficiente para a salvação, mas é suficiente para restaurar certa medida de liberdade volitiva no pecador. Por isso, os arminianos crêem que agora é possível aos pecadores que ouvem o evangelho fazerem, com base em sua própria vontade, a escolha de aceitarem ou não a salvação.

Em outras palavras, a graça universal preveniente torna questionável a escravidão ao pecado e restaura o livre-arbítrio do pecador. Assim, o sistema arminiano (tal como o semi-pelagianismo) expressa aparente concordância com as doutrinas do pecado original e da queda universal da humanidade, quando, na prática, retrata a condição atual de pecadores caídos como algo inferior à *depravação total*.

A POSIÇÃO DE CALVINO

Agora, retornemos os nossos pensamentos a algumas gerações antes do tempo de Calvino. Influências pelagianas na igreja medieval haviam eclipsado, durante cerca de 500 anos, a ênfase bíblica sobre a depravação do pecador.[5] Mas 150 anos antes de Calvino, alguns escritores, teólogos e reformadores redescobriram e reviveram a posição de Agostinho quanto

---

[5] John McNeill escreveu: "Depois de Gottschalk de Orbais, que foi condenado por heresia em 849, o primeiro representante eminente do agostianianismo foi o clérigo e teólogo erudito Thomas Bradwardine, chamado Doutor *Profundus*, que morreu logo depois de sua consagração como arcebispo de Canterbury, em 1349". John Calvin, *Institutes of Christian Religion*. Ed. John T. McNeill; trad. Ford Lewis Battles. Library of Christian Classics, XX-XXI (Philadelphia: Westminster John Knox, 1960), 1:lvii.

à incapacidade do pecador e à primazia da graça divina. É importante observar que quase todos os primeiros reformadores e seu antecessores imediatos eram agostinianos (incluindo John Huss, John Wycliffe, William Tyndale e Martinho Lutero). Todos eles enfatizaram o princípio bíblico e agostiniano da depravação total — e, assim, ressaltaram a total incapacidade do pecador em arrepender-se e crer sem uma intervenção anterior da graça divina.

De modo semelhante, Calvino afirmou que a depravação humana destrói o livre-arbítrio e deixa os pecadores desamparados, em servidão ao pecado. Ele rejeitou enfaticamente qualquer tentativa pelagiana ou semi-pelagiana de abrandar a seriedade da miséria humana. Ressaltou que a linguagem empregada pelas Escrituras para descrever o efeito do pecado na raça humana não deixa espaço para pensarmos que os pecadores têm qualquer capacidade de volver seu próprio coração para Deus. A Bíblia diz que o coração dos pecadores é "enganoso... mais do que todas as coisas, e desesperadamente corrupto; quem o conhecerá? (Jr 17.9). Os pecadores estão "mortos nos... delitos e pecados" (Ef 2.1, 5). São cegos para a verdade de Deus (2Co 4.4; cf. 3.14). Não podem fazer o bem, assim como o etíope não pode mudar a sua pele nem o leopardo alterar as suas manchas (Jr 13.23). E a graça divina não somente outorga liberdade de vontade ao pecador; ela o ressuscita da morte espiritual, atrai-o irresistivelmente a Cristo e dá-lhe fé para crer (Ef 2.4-10; Cl 2.13; Jo 6.44-45, 65).

É impossível exagerarmos a importância da doutrina da depravação total na teologia de Calvino. Ela é o ponto de partida tanto para a antropologia como para a soteriologia no sistema de Calvino. É um assunto ao qual Calvino se referiu invariavelmente, não importando que doutrina estivesse em discussão. Por exemplo, sua obra magna, *As Institutas da Religião Cristã*, começa com um volume inteiro sobre o conhecimento de Deus. Mas o primeiro argumento de Calvino é que um verdadeiro conhecimento de si mesmo está intrinsecamente relacionado a um entendimento correto de Deus. Por isso, no parágrafo inicial daquela grande obra, ele faz uma referência pungente à depravação humana: "Com base no sentimento de nossa própria ignorância, vaidade, pobreza, enfermidade e — o que é pior — depravação e corrupção, reconhecemos que a verdadeira luz da sabedoria, a virtude sã, a plena abundância de todo o bem e a pureza de justiça estão somente em Deus. Portanto, somos impelidos, por nossos próprios males, a contemplar as coisas boas de Deus".[6] Em todo aquele volume, Calvino retornou diversas vezes ao assunto da depravação total, ressaltando constantemente a verdade de que os pecadores "nunca levam em conta a Deus, a menos que sejam constrangidos a isso; e não se achegam a Ele, a menos que sejam atraídos apesar de sua resistência".[7]

A ESCRAVIDÃO DA VONTADE

As Escrituras comparam a situação miserável do pecador com várias condições — morte, cegueira total, escravidão desesperadora, completa dureza de coração, incapacidade permanente de ouvir e enfermidade incurável. Dentre essas condições, Calvino ressaltava a idéia de escravidão mais do que as outras, colocando maior ênfase na escravidão da vontade. A incapacidade volitiva dos pecadores de amar a Deus e obedecer-Lhe, crer nEle era, na opinião de Calvino, o âmago da doutrina da depravação.

Em seu resumo das principais doutrinas, preparado para leitores simples, que não podiam assimilar plenamente as *Institutas*, Calvino abordou a depravação usando o título de "Livre-Arbítrio". Ele escreveu:

> As Escrituras testificam freqüentemente que o homem é escravo do pecado. Isso significa que o espírito do homem está tão alienado da justiça de Deus, que o homem concebe, deseja e pratica nada além do que é mal, perverso, iníquo e sórdido. O coração, totalmente contaminado pelo veneno do pecado, não pode produzir outra coisa senão os frutos do pecado. Contudo, isso não deve levar ninguém a concluir que o homem peca constrangido por necessidade violenta; pois o homem peca com a anuência de uma vontade bastante compelida e inclinada. Mas, pelo fato de que o homem, por causa da corrupção de suas afeições, persevera fortemente em odiar toda a justiça de Deus e, por outro lado, é

---
[6] John Calvin, *Institutes of Christian Religion*, 1.1.1.
[7] Ibid., 1.4.4.

fervoroso em todos os tipos de males, afirma-se que o homem não tem o livre poder de escolher entre o bem e o mal — o que chamamos de livre-arbítrio.⁸

A discussão mais detalhada de Calvino a respeito da escravidão da vontade acha-se no livro 2, capítulo 2, das *Institutas*. Esse capítulo, juntamente com o capítulo 3 (intitulado "Da natureza corrupta do homem procede somente coisas condenáveis"), constitui o próprio âmago do ensino de Calvino sobre a depravação humana.

Ele começou a seção a respeito da vontade humana (depois de uma breve advertência a respeito das armadilhas do assunto) com uma pequena análise das opiniões dos filósofos sobre o assunto. Observou que os filósofos descrevem, em geral, a vontade como um árbitro entre os sentimentos e a razão; e admitem comumente a dificuldade de governar a vontade com a mente, e não com as emoções. Mas, apesar disso, Calvino destacou que eles tendem, incoerentemente, a tratar a noção do livre-arbítrio como uma certeza — como se "as virtudes e os vícios estivessem em nosso poder".⁹

Em seguida, Calvino voltou-se à história da igreja e mostrou como os primeiros escritores do cristianismo lidaram com o assunto de nossa escravidão ao pecado. Calvino, que conhecia muito bem os escritos dos Pais da Igreja, observou que eles tendiam a ser imprecisos e ingênuos ao abordarem a questão do livre-arbítrio. Embora conhecessem a linguagem das Escrituras a respeito do completo domínio do pecado no coração e mente dos homens, aqueles escritores falharam em apreciar todo o significado de como o pecado mutila a vontade do homem. Nas palavras de Calvino, "[eles] reconheceram que a razão do homem foi gravemente danificada pelo pecado e sua vontade se tornou bastante escravizada por desejos maus. Apesar disso, grande parte deles aproxima-se demais dos filósofos".¹⁰ De maneira específica, Calvino lamentou que muitos escritores na igreja primitiva subestimaram os efeitos do pecado no poder do

---

⁸ John Calvin, *Instruction in faith* (1537), 22.
⁹ John Calvin, *Institutes of Christian Religion*, 2.2.3.
¹⁰ Ibid., 2.2.4.

homem em escolher entre o bem e o mal. No entanto, ele observou que os Pais da Igreja enfatizaram consistentemente a necessidade da graça divina para auxiliar o homem caído a fazer o bem.

A análise de Calvino é instrutiva, mostrando como o entendimento da igreja pós-apostólica a respeito da depravação "piorou gradualmente, até chegar ao ponto de que o homem era comumente admitido como um ser corrompido somente em sua parte sensual e tinha uma razão perfeitamente intacta e uma vontade não danificada".[11] Calvino também sugeriu que, com freqüência, o termo "livre-arbítrio" era discutido sem definição.

Nesse contexto, Calvino afirmou sua apreciação pela clareza de Agostinho, que se envolveu nessa questão como conseqüência da controvérsia pelagiana. Adotando amplamente as idéias de Agostinho, Calvino mostrou como a vontade é (em um sentido bem restrito) "livre" — no sentido de que os pecadores caídos não estão sob qualquer compulsão externa para pecarem. Em outras palavras, não podemos citar nossa servidão ao pecado como uma desculpa para a culpa do pecado. Por outro lado, visto que nossas escolhas são governadas por nossos desejos, e estes são corruptos, nossa vontade não é, de modo algum, "livre" no sentido absoluto. Somos escravos daquele a quem obedecemos (Rm 6.6), e, por isso, em nosso estado decaído, somos lançados numa servidão completa ao pecado, da qual somos incapazes de livrar a nós mesmos.

A posição de Calvino sobre este assunto pode ser resumida em uma de suas citações de Agostinho:

> [Por que] homens miseráveis ousam orgulhar-se do livre-arbítrio antes de serem livres ou como se já tivessem sido libertos por seu próprio poder?... Se, pois, eles são escravos do pecado, por que se vangloriam do livre-arbítrio? Pois o homem se torna escravo daquele que o vence. Ora, se eles já foram libertos, por que se orgulham, como se isso tivesse acontecido por meio de seus próprios esforços? Ou eles são tão livres a ponto de não desejarem ser servos dAquele que disse: "Sem mim, nada podeis fazer" [João 15.5]?[12]

---

[11] Ibid.
[12] Ibid., 2.2.8.

Incidentalmente, tanto Agostinho como Calvino estavam ecoando o principal tema do Novo Testamento: quando os pecadores se tornam crentes, são libertos da escravidão ao pecado, a fim de tornarem-se servos de Cristo (Rm 6.17-18). Um entendimento claro dessa verdade é essencial para compreendermos o que significa seguir a Cristo.[13] Por outro lado, o conceito de ser servo de Cristo só pode ser plenamente entendido por aquele que assimilou de verdade o que significa ser escravo do pecado. Portanto, o argumento que Calvino estabeleceu a respeito da depravação e da escravidão ao pecado é uma verdade vital.

O QUE É A "DEPRAVAÇÃO TOTAL"?

A expressão "depravação total" (que não pertence a Calvino, mas é uma expressão que descreve seu ponto de vista) contém em si uma ambigüidade infeliz. Muitos dos que se expõem pela primeira vez a essa terminologia supõem ser este o seu significado: Calvino ensinava que todos os pecadores são tão completamente maus quanto podem ser.

Mas Calvino negava expressamente essa idéia. Reconhecia que "em cada época, existem pessoas que, guiadas por natureza, se empenham pela virtude durante toda a vida".[14] Ele sugeriu que tais pessoas ("embora haja lapsos... em sua conduta moral")[15] possuem caráter recomendável, conforme o ponto de vista humano. "Por meio do próprio zelo de sua honestidade, elas têm dado provas de que há alguma retidão em sua natureza."[16] Ele foi mais além: "Esses exemplos *parecem* advertir-nos contra o sentenciarmos a natureza do homem como totalmente corrupta, porque alguns homens têm, por seu impulso, não somente sido excelentes em obras notáveis, mas também se comportado de maneira honrosa durante a vida".[17]

---

[13] Neste capítulo, não há espaço suficiente para eu desenvolver o tema da servidão a Cristo, mas tenho abordado-o com alguns detalhes no capítulo 1, "O que Jesus quis dizer quando afirmou: segue-me?", da edição de aniversário de meu livro *The Gospel According to Jesus* (Grand Rapids: Zondervan, 2008).

[14] John Calvin, *Institutes of Christian Religion*, 2.3.3.

[15] Ibid.

[16] Ibid.

[17] Ibid., ênfase acrescentada.

A CORRUPÇÃO RADICAL DO HOMEM

No entanto, Calvino prosseguiu afirmando que isso, na verdade, remete-nos à direção contrária. Antes, "deve ocorrer-nos que, em meio a esta corrupção da natureza, há algum lugar para a graça de Deus, não a graça que purifica essa natureza, e sim que a restringe interiormente".[18]

Nessa altura, Calvino estava descrevendo o que os teólogos chamaram posteriormente de "graça comum" — a influência restringente da parte de Deus que mitiga os efeitos do nosso pecado e capacita até criaturas caídas a manifestarem — nunca com perfeição, mas sempre de modo débil e gravemente prejudicado — a imagem de Deus que ainda faz parte de nossa natureza humana, embora tenha sido maculada pela Queda.

Em outras palavras, a depravação é "total" no sentido de que afeta todas as partes de nosso ser — não somente o corpo, não somente as emoções, mas igualmente a carne, o espírito, a mente, as emoções, os desejos, os motivos e a vontade, juntos. Não somos tão maus quanto podemos ser, mas isso acontece apenas por causa da graça restringente de Deus. Nós mesmos somos totalmente corruptos, porque de uma maneira ou de outra o pecado contamina tudo que pensamos, desejamos e fazemos. Portanto, nunca temermos a Deus da maneira como deveríamos, nunca O amamos como deveríamos e nunca Lhe obedecemos com um coração completamente puro. Isso era o que significava depravação total para Calvino.

O tratado completo de Calvino sobre a depravação humana é um dos seus mais importantes legados. Depois de sua obra a respeito da justificação pela fé, esse talvez seja um dos aspectos mais vitais de seu sistema doutrinário. Ele trouxe esclarecimento a um princípio crucial que caíra em obscuridade durante séculos desde o conflito de Agostinho com Pelágio: *Magnificar o livre-arbítrio humano ou minimizar a extensão da depravação humana significa tornar irrelevante a necessidade da graça divina e subverter cada aspecto da verdade evangélica.*

Uma vez que uma pessoa assimile a verdade sobre a depravação humana, os princípios controversos e difíceis da depravação se encaixam em seu devido lugar. A eleição incondicional, a primazia e a eficácia da

---
[18] Ibid.

graça salvadora, a necessidade da expiação vicária e a perseverança de todos os que Deus redime graciosamente são conseqüências necessárias deste princípio.

Embora este capítulo não possa ser mais do que uma introdução e um breve resumo da obra de Calvino quanto à doutrina da depravação, podemos ver na maneira como ele lidou com este assunto todos os melhores aspectos do ministério do grande reformador e da sua abordagem da doutrina bíblica. Nisto, vemos Calvino no seu melhor — perfeitamente informado da história da igreja, da filosofia humana e dos melhores aspectos da tradição cristã, mas determinado resoluta e incondicionalmente a submeter sua mente e ensino à verdade das Escrituras.

Sua habilidade extraordinária de enfrentar com franqueza assuntos difíceis, explicar de modo simples o seu ponto de vista e sustentar a verdade de maneira bíblica é vista mais poderosamente ou apresentada com mais excelência em seu tratado marcante a respeito da depravação total.

Capítulo 12

ELEIÇÃO E REPROVAÇÃO

RICHARD D. PHILLIPS

Das palavras do apóstolo aprendemos que a salvação dos crentes se fundamenta somente sobre a decisão divina de eleição e que este favor não é obtido por obras, mas nos advém da chamada gratuita.[1]

—João Calvino

João Calvino talvez seja conhecido hoje mais por seu ensino sobre a predestinação do que por qualquer outro fator. No entanto, na cultura popular, sua doutrina é comumente representada como um fatalismo melancólico e sombrio. Como sempre fui torcedor do time de baseball Boston Red Sox, tenho lido inúmeras colunas esportivas depreciando o "pessimismo calvinista" dos torcedores do Red Sox (se isto tem algum valor, foi o *otimismo* calvinista que manteve os fãs do Red Sox indo aos campeonatos durante décadas). Na subcultura cristã, os calvinistas são vistos como aqueles que têm uma tendência teológica intelectual exemplificada, antes de tudo, em aderirem à doutrina da eleição.

É uma vergonha que a reputação de Calvino seja tão restritamente vinculada à doutrina da predestinação, também conhecida como eleição. As contribuições de Calvino ultrapassaram os horizontes de qualquer doutrina ou mesmo da doutrina como um todo, como espero que este livro demonstre. Contudo, para aqueles que apreciam o pensamento de

---

[1] John Calvin, *Institutes of Christian Religion*. Ed. John T. McNeill; trad. Ford Lewis Battles. Library of Christian Classics, XX-XXI (Philadelphia: Westminster John Knox, 1960), 3.21.3.

Calvino, a sua identificação com a eleição não é a sua vergonha, e sim a sua glória. Sempre que me perguntam, "você, que é um calvinista, acredita realmente na predestinação?", respondo de duas maneiras. Primeiro, eu digo que ser um calvinista significa mais do que crer na eleição. Em seguida, acrescento: mas certamente creio na maravilhosa doutrina da predestinação e louvo o Senhor pelo legado de João Calvino em promover esta verdade que tanto glorifica a Deus e eleva a alma.

CALVINO E A DOUTRINA DA ELEIÇÃO

Neste breve estudo da doutrina da eleição segundo Calvino, devemos começar com as palavras dele mesmo. No que diz respeito àqueles que são salvos, ou seja, os eleitos, Calvino ensinava que a causa vital da salvação deles era a escolha soberana (eleição) e a predestinação de Deus. De modo semelhante, no que diz respeito aos que não são salvos e, em última instância, condenados, a causa é a predestinação soberana de Deus. Isto é verdade porque o soberano decreto de Deus é a causa vital de todas as coisas. Calvino escreveu: "Chamamos de predestinação o decreto eterno de Deus pelo qual pactuou consigo mesmo o que desejava fazer de cada homem... A vida eterna é preordenada para alguns, e a condenação eterna, para outros. Portanto, visto que cada homem foi criado para um ou outro desses propósitos, falamos sobre ele como predestinado para vida ou para a morte".[2]

Além disso, Calvino asseverou que a razão que estava por trás da predestinação divina de indivíduos está em Deus mesmo, e não na criatura. Em outras palavras, os eleitos são escolhidos por Deus à parte de qualquer consideração positiva presente neles mesmos. Essa é a razão por que a doutrina de Calvino é conhecida como *eleição incondicional*. O mesmo princípio se aplica à reprovação: os reprovados, os não-eleitos, são deixados de lado pela graça de Deus por razões que se encontram tão-somente no decreto de Deus. Calvino explicou: "Afirmamos que, no tocante aos eleitos, este plano foi alicerçado sobre a misericórdia de Deus outorgada livremente, sem levar em conta a dignidade humana; todavia,

---
[2] Ibid., 3.21.5.

por meio deste julgamento justo e irrepreensível, mas incompreensível, Deus fechou a porta da vida para aqueles que entregou à condenação".[3]

Isso não significa que os réprobos serão julgados sem referência às suas transgressões, pois a sua condenação será perfeitamente justa. Pelo contrário, havendo primeiramente ordenado que toda a humanidade caísse em pecado (Rm 11.32) e, por meio deste, em julgamento, Deus também decretou que certas pessoas fossem escolhidas para a salvação pela fé em Jesus Cristo. Todos os destinos, Calvino afirmou, resultam do eterno e soberano decreto de Deus; e o princípio governante é a perfeita vontade de Deus. Calvino citou a afirmação do apóstolo Paulo declarando que a eleição aconteceu "segundo o beneplácito de sua vontade" (Ef 1.5) e de seu propósito (cf. Ef 1.9). Calvino comentou: "Dizer que Deus propôs em Si mesmo significa dizer que, ao fazer seu decreto, Ele não levou em conta nada fora de Si mesmo com que deveria se preocupar. Por isso, [Paulo] acrescenta imediatamente que todo o intento de nossa eleição é que sejamos para o louvor da graça de Deus (c. Ef 1.6)".[4]

Reconhecendo a dificuldade que muitos têm em relação a essa doutrina, Calvino insistia freqüentemente em prudência no estudo da predestinação. Falta de cuidado e especulação anti-bíblica devem ser drasticamente evitadas. Tendo em vista esse objetivo, Calvino emitiu uma advertência que muitos dos seus seguidores e detratores teriam feito bem se a ela houvessem atentado: "Se alguém, com segurança exultante, entrar impetuosamente neste assunto, não será bem-sucedido em satisfazer sua curiosidade e adentrará um labirinto do qual não poderá achar saída".[5]

UMA DOUTRINA BÍBLICA

Devido ao seu interesse pela fidelidade e prudência no lidar com a doutrina, a abordagem de Calvino quanto à predestinação era cuidadosa e rigorosamente bíblica. Ocasionalmente, ouviremos alguém acusando

---

[3] Ibid., 3.21.7.

[4] Ibid., 3.22.3.

[5] Ibid., 3.21.1.

Calvino de racionalismo em sua doutrina de eleição, porém nada pode estar mais longe da verdade. A única razão por que ele insistia no ensino de uma doutrina, a ponto de talvez causar ofensa, era seu compromisso com o ensino claro das Escrituras. Nesse contexto, ele escreveu: "A Palavra de Deus é o único caminho que pode guiar-nos em nossa busca de tudo que é lícito defendermos a respeito dEle; é também a única luz que ilumina nossa visão acerca de tudo que temos de ver quanto a Ele".[6] Além disso, ao formular os contornos de sua doutrina da predestinação, Calvino estava escrupulosamente determinado a seguir as Escrituras aonde quer que elas o levassem, e não além. "Portanto, que isto esteja, acima de tudo, diante de nossos olhos: procurar qualquer outro conhecimento sobre a predestinação além daquele que a Palavra de Deus revela é tão insensato como se alguém se dispusesse a andar num deserto sem caminhos (cf. Jó 12.24) ou enxergar nas trevas. E não nos envergonhemos de ser ignorantes quanto a alguma coisa deste assunto, no qual há certa ignorância erudita".[7]

Este compromisso com as Escrituras se aplica à questão da necessidade de ensinarmos a doutrina da predestinação. Em nossos dias, séries de sermões sobre o livro de Romanos terminam freqüentemente no capítulo 8. E quantos estudos sobre Efésios têm omitido o capítulo 1, por causa do temor da "controvérsia" de ensinar a predestinação? A resposta de Calvino acerca dessa maneira de lidar com a doutrina foi instrutiva: um cristão tem o dever de conhecer e crer tudo que Deus achou conveniente ensinar-nos nas Escrituras. Portanto, os mestres da igreja não têm o direito de evitar qualquer ensino da Bíblia.

Calvino se mostrou simpático para com o motivo que fundamentava a hesitação de ensinar a predestinação, escrevendo: "A moderação deles neste assunto deve ser elogiada, porque sentem que estes mistérios devem ser discutidos com grande seriedade". Mas acrescentou: "Por não se aprofundarem, fazem pouco progresso com o entendimento humano, que não se permite ser facilmente restringido".[8] As pessoas certamente

---

[6] Ibid., 3.21.2.
[7] Ibid.
[8] Ibid., 3.21.3.

ELEIÇÃO E REPROVAÇÃO

indagarão a respeito da preordenação e da vontade de Deus, insistiu Calvino, e devem ser instruídas corretamente com base nas Escrituras, em vez de serem deixadas expostas a especulações vãs. Além disso, ele argumentou que é irrelevante a qualquer criatura desdenhar de assuntos que o Espírito Santo julga necessários para nós:

> A Escritura é a escola do Espírito Santo, a qual, visto não omitir nada que é necessário e útil sabermos, não ensina nada além do que é conveniente sabermos. Portanto, temos de nos resguardar de privar os crentes de qualquer coisa revelada sobre a predestinação, na Escritura, para que não pareçamos defraudá-los da bênção de seu Deus ou acusar e desdenhar o Espírito Santo por haver publicado o que, de algum modo, é proveitoso suprimirmos.[9]

Não é surpreendente que Calvino defendesse a doutrina da predestinação apelando diretamente às Escrituras e às suas implicações necessárias.

Com que base Calvino ensinava a predestinação? Primeiro, ele indicava a eleição nacional de Israel no Antigo Testamento. Apelava a Deuteronômio 7.6b-8a, que afirma que a escolha de Israel ocorreu tão-somente por causa do amor eletivo de Deus: "O Senhor, teu Deus, te escolheu, para que lhe fosses o seu povo próprio, de todos os povos que há sobre a terra. Não vos teve o Senhor afeição, nem vos escolheu... mas porque o Senhor vos amava". Entre vários outros textos, Calvino também citava Salmos 47.4a: "Escolheu-nos a nossa herança" e Salmos 33.12: "Feliz a nação cujo Deus é o Senhor, e o povo que ele escolheu para sua herança".

Calvino reconhecia que há uma diferença entre a eleição divina de Israel, como nação, e a predestinação de indivíduos para a salvação. Por isso, ele ressaltou "um segundo e mais restrito grau na eleição, ou uma eleição em que a graça mais especial da parte de Deus era evidenciada, ou seja, quando, da própria raça de Abraão, Ele rejeitou alguns e mostrou que manteve outros entre os seus filhos, por amá-los na igreja".[10]

---
[9] Ibid.
[10] Ibid., 3.21.6.

Isto é, a Bíblia mostra com clareza que Deus faz discriminação entre indivíduos por meio da eleição soberana e da predestinação. Os exemplos primários de Calvino são Ismael e Isaque, Esaú e Jacó. Ele admitiu que Ismael e Esaú, que foram rejeitados por Deus, mereciam ser condenados por Deus, "pois já estava estabelecida a condição de que eles deveriam guardar fielmente a aliança divina, a qual violaram infielmente".[11] Isso também poderia ser dito facilmente a respeito de Esaú e Jacó. Quando a Bíblia explica o assunto, ela atribui a distinção da parte de Deus tão-somente à sua predestinação soberana. Deus falou por intermédio de Malaquias: "Não foi Esaú irmão de Jacó? — disse o Senhor; todavia, amei a Jacó, porém aborreci a Esaú" (Ml 2b-3a). Esse foi o texto citado pelo apóstolo Paulo para asseverar a doutrina da predestinação:

> Também Rebeca, ao conceber de um só, Isaque, nosso pai. E ainda não eram os gêmeos nascidos, nem tinham praticado o bem ou o mal (para que o propósito de Deus, quanto à eleição, prevalecesse, não por obras, mas por aquele que chama), já fora dito a ela: O mais velho será servo do mais moço. Como está escrito: Amei Jacó, porém me aborreci de Esaú (Rm 9.10-13).

Portanto, Calvino comentou: "Das palavras do apóstolo aprendemos que a salvação de crentes se fundamenta somente sobre a decisão divina da eleição e que este favor não é obtido por obras, mas nos advém da chamada gratuita... Pela predestinação de Deus, Jacó é escolhido e distinguido de Esaú, o irmão rejeitado, embora não diferisse dele em méritos".[12] Quando pressionado a dar uma explicação mais clara, Calvino disse que Paulo formulou este argumento: "Ele [Deus] diz a Moisés: Terei misericórdia de quem me aprouver ter misericórdia e compadecer-me-ei de quem me aprouver ter compaixão". Isso, disse Calvino, "é simplesmente a mais clara declaração do Senhor no sentido de que Ele

---

[11] Ibid.
[12] Ibid., 3.22.5-6.

não acha nos homens nenhum motivo para abençoá-los, mas o faz tão-somente com base em sua misericórdia".[13]

Aqueles que julgam a doutrina da predestinação de Calvino difícil de ser assimilada acharão muito mais difícil sua doutrina da reprovação. Também neste assunto, a doutrina de Calvino surge estritamente das Escrituras. Quanto a isso, Calvino fez a observação inequívoca de que a eleição salvadora e a reprovação soberana exigem-se mutuamente: "A eleição não subsistiria se não tivesse sido estabelecida em oposição à reprovação".[14] No que se refere à predestinação, ela é verdadeiramente dupla ou não é nada: se Deus não predestinou tanto a salvação como a condenação, Ele não predestinou nem uma nem outra. Todavia, como já observamos, o argumento de Calvino não se baseia meramente na razão. Ele argumentou com base nas Escrituras, especialmente na abordagem de Paulo sobre este assunto em Romanos 9.

Seguindo o ensino de Paulo, Calvino ressaltou que as Escrituras atribuem especificamente à soberana ação de Deus o endurecimento do coração de Faraó — "Porque a Escritura diz a Faraó: Para isto mesmo te levantei, para mostrar em ti o meu poder e para que o meu nome seja anunciado por toda a terra" (Rm 9.17). Calvino observou: "Paulo não... se empenhou ansiosamente por apresentar falsas desculpas em defesa de Deus; apenas advertiu que não é lícito o barro contender com seu oleiro".[15] Esta citação é uma referência à analogia que Paulo empregou para defender seu ensino: "Porventura, pode o objeto perguntar a quem o fez: Por que me fizeste assim?" (Rm 9.20b). Calvino observou também que alguns procurariam abrandar a doutrina da predestinação, afirmando que todos os réprobos estão condenados com justiça, de modo que Deus apenas permite a condenação deles. Calvino respondeu citando Agostinho: "Onde o poder está unido à longanimidade, Deus não permite, mas governa com o seu poder".[16] Além disso, Calvino insistiu que, se Paulo ressaltou que Deus "preparou" os réprobos "para a perdição"

---
[13] Ibid., 3.22.6.
[14] Ibid., 3.23.1.
[15] Ibid.
[16] Ibid.

(Rm 9.22), "é totalmente incoerente atribuir a preparação para a condenação a qualquer outra coisa, exceto ao plano secreto de Deus".[17] Assim, Calvino demonstrou, com base nas Escrituras, que tanto a salvação como a reprovação resultam do decreto eterno e soberano de Deus.

RESPOSTAS ÀS OBJEÇÕES

Ao responder as objeções à doutrina da predestinação, Calvino demonstrou sua vasta leitura e ampla experiência características, lidando com grandes desafios e argumentos. Por uma questão de brevidade, considerarei somente aquelas que ouvimos com mais freqüência em nossos dias.

A primeira dentre as objeções é a afirmação de que a eleição se baseia na presciência de Deus. Essa abordagem procura combater a doutrina de Calvino quanto à eleição asseverando que Deus sabe de antemão que pessoas crerão em sua Palavra e, com base nisso, predestina-as para a salvação. De modo semelhante, Deus conhece de antemão aqueles que não crerão e, assim, elege-os para a condenação. Calvino explicou: "Estas pessoas acham que Deus distingue os homens conforme vê de antemão quais serão os méritos de cada um".[18]

Em resposta, Calvino comentou primeiramente que a verdadeira questão envolve a origem da salvação. Conforme o ponto de vista do conhecimento prévio, a graça de Deus tem sua origem na dignidade do recipiente; visto que Deus pode outorgar graça somente em reposta ao mérito previsto, Ele não é livre para outorgá-la. Mas a Bíblia apresenta um quadro diferente: como afirmou Calvino, "Deus é livre para manifestar a sua graça a quem Ele quer".[19]

Em seguida, Calvino desenvolveu o ensino da Escritura, o qual insiste em que a salvação não se origina na dignidade do recipiente, e sim na livre graça de Deus. Calvino observou: o ensino bíblico de que Deus escolheu seu povo antes da fundação do mundo (Ef 1.4) significa clara-

---

[17] Ibid.
[18] Ibid., 3.22.1.
[19] Ibid.

mente que os méritos não cumprem qualquer papel na eleição de pessoas. Somos eleitos "em Cristo" — visto que não temos, em nós mesmos, nada que nos recomende à graça de Deus, Ele nos vê por meio de nossa união com Cristo. De fato, Calvino disse que Efésios 1.4 declara que "toda virtude evidente no homem é resultado da eleição".[20]

Aqui surge a pergunta: a nossa fé é a *causa* ou o *resultado* da eleição? Se formos eleitos porque Deus previu a fé em nós, o ensino de Paulo não faz qualquer sentido: "Assim como nos escolheu nele [Cristo] antes da fundação do mundo, para sermos santos e irrepreensíveis perante ele" (Ef 1.4). Como explicou Calvino: a objeção da presciência inverte a ordem do raciocínio de Paulo: "Se Deus nos escolheu para que fôssemos santos, Ele não nos escolheu porque viu de antemão que seríamos isso".[21] Isso é confirmado abundantemente no ensino subseqüente de Paulo, quando ele afirmou que nossa eleição aconteceu "segundo o beneplácito de sua vontade" (Ef 1.5) e "segundo o seu beneplácito que propusera em Cristo" (Ef 1.9). Paulo usou linguagem semelhante em 2 Timóteo 1.9, escrevendo que Deus "nos salvou e nos chamou com santa vocação; não segundo as nossas obras, mas conforme a sua própria determinação e graça". Pregando sobre esse texto, Calvino afirmou: "Ele não disse que Deus nos escolheu porque ouvimos o evangelho, mas, por outro lado, atribui a fé que nos foi dada a uma causa mais elevada, ou seja, Deus preordenou que nos salvaria".[22] Portanto, em vez de ensinar que a salvação se origina no que Deus vê de antemão em nós, Calvino ressaltou: "Todos os benefícios que Deus outorga para a vida espiritual, conforme Paulo ensina, fluem desta única fonte: Deus escolheu aqueles que Ele mesmo quis e, antes de nascerem, separou para cada um deles a graça que quis outorgar-lhes".[23]

Outra objeção comum é a acusação de que a predestinação é injusta. As pessoas reclamam que, se os réprobos estão predestinados ao pecado e à condenação, não é justo Deus considerá-las responsáveis por seus atos. Calvino replicou demonstrando a insolência de qualquer acusação

---

[20] Ibid., 3.22.2.
[21] Ibid., 3.22.3.
[22] John Calvin, *The mystery of godliness and other sermons* (Morgan, Pa.: Soli Deo Goria, 1999), 46.
[23] John Calvin, *Institutes of Christian Religion*, 3.22.2.

de injustiça em Deus, pela simples razão de que Deus é, Ele mesmo, o único padrão de justiça. Ele escreveu: "A vontade de Deus é a mais sublime norma de justiça, e tudo que Deus quer, pelo simples fato de que Ele quer, tem de ser considerado justo". Usar algum padrão de justiça para julgar a Deus é "procurar alguma coisa maior do que a vontade de Deus, e tal coisa não pode ser achada".[24]

Além disso, a condenação dos réprobos é, de fato, justa. Mas, eles não foram predestinados para isso? A réplica de Calvino é eloqüente, destacando quão estranha às Escrituras é essa linha de pensamento: "Apresentem-se todos os filhos de Adão; contendam e argumentem com seu Criador aqueles que, por sua eterna providência, foram confinados, antes mesmo de existirem, à eterna calamidade. Que clamor eles poderão erguer contra este argumento, quando Deus os chamar à prestação de contas diante dEle".[25]

Calvino fez a observação de que Paulo atribuiu claramente a reprovação ao decreto predestinador de Deus, afirmando que Deus, o Oleiro, fez alguns vasos "para desonra" e os preparou "para a perdição" (Rm 9.21-22). Mas as Escrituras nunca permitem nenhum homem pecaminoso usar essa verdade como desculpa para escapar da condenação justa. "[Deus] não é injusto por iludir cruelmente suas criaturas?",[26] Calvino perguntou retoricamente. A sua resposta é a do apóstolo Paulo: "Quem és tu, ó homem, para discutires com Deus?" (Rm 9.20). Nas palavras de Calvino: "O apóstolo não procurou meios de escapar, como se estivesse embaraçado em seu argumento; ele mostrou que a razão da justiça divina é mais elevada do que o padrão do homem pode avaliar ou do que a sua frágil inteligência pode compreender".[27]

Além disso, quando consideramos a salvação dos eleitos, a justiça é simplesmente a categoria errada. A justiça oferece somente condenação, visto que "todos pecaram e carecem da glória de Deus" (Rm 3.23). Deus não olhou para uma humanidade neutra e decidiu fazer alguns crerem e

---

[24] Ibid., 3.23.2.
[25] Ibid., 3.23.3.
[26] Ibid., 3.23.4.
[27] Ibid.

outros rejeitarem. Pelo contrário, Ele olhou para uma humanidade já culpada em pecado e incredulidade. Calvino escreveu: "Se todos provêm de uma fonte corrupta, não admira-nos que estejam sujeitos à condenação!"[28] Essa é a razão por que a eleição se deu "em Cristo" — está unida à intenção de Deus de enviar seu Filho a fim de morrer pelos pecados dos eleitos. Visando o louvor de sua justiça, Deus tolera alguns pecadores rebeldes, permitindo-lhes continuar no caminho que eles mesmos escolherem e conduz ao inferno. Ele salva outros tendo em vista a glória de sua misericórdia, pois, como Paulo disse em Romanos 9.16, "assim, pois, não depende de quem quer ou de quem corre, mas de usar Deus a sua misericórdia". Àqueles que se opõem a isso, Calvino disse: "Eles agem para com Deus como se a misericórdia Lhe fosse proibida ou como se, quando desejasse mostrá-la, estivesse obrigado a renunciar completamente o seu julgamento".[29]

Por último, alguns objetam que a predestinação torna sem sentido as admoestações bíblicas. Calvino considerava isso uma distorção "maliciosa" e "vergonhosa" das doutrinas da Bíblia.[30] Ele apelou primeiramente ao exemplo de Paulo: "Que franco e ousado pregador da eleição gratuita foi Paulo! Ele era insensível em sua admoestação e exortação? Que esses bons zelotes comparem seu fervor com isto: o fervor deles será como gelo, quando comparado com o de Paulo".[31] O mesmo pode ser dito a respeito de Cristo:

> Cristo nos ordena crer nele. Mas, quando ele disse: "Ninguém poderá vir a mim, se, pelo Pai, não lhe for concedido" (Jo 6.65), a sua afirmação não é contrária nem falsa em relação à sua ordem. Que a pregação tenha o seu próprio curso, para que leve homens à fé e os mantenha em perseverança, com proveito contínuo. E o conhecimento da predestinação não deve ser ocultado, a fim de que os que obedecem ao evangelho não se gloriem de algo em si mesmos, mas gloriem-se em Deus.[32]

---

[28] Ibid., 3.23.3.
[29] Ibid., 3.23.11.
[30] Ibid., 3.23.13.
[31] Ibid.
[32] Ibid.

Crer que tudo depende da predestinação de Deus não nos levará à indolência e a promover o pecado? Calvino admitiu: "Há muitos porcos que poluem a doutrina da predestinação com suas blasfêmias detestáveis e, por meio desse pretexto, esquivam-se de todas as admoestações e repreensões".[33] Uma consideração apropriada da eleição nos mostrará que somos escolhidos para sermos santos (cf. Ef 1.4). Portanto, "se a eleição tem como alvo a santidade de vida, deve despertar-nos e estimular-nos a fixar zelosamente a nossa mente na santidade, e não usarmos isso como pretexto para não fazermos nada. Que grande diferença há entre estas duas coisas: parar de fazer o bem porque a eleição é suficiente para a salvação e dedicar-nos à busca do bem como o alvo apropriado da eleição!"[34]

VANTAGENS DA PREDESTINAÇÃO

Às vezes, presume-se que a predestinação promove o orgulho em seus adeptos. Mas, de acordo com Calvino, um das principais virtudes desta doutrina é o seu efeito humilhante no coração dos crentes. No Antigo Testamento, Israel foi informado dos efeitos da predestinação visando primariamente a este propósito: "A fim de esmagar mais eficazmente todo orgulho, Deus os repreende como pessoas que não mereciam tais coisas, visto que eram um povo obstinado, de dura cerviz (Ex 32.0; cf. Dt 9.6)".[35] A verdadeira fonte de humildade piedosa é a gratidão pela graça gratuita e imerecida, insistiu Calvino, "pois nada será mais suficiente para tornar-nos tão humildes como deveríamos ser, nem poderá semelhantemente fazer-nos sentir, com sinceridade, quanto somos obrigados a Deus".[36]

A doutrina da predestinação é tão humilhante porque não atribui a salvação a qualquer mérito do cristão, e aceita completamente o ensino bíblico de nossa depravação total. Ela nos diz que, se a salvação não fosse totalmente de Deus, ninguém poderia ser salvo, visto que o pecado da

---

[33] Ibid., 3.23.12.
[34] Ibid.
[35] Ibid., 3.21.5.
[36] Ibid., 3.21.1.

humanidade e a inimizade para com as coisas de Deus são imensos. Conforme Calvino pregou em um sermão sobre 1 Timóteo 2.3-5: "Assim, vemos quão proveitosa é para nós esta doutrina da eleição: serve para humilhar-nos, fazendo-nos reconhecer que nossa salvação não depende de nossos méritos, nem de qualquer virtude que Deus poderia achar em nós, mas da eleição que foi estabelecida antes que fôssemos nascidos, antes que pudéssemos fazer o bem ou o mal".[37]

Calvino também entendeu a doutrina da predestinação como que possuindo grande valor pastoral, especialmente em fundamentar de maneira correta nossa segurança de salvação. Mas ele advertiu contra a tentativa vã e perigosa de fundamentar nossa segurança no conhecimento imediato do decreto de Deus. Não devemos tentar, escreveu Calvino, "adentrar os recessos íntimos da sabedoria divina... a fim de descobrirmos que decisão foi tomada a respeito de nós mesmos no trono de julgamento de Deus".[38] Nenhuma criatura tem acesso direto ao eterno conselho de Deus, pois buscar segurança por meio do conhecimento da eleição é ser lançado contra as rochas, como um marinheiro náufrago.

Então, como a doutrina da eleição contribui para a segurança de salvação? Calvino pregou: "Como sabemos que Deus nos elegeu antes da criação do mundo? Por crermos em Jesus Cristo... Todo aquele que crê é, por meio do crer, assegurado de que Deus agiu nele, e a fé é, por assim dizer, a fotocópia que Deus nos deu do original de nossa adoção. Deus tem o seu eterno conselho, e sempre reserva para Si mesmo o registro principal e o original do qual nos dá uma cópia por meio da fé".[39] A eleição é sempre "em Cristo" (Ef 1.4), logo, a marca distintiva dos eleitos é a sua união com Cristo, pela fé. "Portanto", Calvino explicou, "se desejamos saber se Deus se interessa por nossa salvação, perguntemos se Ele nos confiou a Cristo, que Ele estabeleceu como o único Salvador de seu povo".[40]

---

[37] John Calvin, *The mystery of godliness and other sermons*, 103.
[38] John Calvin, *Institutes of Christian Religion*, 3.24.4.
[39] John Calvin, *Sermons on the Epistle to the Ephesians* (Edinburgh: Banner of Truth Trust, 1973), 47.
[40] John Calvin, *Institutes of Christian Religion*, 3.24.6.

Firmados nessa verdade, os verdadeiros crentes podem e devem olhar para o futuro sem ansiedade, sabendo que sua fé em Cristo dá testemunho de sua eleição eterna. Mas isso não estimula o abuso presunçoso de nossos privilégios, visto que, se não seguimos a Cristo, as nossas bases de confiança desaparecem. Mais importante ainda é que os cristãos podem buscar a perseverança da fé não em si mesmos, mas sim na promessa de Cristo: "A vontade de quem me enviou é esta: que nenhum eu perca de todos os que me deu; pelo contrário, eu o ressuscitarei no último dia" (Jo 6.39). De modo semelhante, quanto à nossa perseverança na fé, descansamos na determinação da vontade soberana de Deus, visto que, conforme Paulo escreveu: "Estou plenamente certo de que aquele que começou boa obra em vós há de completá-la até ao Dia de Cristo Jesus" (Fp 1.6).

Quantos cristãos tropeçam por fraqueza, sobrecarregados de dúvidas que seriam removidas se tão-somente soubessem que a sua eleição descansa não em si mesmos, e sim em Deus? A doutrina da eleição nos diz que foi Deus quem nos buscou e não fomos nós que O buscamos; que Deus nos chamou a Si mesmo, no tempo, porque nos escolheu desde a eternidade. Não buscando mais confiança em uma decisão que fizemos ou em nossas frágeis resoluções para o futuro, colocamos em Deus a nossa confiança, como Paulo insistiu: "O Senhor conhece os que lhe pertencem" (2Tm 2.19a). Atente à sensibilidade pastoral de Calvino quando ele pregou sobre esse tema:

> Somos pássaros sobre as árvores, expostos como presas para Satanás. Que segurança, então, podemos ter para amanhã e toda a nossa vida; sim, e para depois da morte, se não a segurança de que Deus, que nos chamou, completará a obra que Ele mesmo começou? Como foi que Ele nos uniu na fé de seu evangelho? Fundamentado em nós? Não, foi totalmente o contrário; procedeu de sua eleição soberana. Portanto, podemos ser muito mais livres da dúvida.[41]

---

[41] John Calvin, *The mystery of godliness and other sermons*, 103-104.

UMA DOUTRINA QUE GLORIFICA A DEUS

É evidente que Calvino julgava que a doutrina da predestinação tem grande valor em humilhar os cristãos, enquanto lhes dá um alicerce firme para a segurança da salvação. Contudo, quem lê os escritos de Calvino sobre este assunto compreende de imediato que ele percebia que a maior virtude da predestinação estava em outro aspecto. O principal benefício dessa doutrina está em atribuir todo o louvor e a glória da salvação a quem eles pertencem: somente a Deus. Calvino citou o seu estimado Agostinho, ao afirmar a principal razão por que a predestinação tinha de ser pregada: "A fim de que aquele que tem ouvidos para ouvir a graça de Deus se glorie não em si mesmo, e sim em Deus".[42] Essa foi precisamente a nota com que o apóstolo concluiu a longa seção de Romanos que lidava com o decreto soberano de Deus: "Porque dele, e por meio dele, e para ele são todas as coisas. A ele, pois, a glória eternamente. Amém!" (Rm 11.36).

Deus propôs a salvação, planejou-a, escolheu-nos e, agora, em Cristo nos salvou. Todas as bênçãos espirituais e uma eternidade na glória nos são dadas por causa da maravilhosa graça soberana de Deus. Como James Montgomery Boyce, notável pregador calvinista, expressou em um hino:

Visto que a graça é a fonte da vida que tenho —
E a fé é um dom que do alto provém —
No Salvador me gloriarei, todo o mérito abandonarei
E, até eu morrer, a Deus glorificarei.[43]

Calvino asseverou: "A bondade de Deus nunca será plenamente conhecida enquanto esta eleição não nos for exposta; e aprendemos que somos chamados neste tempo porque agradou a Deus estender-nos sua misericórdia antes de havermos nascido". Por isso, Calvino insistiu, em palavras apropriadas tanto em seu próprio século XVI como no século XXI: "Esta doutrina tem de ser explicada mais amplamente".[44]

---

[42] John Calvin, *Institutes of Christian Religion*, 3.23.13.

[43] James Montgomery Boice, *Hymns for a modern reformation* (Philadelphia: Tenth Presbyterian Church, 2000), 25.

[44] John Calvin, *The mystery of godliness and other sermons*, 34-35.

Capítulo 13

REDENÇÃO DEFINIDA

THOMAS K. ASCOL

> *De fato, a glória de Deus resplandece em todas as criaturas, tanto nas superiores como nas inferiores. Contudo, em nenhum outro lugar essa glória resplandeceu mais intensamente do que na cruz, na qual houve uma admirável mudança de coisas — a condenação de todos os homens foi manifestada, o pecado foi apagado, a salvação, restaurada ao homem; em resumo, todo o mundo foi renovado, e todas as coisas, restauradas à boa ordem.*[1]
>
> —João Calvino

A crucificação de Jesus Cristo é o eixo em torno do qual gira a revelação bíblica. Juntamente com a ressurreição de Cristo, a crucificação é o ápice da história de redenção. Todas as coisas anteriores previam-na e foram planejadas por Deus para estabelecê-la e fazê-la acontecer da maneira certa, no tempo certo. Todas as coisas ocorridas depois da morte de Jesus derivam da cruz o seu significado e importância.

Apesar de sua centralidade, a cruz permanece como uma "pedra de tropeço" e uma "tolice" para muitos que ouvem a sua mensagem, mas isso acontece porque tais pessoas não entendem a necessidade e a natureza da cruz. Por contraste, o apóstolo Paulo ensina que, para os chamados, Cristo crucificado é "poder de Deus e sabedoria de Deus" (1Co 1.23-24).

---

[1] John Calvin, *Commentary on the gospel of John*. Trad. William Pringle (London: Calvin Translation Society, 1847; Grand Rapids: Baker, 1981), 2:73.

JOÃO CALVINO

João Calvino apreciava profundamente a centralidade da obra de Cristo. Ele disse: "Nossa salvação consiste da doutrina da cruz".[2] As percepções de Calvino nos ajudam a apreciar por que Jesus teve de morrer e o que Ele realizou.

A NECESSIDADE DA EXPIAÇÃO

O que torna a expiação do pecado necessária? Calvino foi cuidadoso em definir cada aspecto da salvação no decreto de Deus, a fim de reconhecermos que tudo que recebemos é fruto da misericórdia e graça de Deus. Assim, ele rejeitou a idéia de que a encarnação e a obra de expiação consumada por Cristo foram compelidas por qualquer tipo de "necessidade absoluta".[3] Em um sermão sobre a morte de Cristo, Calvino declarou: "Deus era capaz de resgatar-nos das insondáveis profundezas da morte servindo-se de outro meio, mas Ele quis manifestar os tesouros de sua bondade infinita quando não poupou seu único Filho".[4]

Reconhecendo a graciosa determinação divina de salvar pecadores, Calvino estabeleceu o fundamento de nossa necessidade de expiação em suas *Institutas da Religião Cristã*, antes mesmo de referir-se formalmente à obra redentora de Cristo. De fato, a razão por que a expiação é necessária está apresentada na famosa linha inicial daquela obra: "Quase toda a sabedoria que possuímos, ou seja, a sabedoria verdadeira e correta, consiste de duas partes: o conhecimento de Deus e de nós mesmos".[5] Um conhecimento superficial de Deus e um ponto de vista superficial sobre a natureza humana impedem as pessoas de considerarem a cruz como a sabedoria salvadora de Deus.

Onde a auto-revelação de Deus é silenciada e o testemunho bíblico a respeito do pecado e depravação humana é rejeitado, a obra expia-

---

[2] John Calvin, *Commentary on a Harmony of the Evangelists, Matthew, Mark, and Luke* (Edinburgh: Calvin Translation Society, 1847; Grand Rapids: Baker, 1981), 3:274-275.

[3] John Calvin, *Institutes of Christian Religion*. Ed. John T. McNeill; trad. Ford Lewis Battles. Library of Christian Classics, XX-XXI (Philadelphia: Westminster John Knox, 1960), 2.12.1.

[4] Citado em Timothy George, *Theology of the reformers* (Nashville: Broadman, 1988), 221.

[5] John Calvin, *Institutes of Christian Religion*, 1.1.1.

tória de Jesus perde sua *raison d'etre*⁶. A crítica perspicaz de N. Richard Niebuhr quanto ao liberalismo mostra a conexão íntima; ele escreveu que, no ponto de vista liberal, "um Deus sem ira trouxe um homem sem pecado a um reino sem julgamento, por meio das ministrações de um Cristo sem cruz".⁷

Podemos assimilar a necessidade da cruz tão-somente quando entendemos que o pecado das criaturas provocou a ira do Criador santo. Essas duas idéias bíblicas, a depravação humana e a ira divina, são fundamentais ao entendimento da necessidade e da natureza da expiação que foi realizada pelo sofrimento e morte de Jesus, na cruz.

É difícil achar uma descrição evangélica da expiação que não ressalte o amor de Deus em prover a expiação. Essa ênfase é justificada à luz do ensino do Novo Testamento (Jo 3.16; Rm 5.8; 1Jo 4.10). Entretanto, a gloriosa realidade do amor de Deus em mandar seu Filho para expiar o pecado jamais deve ser interpretada de um modo que negue qualquer outro de seus atributos, especialmente quando a obra de Jesus na cruz está sendo considerada.

A ira de Deus é um aspecto de sua natureza freqüentemente ignorado quando a obra expiatória de Cristo é considerada. Alguns têm dificuldade com o conceito, crendo que ele entra em conflito com o amor de Deus. Todavia, a ira divina é ensinada com clareza tanto no Antigo como no Novo Testamento. Mais de vinte palavras hebraicas diferentes são usadas quase seiscentas vezes, no Antigo Testamento, para descrever a ira de Deus.⁸ Qualquer incapacidade de conciliar o amor e a ira de Deus procede de noções anti-bíblicas quanto à moralidade. Como observou Leon Morris: "Aborrecer o mal e amar o bem é uma parte indispensável do caráter moral. Deus se opõe ativa e fortemente a todas as formas de mal. E os escritores bíblicos expressam esse ponto de vista, pelo menos em parte, ao falarem sobre a ira de Deus".⁹

---

⁶ "razão de ser", N. do E.

⁷ H. Richard Niebuhr, *The kingdom of God in America* (New York: Harper and Row, 1959), 193.

⁸ Leon Morris, *The atonement, its meaning and signficance* (Downers Grove, Ill.: InterVarsity Press, 1983), 153, 156.

⁹ Leon Morris, "Wrath of God" in: Sinclair B. Ferguson e David Wright F. (eds), *New*

A ira de Deus não deve ser reduzida à mera retribuição natural que ocorre em um mundo moral, como se fosse um tipo de efeito impessoal que acompanha imediatamente certas causas.[10] Antes, a ira de Deus é dirigida de maneira pessoal e proposital contra o pecado humano. As Escrituras descrevem a Deus como um "Deus que sente indignação todos os dias" (Sl 7.11), como que ameaçando derramar e cumprir sua ira contra as pessoas por conta de suas "abominações" (Ez 7.8), "ardendo" em ira e tendo os lábios "cheios de indignação" (Is 30.27) e planejando o dia da ira, quando o julgamento justo será revelado (Rm 2.5).

A ira de Deus não é um capricho, é apenas "a reação dEle ao pecado".[11] Isso significa que há uma coerência previsível a respeito do que provoca a ira de Deus. Quando a sua lei é transgredida, a sua reação é ira. Freqüentemente, a ira de Deus não é expressa de imediato como no caso de Nadabe e Abiú (Lv 10.1-30), Uzias (1Cr 13.5-11), Ananias e Safira (At 5.1-11). Essas demonstrações terríveis ilustram a reação de Deus ao pecado, mas, felizmente, não são indicativos da maneira como a sua reação é sempre ou comumente executada. É pelo fato de que Deus não reage ao pecado sempre desta maneira que muitos são céticos quanto à idéia da ira divina. Entretanto, em Romanos 2.1-11 Paulo advertiu que aqueles que praticam a impiedade estão acumulando contra si mesmos "ira para o dia da ira e da revelação do justo juízo de Deus".

Calvino explicou que, embora Deus não castigue imediatamente toda ocorrência de pecado, Ele "não pode suportar o mal ou o erro" e "defenderá sua própria glória". No tempo certo, Deus realizará seu juízo contra o pecado. Calvino escreveu:

> Deus não deve ser julgado precipitadamente por causa de sua demora, quando não executa logo os seus juízos, pois Ele espera pelo

---

Dictionary of Theology (Downers Grove, Ill.: InterVarsity Press, 1988), 732.

[10] No século XX, C. H. Dodd foi o mais proeminente opositor desse ponto de vista, argumentando que a ira de Deus deveria ser considerada impessoal. Quanto a uma ampla refutação dessa opinião, ver Leon Morris, *Apostolic Preaching of the Cross*. 3rd ed. (Grand Rapids: Eerdmans, 1965), 145-213. Ver também Roger Nicole, "C. H. Dodd and the doctrine of propitiation" in *Standing Forth* (Ross-shire, U.K.: Christian Focus, 2002), 343-385.

[11] John Frame, *The doctrine of God* (Phillipsburg, N.J.: P&R, 2002), 464.

> tempo oportuno. Mas, enquanto isso, não há razão por que devemos pensar que Ele esquece seu ofício, quando suspende o castigo ou poupa, durante algum tempo, o ímpio. Portanto, quando Deus não se apressa tão rapidamente, não há motivo para pensarmos que Ele é indiferente, porque demora em sua ira ou restringe-a, como já dissemos; pois reter a ira, ser Senhor da ira e possuí-la é a mesma coisa.[12]

A reação de Deus para com todos os pecadores é ira e oposição. Sua ira é provocada e acumulada contra todo pecado.

A distinção que o catolicismo romano faz entre pecado venial e pecado mortal não tem fundamento. Enquanto os protestantes rejeitam corretamente esse tipo de distinção na teologia, essa distinção católica nos informa, de modo sutil, muito do que eles pensam sobre pecado e julgamento. Muitos vivem sob a falsa impressão de que a ira de Deus é genérica ou de que o inferno, em particular, existe apenas para os culpados dos "pecados maiores", como Adolf Hitler ou Saddam Hussein. Os que cometem pecados menores são tentados a esperar que o caso deles seja diferente. Essa é a razão por que o título do famoso sermão de Jonathan Edwards — "Pecadores nas mãos de um Deus irado" — suscita escárnio, com freqüência. Presume-se que, embora seja concebível que alguns pecadores talvez estejam naquele lugar terrível, isso certamente não se aplica a todos.

Calvino respondeu que "todo pecado é um pecado mortal!"[13] Ao dizer isso, ele estava apenas ecoando o profeta Ezequiel, que ensinou: "A alma que pecar, essa morrerá" (Ez 18.4, 20), e o apóstolo Paulo, que escreveu: "O salário do pecado é a morte" (Rm 6.23). Calvino exortou os cristãos a reconhecerem este ensino bíblico vital e fundamental: "Que os filhos de Deus asseverem que o pecado é mortal. Porque é rebelião

---

[12] John Calvin, *Commentaries on the Twelve Minor Prophets*. Trad. John Owen (Edinburgh: Calvin Translation Society, 1845; Grand Rapids: Baker, 1981), 2:421.

[13] John Calvin, *Institutes of Christian Religion*, 2.8.59. Em seu comentário sobre Habacuque 1.13 (Commentaries on the Twelve Minor Prophets, 4:45), Calvino parafraseou a queixa do profeta, dizendo: "Não é coerente com tua natureza ignorar os pecados dos homens, pois toda iniqüidade é abominável para ti".

contra a vontade de Deus, uma rebelião que, por necessidade, provoca a ira divina; é uma transgressão da lei, uma transgressão sobre a qual o juízo de Deus é pronunciado, sem exceção".[14]

Isso é verdade até para aqueles que Deus escolheu, antes da fundação do mundo, para receberem a salvação (Ef 1.4). Embora eles sejam objetos do amor eterno e divino, estão sujeitos à ira de Deus por causa de seu pecado. Paulo recordou esse fato aos cristãos de Éfeso, quando escreveu que antes os cristãos eram, "por natureza, filhos da ira, como também os demais" (Ef 2.3). Isso significa que, antes de sua conversão, os eleitos são profundamente amados por Deus e estão, ao mesmo tempo, em inimizade para com Ele. Calvino explicou a questão citando Agostinho, depois de apresentar como prova Romanos 5.8:

> Portanto, [Deus] nos amou mesmo quando vivíamos em inimizade para com Ele e praticávamos a iniqüidade. Assim, de maneira maravilhosa e divina, Ele nos amava mesmo quando nos odiava. Deus nos odiava porque éramos o que Ele não havia feito; mas, visto que nossa impiedade não tinha consumido totalmente a obra que Ele mesmo fizera, Deus sabia como, ao mesmo tempo, odiar em cada um de nós o que tínhamos praticado e amar o que Ele havia feito.[15]

Essa contradição ou "dualidade" aparente na atitude de Deus para com pecadores é vista em diversas partes da Escritura e mais vividamente no livro de Oséias. No capítulo 11 deste livro, Deus fala veementemente a respeito da ira que Israel merecia com justiça e do amor que tinha por ele, o amor que não Lhe permitia "deixar" ou "entregar" Israel (vv. 8, 9). Como John Stott observou, "jamais devemos pensar que essa dualidade no ser divino seja irreconciliável". Embora achemos "difícil conter em nossa mente, simultaneamente, as imagens de Deus como o Juiz que deve punir os malfeitores e como o Pai de amor que deve encontrar um meio de perdoá-los... ele é ambos, ao mesmo tempo".[16]

---

[14] Ibid.
[15] Ibid., 2.16.4.
[16] John Stott, *A cruz de Cristo* (São Paulo: Editora Vida, 1994), 118. Stott aborda este assunto, de

REDENÇÃO DEFINIDA

É por causa dessa dualidade que a expiação tinha de ser garantida da maneira como o foi, por meio da morte de Jesus Cristo. Para que o amor de Deus se cumprisse na salvação de pecadores, Alguém tinha de sofrer em favor deles. O amor santo de Deus não pode ser nem comprometido nem frustrado. Tem de ser satisfeito pela morte expiatória dAquele que representa os que são amados. Isso foi exatamente o que aconteceu na crucificação de Jesus.

A NATUREZA DA EXPIAÇÃO

O Novo Testamento fala sobre a obra expiatória de Jesus em termos objetivos e definidos. Quando consideramos a realização da expiação, obtemos um entendimento mais claro de sua natureza.

Três palavras do Novo Testamento são particularmente importantes em explicar o que aconteceu na cruz: *redenção, propiciação* e *reconciliação*.

• *Redenção*. Calvino reconheceu todo o curso da vida de Jesus como co-participante na obra de redenção. Ele escreveu: "Desde o tempo em que Ele assumiu a forma de servo, Ele começou a pagar o preço de libertação para redimir-nos".[17] Isso estava em harmonia com a consideração de Paulo sobre toda a vida de Jesus — incluindo sua morte — como "a obediência de um só", por meio da qual "muitos se tornarão justos" (Rm 5.19). Contudo, as Escrituras falam de modo mais preciso ao definir a salvação, atribuindo a redenção como "própria e peculiar à morte de Cristo".[18]

No século I, a palavra *redenção* (no grego, *lutron*) não tinha a conotação religiosa que tem hoje. Era usada primariamente para descrever a libertação ocorrida por meio de um pagamento.[19] Isso se aplicava aos prisioneiros de guerra que eram resgatados do cativeiro, bem como aos escravos que recebiam liberdade mediante o pagamento de um valor

---

modo proveito, nas páginas 116-119.
[17] John Calvin, *Institutes of Christian Religion*, 2.16.5.
[18] Ibid.
[19] Em sua obra *Apostolic Preaching of the Cross* (p. 11-64), Morris escreveu um excelente estudo sobre os vocábulos da família *lutron*, abordando tanto seu uso bíblico como secular.

estabelecido. Essa mesma idéia se encontrava no Antigo Testamento, nas leis que governavam o resgate dos filhos e animais primogênitos machos (Êx 13.12-13; Nm 3.40-49). A liberdade deles poderia ser assegurada pelo pagamento de um valor.

No Novo Testamento, o conceito de redenção se acha primariamente nos escritos de Paulo. Ele associou esse conceito à morte de Cristo, em quem, Paulo escreveu, "temos a redenção, pelo seu sangue, a remissão dos pecados" (Ef 1.7; cl 1.14; cf. Gl 3.13). A obra de Jesus na cruz ("seu sangue") é o meio pelo qual nossa redenção foi realizada.

Isso se harmoniza perfeitamente com o ensino de Jesus de que Ele veio para "dar a sua vida em resgate por muitos" (Mc 10.45). A liberdade que foi obtida pelo pagamento é a redenção. O pagamento é o resgate; e Jesus disse que dar a sua vida (na cruz) era o pagamento que resultaria em libertação de muitos.

Portanto, a morte de Jesus foi redentora. Garantiu a libertação de pecadores, ao prover o pagamento necessário para a libertação deles. Como disse Calvino, Cristo "se fez um resgate" e, assim, proveu a redenção.[20]

• *Propiciação*. Há somente quatro passagens do Novo Testamento que usam a palavra *propiciação* em conexão específica com a obra expiatória de Jesus, na cruz (Rm 3.25; Hb 2.17; 1Jo 2.2; 4.10). Mas o conceito de propiciação é universal.[21] É uma idéia relacionada à pessoa (alguém precisa ser propiciado) e significa mais do que a noção impessoal de expiação, que significa retirar ou remover algo (como o pecado e a culpa). Propiciar alguém é "apaziguar ou pacificar a sua ira".[22]

A propiciação pressupõe necessariamente ira que precisa ser aplacada. Quando a morte de Cristo é descrita em termos propiciatórios, o que está em foco é a ira santa de Deus contra o pecado. Jesus propiciou a Deus por assumir o lugar dos pecadores e suportar a ira divina que, com justiça, deveria ser lançada sobre eles. Calvino explicou como isso aconteceu na cruz:

---

[20] João Calvino, *1 Coríntios* (S. B. do Campo, SP: Edições Parakletos, 2003), 72. Ver também: Robert Peterson, *Calvin and the Atonement* (Ross-shire, U.K.: Christian Focus, 1999), 91-99.

[21] Leon Morris, *Apostolic preaching of the cross*, 144.

[22] John Stott, *A cruz de Cristo*, 151. Nas páginas 151-156, Stott apresenta um resumo do debate a respeito do significado do grupo de vocábulos da família hilaskomai.

REDENÇÃO DEFINIDA

Ele assumiu o nosso lugar, tornando-se assim um pecador, sujeito à maldição, não em Si mesmo, mas em nós, de tal maneira que Lhe era indispensável ocupar o nosso lugar. Cristo não podia deixar de ser objeto do amor de Deus, mas, apesar disso, suportou a sua ira. Pois, como poderia Ele reconciliar conosco o Pai, se o Pai fosse um de seus inimigos e O odiasse?... Novamente, como poderia Ele nos ter livrado da ira de Deus, se não a houvesse transferido de nós para Si mesmo? Portanto, Ele foi "traspassado pelas nossas transgressões" (Is 53.5) e lidou com Deus como um Juiz irado. Esta é a loucura da cruz (1Co 1.18) e a admiração dos anjos (1Pe 1.12), que não somente excede, mas também aniquila toda a sabedoria do mundo.[23]

Esse entendimento da expiação é repulsivo a muitas das sensibilidades modernas. Steve Chalke acusou de modo aviltante a morte propiciatória e vicária de Jesus chamando-a de "abuso infantil cósmico".[24] Sem esgotar o significado dos textos bíblicos que falam sobre a cruz como redenção e expiação, a acusação de Chalke revela uma avaliação superficial da malignidade do pecado homem e da ira de Deus contra o pecado. O pecado nos tornou objetos da ira de Deus. Calvino escreveu: "Cristo foi o preço de nosso 'castigo', ou seja, o castigo que devíamos receber. Assim, a ira de Deus, que fora com justiça inflamada contra nós, foi aplacada".[25]

• *Reconciliação*. Visto que a cruz é a obra de redenção e de propiciação, ela realiza a reconciliação entre Deus e os pecadores. Por causa do pecado, a amizade original entre Deus e o homem, estabelecida na criação, foi transformada em inimizade. Deus nos considera pecadores e seus inimigos. Para que a reconciliação aconteça, a causa da inimizade tinha de ser anulada — o pecado tinha de ser removido.

Cristo fez exatamente isso por meio de sua morte. Paulo escreveu: "Quando inimigos, fomos reconciliados com Deus mediante a morte do

---

[23] João Calvino, *Gálatas, Efésios, Filipenses e Colossenses* (São José dos Campos, SP: Editora Fiel, 2010), 102.

[24] Steve Chalke e Alan Mann, *The Lost Message of Jesus* (Grand Rapids: Zondervan, 2003), 182-183.

[25] John Calvin, *Commentary on the Prophet Isaiah*. Trad. William Pringle (London: Calvin Translation Society, 1850; Grand Rapids: Baker, 1981), 4:116.

seu Filho" (Rm 5.10). O que Jesus fez na cruz removeu a causa do rompimento das relações entre Deus e os pecadores. A morte de Jesus expiou os nossos pecados.

Os comentários de Calvino sobre a proclamação de João Batista, ao ver Jesus pela primeira vez, ressaltam esta verdade. Calvino escreveu:

> O principal ofício de Cristo é afirmado em termos breves, porém claros; Ele tira o pecado do mundo por meio do sacrifício de sua morte e reconcilia os homens com Deus. Na verdade, há outros favores que Cristo nos outorga, mas este é o principal favor, e o resto depende dele: por aplacar a ira de Deus, Cristo faz com que sejamos considerados justos e santos. Desta fonte, fluem todos os rios de bênçãos: por não imputar nossos pecados, Ele nos recebe em seu favor. De acordo com isso, João, a fim de levar-nos a Cristo, começa com o perdão gratuito dos pecados, o perdão que obtemos por meio dEle.[26]

Na antiga aliança, a expiação dos pecados era retratada por meio de sacrifícios de animais. Toda a cerimônia em torno das ofertas sacrificiais tinha o propósito de apontar para a obra de Cristo na cruz. Calvino detalhou:

> O sacrifício era oferecido de tal modo a expiar o pecado por suportar sua punição e maldição. Isso era expresso pelos sacerdotes mediante a imposição das mãos, como se eles lançassem sobre a vítima os pecados de toda a nação (Êxodo 29.15). E, se um indivíduo, em particular, oferecia um sacrifício, ele também impunha as mãos na vítima, como se lançasse sobre esta o seu próprio pecado. Nossos pecados foram lançados sobre Cristo de tal modo que Ele sozinho suportou a maldição... [Isto descreve] o benefício da morte de Cristo: por meio de seu sacrifício, os pecados foram expiados, e Deus foi reconciliado com os homens.[27]

---

[26] John Calvin, *Commentary on the Gospel of John*, 1:63.

[27] John Calvin, *Commentary on the Prophet Isaiah*, 4:124-125. Calvino explica o seu argumento: "Disso concluímos que não existe expiação e propiciação do pecado em nenhum outro, senão em Cristo. A fim de entendermos melhor isso, temos de, primeiramente, saber que somos

REDENÇÃO DEFINIDA

Sem o ponto de partida correto, é impossível chegarmos a uma conclusão acertada a respeito do que Jesus realizou por meio de sua morte na cruz. O amor santo de Deus que se expressa em ira contra tudo que é ímpio (tanto pecado como pecadores), juntamente com a pecaminosidade universal da humanidade, nos garante que não pode haver salvação sem expiação. Deus tem de ser aplacado, o pecado tem de ser removido, e a paz tem de ser restabelecida no relacionamento entre Deus e o homem. Jesus garantiu tudo isso por meio de sua morte sacrificial. Aqueles que, pela fé, confiam-se a Ele, recebem todos esses benefícios de sua obra na cruz.

É na cruz que descobrimos a profundidade da ira de Deus contra nós e de seu amor por nós. Por causa de nossos pecados, Ele se mostra hostil para conosco. Por causa de sua graça, Ele nos ama. Merecemos a ira de Deus. O seu amor nos alcança gratuitamente. Ao entregar o seu Filho, Deus satisfez tanto a sua ira como o seu amor. Isso levou Calvino a descrever a cruz de Cristo como "um teatro magnífico" para a glória de Deus.

> [Nela] a inestimável bondade de Deus é exibida perante o mundo. De fato, a glória de Deus resplandece em todas as criaturas, tanto nas superiores como nas inferiores. Contudo, em nenhum outro lugar essa glória resplandeceu mais intensamente do que na cruz, na qual houve uma admirável mudança de coisas — a condenação de todos os homens foi manifestada, o pecado foi apagado, a salvação, restaurada ao homem; em resumo, todo o mundo foi renovado, e todas as coisas restauradas à boa ordem.[28]

---

culpados diante de Deus e, por isso, detestáveis e malditos em sua presença. Ora, se desejamos retornar ao estado de favor para com Deus, o pecado tem de ser removido. Isso não pode ser feito por sacrifícios inventados segundo a imaginação do homem. Conseqüentemente, temos de vir à morte de Cristo, pois, de nenhum outro modo podemos dar satisfação a Deus. Em resumo, Isaías ensina que os pecados não podem ser perdoados por qualquer outro meio, exceto por nos rendermos à morte de Cristo. Se alguém acha que essa linguagem é severa e desrespeitosa a Cristo, humilhe-se e, depois de análise íntima, considere quão terrível é o julgamento de Deus, que não podia ser pacificado senão por esse preço; e, assim, a graça inestimável que resplandece em tornar a Cristo maldito removerá facilmente todo motivo de escândalo" (Ibid., 4:125).

[28] John Calvin, *Commentary on the Gospel of John*, 2:73.

Capítulo 14

GRAÇA TRANSFORMADORA

KEITH A. MATHISON

Ter o coração mudado de pedra para carne; ter uma vontade nova, e, criados de novo, em coração e mente, desejar completamente o que deveríamos desejar — tudo isso é uma obra exclusiva da graça, bem como um benefício que ela nos outorga.[1]

—João Calvino

Em 1610, os seguidores de Jacob Arminius, pastor e professor holandês, redigiram um documento chamado "a Remonstrância".[2] O documento continha cinco afirmações negativas que rejeitavam doutrinas calvinistas específicas; as afirmações estavam acompanhadas de cinco artigos que afirmavam as doutrinas arminianas.[3] A doutrina da graça irresistível era um dentre os ensinos calvinistas dos quais a Remonstrância discordava.

Na quarta afirmação negativa, os arminianos rejeitaram o seguinte: "Que o Espírito Santo opera nos eleitos por meio de graça irresistível, para que *sejam* convertidos e salvos; embora a graça necessária e suficiente para a conversão, fé e salvação seja retida dos demais, eles são chamados externamente e convidados pela vontade revelada de Deus".[4]

---

[1] John Calvin, *The Bondage and Libertation of the Will: A Defence of the Orthodox Doctrine of Human Choice Against Pighius*. Ed. A. N. S. Lane; trad. G. I. Davies. Texts and Studies in Reformation and Post-Reformation Thought (Grand Rapids: Baker, 1996), 174.

[2] Deste momento em diante, o grupo arminiano se tornou conhecido como os remonstrantes.

[3] Quanto a um texto completo da Remonstrância, ver Philip Schaff, *A History of the Creeds of Christendom* (London: Hodder and Stoughton, 1877), 517-519.

[4] Ibid. p., 517.

Por conseguinte, a declaração da doutrina arminiana foi apresentada no quarto artigo sobre a *Graça Resistível*: "A graça é o começo, a continuação e o fim da vida espiritual, de modo que o homem não pode pensar, nem fazer qualquer bem, nem resistir ao pecado, sem a graça preveniente, cooperadora e assistidora. Mas, no que diz respeito à cooperação, essa graça não é irresistível, pois muitos resistem ao Espírito Santo (Atos vii)".[5]

A publicação da Remonstrância resultou em um debate amplo entre os calvinistas e os arminianos na Holanda. Por fim, para resolver o debate, os Estados Gerais Holandeses convocaram uma assembléia eclesiástica, o Sínodo de Dort, que se reuniu de novembro de 1618 até maio de 1619. Além dos quase 70 delegados holandeses presentes, havia 26 delegados de oito nações estrangeiras, incluindo Inglaterra, Suíça e partes da Alemanha. O sínodo apresentou suas conclusões nos Cânones de Dort. Esse documento contém as "decisões do Sínodo de Dort sobre os cinco principais pontos de doutrina em disputa na Holanda".[6] Cada ponto principal, nos cânones, contém uma exposição positiva da doutrina calvinista seguida de uma rejeição do erro arminiano correspondente.

A defesa do Sínodo quanto à doutrina da graça irresistível está nos capítulos III/IV dos cânones. Depois de delinear os efeitos da Queda sobre a natureza humana e a incapacidade da luz da natureza ou da lei em converter o perdido, o sínodo declara que aquilo que a lei e a natureza não podem fazer, Deus o "realiza por meio do Espírito Santo" (Art. 6). Na eternidade, Deus escolheu seus filhos e, no tempo, Ele os chama de modo eficaz e lhes dá a fé (Art. 10). O Espírito Santo regenera sobrenaturalmente os eleitos de Deus, de maneira incompreensível (Arts. 11 a 13). Essa obra de regeneração é irresistível: "Todos aqueles em cujo coração Deus opera desta maneira maravilhosa são, segura, infalível e eficazmente, nascidos de novo e crêem" (Art. 12).

A Confissão de Fé de Westminster, terminada em 1646, afirma a mesma doutrina da graça irresistível (ou eficaz) defendida em Dort. A sua declaração sobre essa doutrina se acha no Capítulo 10, "Da Chamada Eficaz":

---

[5] Ibid. p., 518.

[6] *Ecumenical Creeds and Reformed Confessions* (Grand Rapids: CRC Publications, 1988), 123.

GRAÇA TRANSFORMADORA

I. A todos aqueles que Deus predestinou para a vida (e somente a esses) Ele se agrada, no tempo determinado e aceito por Ele mesmo, chamar eficazmente pela sua Palavra e seu Espírito, daquele estado de pecado e morte em que estão por natureza à graça e salvação por meio de Jesus Cristo. Ele faz isso iluminando espiritualmente o entendimento deles, a fim de compreenderem as coisas de Deus para a salvação, tirando-lhes o coração de pedra e dando-lhes coração de carne, renovando-lhes a vontade e determinando-as, por sua onipotência, para aquilo que é bom e atraindo-os eficazmente a Jesus Cristo, de modo que vêm mui espontaneamente, sendo dispostos pela graça de Deus.

II. Esta chamada eficaz provém tão-somente da graça especial e gratuita de Deus, e não de qualquer coisa prevista no homem. Na chamada, o homem é totalmente passivo, até que, vivificado e renovado pelo Espírito Santo, é capacitado a responder à chamada e receber a graça nela oferecida e comunicada.

III. As crianças que morrem na infância, sendo eleitas, são regeneradas e salvas por Cristo, mediante o Espírito, que opera quando, onde e como Lhe agrada. O mesmo acontece com todas as outras pessoas eleitas que são incapazes de ser chamadas exteriormente pelo ministério da Palavra.

IV. Os outros, os não-eleitos, embora sejam chamados pelo ministério da Palavra e possam ter algumas das operações comuns do Espírito, jamais chegam verdadeiramente a Cristo e, portanto, não podem ser alvos. Muito menos podem os homens que não professam a religião cristã ser salvos por qualquer outro meio, não importando quão diligentes sejam em conformar sua vida com a luz da natureza e a lei da religião que professam. Asseverar e manter que eles podem ser salvos por outro meio não tem fundamento na Palavra de Deus.

Esta doutrina se acha também no Catecismo Maior de Westminster, Pergunta 67.[7]

---

[7] Pergunta 67. O que é a chamada eficaz? Resposta: A chamada eficaz é a obra do poder e da graça onipotente de Deus, pela qual (com base em seu livre e especial amor para com os eleitos e sem haver neles nada que O leve a isto), Ele, no tempo aceitável, os convida e atrai

Vemos, portanto, que no século XVII a doutrina da graça irresistível era considerada um ponto estabelecido da ortodoxia reformada. Nisto, as igrejas reformadas estavam seguindo a João Calvino, que havia exposto o ensino das Escrituras.

Como já vimos, a doutrina da graça irresistível envolve vários temas doutrinários, incluindo a chamada eficaz e a regeneração. Calvino considerou esses temas em seus comentários bíblicos, em suas *Institutas da Religião Cristã* e em vários tratados, incluindo um tratado que aborda especificamente esses tópicos.[8] Calvino encontrou a doutrina da chamada eficaz em várias passagens bíblicas. Uma das referências mais claras é João 6. Comentando o versículo 44, Calvino explicou como Deus atrai a Si mesmo os pecadores.

> A afirmação equivale a isto: não devemos nos admirar de que muitos recusem aceitar o evangelho, porque nenhum homem será capaz, por si mesmo, de vir a Cristo, mas Deus tem de, primeiramente, alcançá-lo por meio de seu Espírito. Disso concluímos que nem todos são atraídos e que Deus outorga a sua graça àqueles que escolheu. É verdade que, em referência a esse atrair, ele não é violento, de modo a compelir o homem por força externa, mas é um impulso poderoso do Espírito Santo que torna dispostos os homens que antes eram indispostos e relutantes.[9]

Jesus disse: "Ninguém pode vir a mim se o Pai, que me enviou, não o trouxer" (Jo 6.44). Conforme Calvino explicou, esse versículo expressa com clareza a verdade de que Deus é soberano na salvação do homem. O homem não inicia o processo, pois não poderá vir a Cristo se Deus não

---

a Jesus Cristo, pela sua Palavra e seu Espírito, iluminando o entendimento deles de maneira salvadora, renovando e determinando poderosamente a vontade deles, a fim de que, embora sejam, em si mesmos, mortos no pecado, tornem-se, por meio desta obra, prontos e capazes de responder espontaneamente à chamada divina, aceitar e abraçar a graça nela oferecida e comunicada.

[8] Ver nas páginas seguintes a discussão da resposta de Calvino a Pighius.

[9] John Calvin, *Commentary on the Gospel According to John*. Trad. William Pringle (London: Calvin Translation Society, 1847; Grand Rapids: Baker, 2003), 1:257.

agir *primeiro*. Isso é assim porque o homem está morto no pecado, e um morto não pode, por si mesmo, fazer nada.

A abordagem mais extensa e sistemática de Calvino sobre a doutrina da graça irresistível se acha nas *Institutas*, em sua edição de 1559.[10] Nessa edição, Calvino explica que Deus tem de começar a boa obra de salvação em nós, porque nossa vontade é má e se opõe a Ele. A vontade do homem não pode se voltar para o bem por si mesma, mas tem de ser mudada por Deus. Conforme Calvino explica, essa mudança divina é eficaz: "Deus não move a vontade da maneira como tem sido ensinada e crida durante muito tempo — que está em nossa escolha o obedecer ou o resistir a operação —, e sim por torná-la eficazmente disposta."[11]

Visto que a salvação é uma obra de Deus, do começo ao fim, a perseverança depende dEle. É um dom gratuito de Deus, e não uma recompensa baseada no mérito humano.

Em 1542, o teólogo Albert Pighius, holandês e católico romano, escreveu uma obra intitulada *Ten Books on Human Free Choice and Divine Grace* [Dez Livros sobre a Livre Escolha Humana e a Graça Divina]. Pighius criticava o ensino de Calvino sobre o assunto do livre-arbítrio e a predestinação, conforme apresentado na edição de 1539 das *Institutas*. Em 1543, Calvino escreveu uma resposta a Pighius intitulada *The Bondage and Liberation of the Will* [A Escravidão e Libertação da Vontade]. Esse livro contém o mais amplo tratado de Calvino sobre a relação entre a graça de Deus e a vontade do homem. Nele, Calvino resumiu seu argumento contra Pighius com a seguinte afirmação:

> Mas tudo que dissemos equivale a isto. Primeiro, o que uma pessoa é, possui ou pode fazer é totalmente vazio e inútil à justiça espiritual que Deus exige, exceto aquela pessoa que é direcionada ao bem pela graça de Deus. Segundo, a vontade humana é, de si mesma, má e, por isso, necessita de transformação e renovação, para que possa começar a ser boa; mas essa graça, em si mesma,

---

[10] John Calvin, *Institutes of Christian Religion*. Ed. John T. McNeill; trad Ford Lewis Battles. Library of Christian Classics, XX-XXI (Philadelphia: Westminster John Knox, 1960), 2.3.6-11.
[11] Ibid., 2.3.10.

não é um mero instrumento que pode ajudar alguém, se ele se dispuser a estender as mãos para recebê-la. Ou seja, [Deus] não somente oferece a graça, deixando [ao homem] a escolha entre recebê-la e rejeitá-la; Ele vivifica a mente para que escolha o que certo. Ele move a vontade eficazmente para obedecer, desperta e estimula os esforços até que a consumação da obra seja atingida.[12]

De modo contrário a Pighius, Calvino afirmou que a graça é eficaz:

> [Nas Institutas] eu digo que a graça não é oferecida a nós de um modo que, depois, temos a opção de submeter-nos a ela ou resisti-la. Afirmo que ela não é dada meramente para assistir-nos em nossa fraqueza, por ampará-la, como se alguma coisa dependesse de nós, à parte da graça. No entanto, demonstro que ter o coração mudado de coração de pedra a coração de carne, ter uma vontade nova, e, criados de novo, em coração e mente, desejar completamente o que deveríamos desejar — tudo isso é uma obra exclusiva da graça, bem como um benefício que ela nos outorga. Pois o testemunho de Paulo é que Deus opera [em nós] não somente para sermos capazes de querer o que é bom, mas também para querermos a consumação do ato. Que grande diferença existe entre a realização e a vontade! De modo semelhante, afirmo que nossa vontade é transformada de modo eficaz para seguir necessariamente a direção do Espírito Santo; e não que ela é estimulada a ser capaz de fazer isso, se o quiser.[13]

Como vimos, Calvino ensinou claramente: para que o homem seja salvo, o Espírito Santo tem de agir de modo eficaz e irresistível para tirá-lo de um estado de morte espiritual e trazê-lo à vida espiritual.

Em seu ensino sobre a graça salvadora, Calvino seguiu apenas a doutrina apresentada nas Escrituras. A doutrina da graça eficaz é necessária por causa do estado do homem caído. O homem nasce morto em pecado

---

[12] John Calvin, *The Bondage and Liberation of the Will: A Defence of the Orthodox Doctrine of Human Choice Against Pighius*. 114.

[13] Ibid., 174.

(cf. Rm 5.12; Ef 2.1; Cl 2.13), possuindo mente e coração corrompidos (Gn 6.5; Jr 17.9; Rm 8.7-8; 1 Co 2.14). É escravo do pecado (Rm 6.20; Tt 3.3) e, por isso, incapaz de arrepender-se e achegar-se a Deus (Jr 13.23; Mt 7.18; Jo 6.44, 65). Por essa razão, o homem precisa nascer de novo (Jo 3.5-7). Aqueles que Deus elegeu, em favor dos quais Cristo morreu, são trazidos à vida por meio do Espírito Santo (Jo 1.12-13; 3.2-8; 5.21; Ef 2.1, 5; Tt 3.5). Deus lhes dá fé e arrependimento (At 5.31; 11.18; 13.48; Ef 2.8-9; Fp 1.29; 2Tm 2.25-26), e são justificados.

UM RESUMO DO ENSINO BÍBLICO

A obra do Espírito Santo na salvação de pecadores envolve a chamada eficaz e a regeneração. A chamada eficaz tem de ser distinguida da chamada exterior feita a todos os que ouvem o evangelho (cf. Mt 28.19). A chamada exterior envolve a apresentação do evangelho a todos os seres humanos. A chamada eficaz interior está conectada à exterior, sendo mediada por esta, mas não é a mesma coisa e não é dada a todos os que ouvem a chamada exterior. A chama interior é dada somente aos eleitos,[14] sendo sempre eficaz. Em outras palavras, aquele que é chamado dessa maneira será salvo (cf. Rm 8.30).

A regeneração é o ato do Espírito Santo pelo qual Ele tira uma pessoa do estado de morte espiritual e coloca-a no estado de vida espiritual. De fato, é uma "ressurreição" espiritual. No ato da regeneração, o Espírito Santo muda a disposição da alma e renova a vontade. A nova vida outorgada na regeneração manifesta-se imediatamente na fé e no arrependimento. Portanto, a regeneração não é o resultado da fé, como dizem os arminianos e outros. Pelo contrário, a fé é o resultado da regeneração. O estado do pecador é semelhante ao de Lázaro, no sepulcro (Jo 11.1-44). À semelhança do incrédulo, Lázaro estava morto, incapaz de fazer qualquer coisa para mudar sua condição. Jesus ordenou que o corpo de Lázaro saísse do sepulcro (em uma sentença breve, Ele destruiu a afirmação daqueles que afirmam que, se Deus ordena algo, devemos ter a capacidade natural de fazê-lo).

---

[14] Cf. Louis Berkhof, *Systematic Theology*. 4th ed. (Grand Rapids: Eerdmans, 1941), 469.

A ordem que Jesus deu a Lázaro é semelhante à chamada exterior feita a todos os incrédulos. Tal como Ezequiel pregou no vale de ossos secos (Ez 37.1-14), a chamada exterior é dirigida aos espiritualmente mortos. Aqueles que proclamam o evangelho pregam em um cemitério. Lázaro não pôde obedecer a ordem de Cristo enquanto vida nova não lhe foi dada. Isso é algo que somente Deus pode fazer. Quando Lázaro recebeu vida nova, respondeu imediatamente e saiu do sepulcro. Da mesma maneira, o pecador espiritualmente morto responde ao evangelho somente quando recebe vida nova por meio da obra regeneradora do Espírito Santo. Todavia, uma vez regenerado, esse pecador reage imediatamente, colocando sua fé em Jesus. O pecador é, então, justificado por Deus.

UMA DOUTRINA GLORIOSA

A graça irresistível ou eficaz não é uma doutrina antiga, estéril e antiquada, inventada por calvinistas intolerantes. De fato, é uma doutrina bíblica gloriosa, pois sem a obra eficaz do Espírito Santo todos estaríamos sem esperança neste mundo e no porvir. Quando temos um entendimento completo de quão séria é nossa situação como seres humanos caídos, nossa perspectiva sobre essas doutrinas muda de maneira surpreendente. Se vemos o homem caído apenas como enfermo ou mutilado, nunca entenderemos todas as riquezas da graça. Quando nos vemos como Deus nos vê, a verdade deste assunto se torna solene. Se compreendemos que nascemos espiritualmente mortos, rebeldes contra o Todo-Poderoso e altíssimo Deus, Criador dos céus e da terra, e completamente ímpios, não temos um senso exagerado de nossa bondade e capacidades. Não nos iludiremos pensando que Deus nos escolheu por causa de alguma bondade inata. Não nos vangloriaremos imaginando que somos salvos porque realizamos os primeiros movimentos para achegar-nos a Deus.

Pelo contrário, nos prostraremos e agradeceremos a Deus todos os dias por sua maravilhosa graça e pelo fato de que Ele veio ao *nosso* sepulcro, onde estávamos mortos e perdidos no pecado, e clamou para *nós*:

"Sai para fora!" Agradeceremos a Deus por nos ter dado vida nova, resgatado a nossa vontade do mal; ter-nos dado fé e arrependimento, haver tirado-nos do sepulcro e soltado os trapos fúnebres com que estávamos atados. Se saímos do sepulcro, não foi por causa de algum poder que havia em nós. Não foi porque fizemos uma decisão por Cristo. Antes, foi tão-somente por causa da irresistível graça de Deus, da obra soberana e misteriosa do Espírito Santo, que nos deu vida. Quando, por fim, aprendermos isso, atribuiremos, assim como Calvino e os nossos antepassados reformadores, somente a Deus toda a glória por nossa salvação.

Capítulo 15

UMA HERANÇA GARANTIDA

JAY E. ADAMS

Paulo chamou o Espírito, que [os crentes] recebem, tanto de "Espírito de adoção" como de "selo" e "penhor da herança por vir", pois, por seu testemunho, Ele seguramente estabelece e sela no coração dos crentes a segurança da adoção por vir.[1]

—João Calvino

Em seus escritos, João Calvino ecoava a nota de certeza, e essa certeza teve uma influência poderosa na Reforma. O cerimonialismo da Igreja Católica Romana e o sistema de méritos haviam obscurecido totalmente a verdade bíblica de que as pessoas podem saber, nesta vida, que passarão a eternidade na presença de Deus. Como resultado, muitos acreditavam que as pessoas salvas poderiam se perder novamente. Calvino queria remover o temor de que a salvação podia ser perdida. Ele desejava que os crentes soubessem que a sua salvação está garantida em Cristo, resultando em confiança e amor, em lugar de temor.

A doutrina bíblica da perseverança dos santos, que Calvino defendeu com vigor, era o alicerce que fundamentava a certeza de salvação. Alegro-me em reexaminar a evidência bíblica em favor do estimulante e

---
[1] John Calvin, *Institutes of Christian Religion*. Ed. John T. McNeill; trad Ford Lewis Battles. Library of Christian Classics, XX-XXI (Philadelphia: Westminster John Knox, 1960), 3.24.1.

acalentador ensino sobre a perseverança dos santos, especialmente nesta época, quando, em alguns círculos "evangélicos", todas as doutrinas estabelecidas na Reforma são reputadas como dispensáveis.

NADA FRUSTRARÁ A NOSSA HERANÇA

A mais clara afirmação da doutrina da perseverança se acha em 1 Pedro 1.3-5:

> Bendito o Deus e Pai de nosso Senhor Jesus Cristo, que, segundo a sua muita misericórdia, nos regenerou para uma viva esperança, mediante a ressurreição de Jesus Cristo dentre os mortos, para uma herança incorruptível, sem mácula, imarcescível, reservada nos céus para vós outros que sois guardados pelo poder de Deus, mediante a fé, para a salvação preparada para revelar-se no último tempo.

Pedro deixou bem claro que a herança celestial dos santos é segura. Não há nada que possa destruí-la ou danificá-la, porque ela é "incorruptível, sem mácula, imarcescível". As coisas terrenas, como Jesus ressaltou, têm características muito diferentes: "a traça e a ferrugem" corroem-nas (Mt 6.19). Mas a herança celestial possui tal natureza que não pode ser afetada. Visto que é uma herança espiritual, na esfera espiritual de Deus, ela está completamente fora de alcance das coisas que corrompem e destroem.

Calvino escreveu: "Deste modo, somos assegurados da herança do reino celestial, pois o Filho unigênito de Deus, a quem pertence todas as coisas, nos adotou como seus irmãos. 'Se somos filhos, somos também herdeiros, herdeiros de Deus e co-herdeiros com Cristo' [Rm 8.17]".[2] Portanto, não há dúvida a respeito da integridade da herança — a salvação que Jesus comprou para os seus.

Além disso, essa herança, como Pedro disse, está "reservada nos céus". É um legado que Deus, por segurança, confiou às suas próprias

---

[2] Ibid., 2.12.2.

mãos. Se o poder onipotente e preservador de Deus está sendo exercido para proteger essa herança, podemos ter certeza absoluta de que nada poderá frustrar a nossa herança futura.

NADA FARÁ OS HERDEIROS FRACASSAREM

No entanto, aqueles que crêem que pessoas uma vez salvas podem perder a sua salvação ressaltam freqüentemente a vulnerabilidade do crente. O crente, eles acham, é um elo frágil na corrente. "É claro", dizem eles, "que ninguém pode arrancá-lo das mãos de Deus, mas ele pode se afastar e cair da graça por si mesmo". Contudo, Pedro desconhecia totalmente essa idéia. Ele não conhecia nenhum elo frágil. As suas palavras mostram com bastante clareza que Deus abordou todos os aspectos da questão. Ele assegurou aos seus leitores que, assim como nada frustrará a herança deles, assim também nada os impedirá de desfrutarem-na. Eles também são "guardados pelo poder de Deus"; e não há poder maior do que o de Deus — muito menos o poder de um crente para apartar-se da guarda de Deus.

Além disso, como alguns talvez deixem de observar, Pedro tornou absolutamente claro que esse guardar ocorre "mediante a fé". Isso só pode significar que a fé salvadora (que é um dom de Deus, conforme Efésios 2.8-9) é nutrida e cuidada pelo Espírito de Deus, para que nenhum crente genuíno apostate. A expressão "mediante a fé" está fortalecendo o argumento, visto que uma suposta perda da fé é a ênfase do ataque daqueles que crêem na possibilidade de perda da salvação. Todavia, Pedro enfrenta esse ataque dizendo que é precisamente mediante a (por meio da) fé que Deus preserva seu povo. O poder protetor de Deus opera mediante a fé do crente. Em outras palavras, pelo fato de que o poder de Deus está sendo manifestado em preservar a fé cristã, o crente pode estar seguro de que nunca perderá a salvação.

Ao descrever a obra de Cristo como Mediador de nossa salvação, Calvino explicou como somos herdeiros de acordo com a promessa de Deus.

A tarefa do [Mediador] consistia em restaurar-nos à graça de Deus, de modo a tornar os filhos dos homens em filhos de Deus; herdeiros do inferno, em herdeiros do reino celestial. Quem poderia ter feito isso, se o próprio Filho de Deus não tivesse se tornado homem e não houvesse tomado o que era nosso, para transmitir-nos o que era seu e, por graça, tornar nosso o que, por natureza, era seu? Portanto, descansando nesta promessa, confiamos que somos filhos de Deus.[3]

A perseverança na fé também é ensinada com clareza em João 17, uma poderosa passagem que é, com freqüência, mal interpretada. Nesta passagem, temos o privilégio de ouvir o que foi chamado de Oração Sacerdotal de Cristo. Nela, Cristo fala que os crentes se tornam "um", "para que o mundo creia que tu me enviaste" (Jo 17.21). Liberais (e, infelizmente, conservadores mais recentes) têm entendido essa oração como se ensinasse que a união orgânica (ou, pelo menos, expressões corporativas de unidade) entre os cristãos levará o mundo a crer em Cristo. Se isso fosse verdade, a oração de Jesus nunca seria respondida de modo afirmativo. De fato, ela seria declarada um fracasso total. Desde o começo, sempre tem havido divisão e conflito entre os cristãos, conforme o próprio Novo Testamento e a história da igreja atestam claramente. Mas é claro que temos de afirmar que a oração em favor de unidade não falhou. Então, como explicamos o fracasso das igrejas em unirem-se? O fato é que Jesus não orou em favor disso.

Pelo que Jesus orou? Com certeza, Ele pediu ao Pai que seus seguidores se tornassem um, não pediu? Sim, Ele pediu. Mas a unidade em favor da qual Ele orou não era uma unidade horizontal entre os homens. Pelo contrário, Jesus orou por uma unidade vertical, consigo mesmo, assim como Ele é um com o Pai. Muitos têm falhado em entender essa verdade. Toda a oração é uma súplica no sentido de que os verdadeiros crentes não se percam, como aconteceu com Judas (v. 12). Visto que Jesus estava para deixar os seus, Ele rogou a Deus que continuasse a guardá-los, como os havia guardado antes, quando estiveram sob o cuidado atento

---

[3] Ibid.

de Jesus. Ele orou não somente pelos apóstolos, mas também por todos aqueles que viriam a crer por meio da pregação deles (v. 20). O tipo de proteção que Jesus tinha em mente foi explicado no versículo 21: "A fim de que todos sejam um; e como és tu, ó Pai, em mim e eu em ti, também sejam eles em nós; para que o mundo creia que tu me enviaste".

UMA UNIDADE INSEPARÁVEL

A unidade envolvida nessas palavras é uma unidade com o Pai e o Filho, uma unidade inseparável, como aquela que as pessoas da Trindade desfrutam. E, em resposta à oração de seu Filho, o Pai continua a trazer discípulos a essa união com Jesus e Ele mesmo, para que sejam guardados de qualquer coisa que possa destruí-los (vv. 12, 20-21). O mundo creu quando, em face de grande perseguição, os verdadeiros cristãos recusaram-se a abandonar a sua fé. Muitos chegaram à fé quando viram que nem o fogo, nem a tortura, nem as bestas selvagens conseguiam separá-los de seu amor por Deus e do amor de Deus por eles (Rm 8.35-39). Eles reconheceram que algo além da mera coragem humana enchia o coração dos mártires que suportavam até o fim. Esse algo era a resposta do Pai à oração de Jesus.

Nada pode ser mais simples. Deus não faz uma promessa e, depois, muda de idéia. Ele nunca nos dá algo com uma mão, para em seguida tomar com a outra. Deus jamais daria a vida eterna a uma pessoa e, depois, mataria espiritualmente essa pessoa. A vida eterna é apenas isto — uma vida que dura toda a eternidade na presença de Deus. Deus é fiel à sua Palavra. A certeza que Calvino ensinava não era algo novo; ela foi ensinada primeiramente por Jesus; depois, por Pedro e Paulo.

Acrescente a isso mais uma prova procedente da Epístola aos Romanos — a corrente da certeza encontrada em Romanos 8.30: "E aos que predestinou, a esses também chamou; e aos que chamou, a esses também justificou; e aos que justificou, a esses também glorificou". Não há elo frágil nessa corrente. Ela se move inexoravelmente da predestinação à glorificação. As várias declarações feitas por Paulo são unidas de tal modo que não estão sujeitas a interrupções ou alterações. Calvino escreveu:

"Aos que predestinou, a esses também chamou; e aos que chamou, a esses também justificou" [Rm 8.30], para que em algum tempo os glorificasse. Embora ao escolher os seus o Senhor já os tivesse adotado como filhos, vemos que eles não entram na posse de tão grande bem, exceto quando chamados. Por outro lado, vemos que, ao serem chamados, passam a desfrutar uma parte de sua eleição. Por essa razão, Paulo chamou o Espírito, que eles recebem, tanto de "Espírito de adoção" [Rm 8.15] como de "selo e penhor da herança por vir" [Ef 1.13-14; cf. 2 Co 1.22; 5.5], pois Ele estabelece e sela, com certeza, o coração dos crentes por meio de seu testemunho da segurança da adoção por vir.[4]

O QUE DIZEMOS SOBRE A APOSTASIA?

Quando, por exemplo, os pregadores da denominação herética chamada Igrejas de Cristo[5] falam sobre "a possibilidade de apostasia", estão dizendo que os verdadeiramente salvos podem abandonar a fé, perder a salvação e voltar-se contra o Senhor Jesus Cristo. Evidentemente, a Bíblia fala sobre a apostasia, mas essa palavra nas Escrituras não significa o que esses hereges ensinam. 1 João 2.19 é um versículo muito importante, que apresenta com clareza a verdade sobre a apostasia: "Eles saíram de nosso meio; entretanto, não eram dos nossos; porque, se tivessem sido dos nossos, teriam permanecido conosco; todavia, eles se foram para que ficasse manifesto que nenhum deles é dos nossos".

Nesse versículo, João está abordando o fato de que certos mestres gnósticos que estiveram no rebanho saíram e começaram a ensinar sua heresia. Antes, eles pareciam cristãos verdadeiros, porque não davam nenhuma indicação exterior de sua crença herética. Mas suas falsas opiniões a respeito da natureza de Cristo se solidificaram e se evidenciaram. Eles acharam que não podiam mais ter comunhão com os cristãos genuínos. Por isso, apostataram e negaram que Cristo morrera por seus pecados.[6]

---

[4] Ibid., 3.24.1.

[5] Esse era um grupo arminiano, fundado por Thomas e Alexander Campbell, que reivindicava ser a única igreja verdadeira. Os campbelitas se recusaram a grafar em maiúsculo a palavra *igreja* e afirmavam não ser uma denominação.

[6] O verbo *apostatar* significa "permanecer distante de".

Neste versículo, dois fatos importantes emergem. Primeiro, aqueles que apostataram nunca foram crentes verdadeiros. João diz que, por saírem, eles deixaram claro que isso era verdade ("Eles... não eram dos nossos"). Enquanto faziam parte da igreja visível, não pertenciam à igreja invisível. A confissão de fé deles era falsa. Esse problema de falsa confissão de fé em Jesus Cristo, que encontramos freqüentemente em nossas igrejas hoje, era um problema tanto na era dos apóstolos como século XVI. Aliás, Calvino o descreve como uma ocorrência "diária":

> Contudo, acontece todos os dias que aqueles que pareciam ser cristãos afastam-se dEle novamente e se apressam à destruição. De fato, na mesma passagem em que Jesus declarou que não pereceria nenhum dos que o Pai havia Lhe dado, Ele excetuou o filho da perdição [Jo 17.12]. Isso é verdade, mas também é claro que tais pessoas nunca se apegaram a Cristo com a confiança sincera pela qual a certeza da eleição, eu digo, se estabeleceu em nós.[7]

Aqueles que ensinam que os crentes podem apostatar da igreja menosprezam a explicação do apóstolo João quanto aos fatos. Não devemos fazer isso. Pelo contrário, temos de afirmar com convicção que os que rejeitam a fé nunca tiveram a verdadeira fé. Podem ter estado entre os crentes, mas não eram deles. Se o fossem, como disse João, não teriam falhado em perseverar com eles.

Segundo, observe a argumentação: João afirmou que, "se tivessem sido dos nossos, teriam permanecido conosco". Os verdadeiros crentes permanecem na fé e na igreja. Eles perseveram até o fim. Certamente é possível um crente desanimar por um tempo, mas, como Pedro ou João Marcos — que tiveram lapsos temporários —, eles se arrependem e, por fim, voltam.

EM HARMONIA COM O AUTOR DE HEBREUS

Em duas de suas passagens, a Epístola aos Hebreus trata deste problema usando forte linguagem (Hb 6.4-9; 10.26-29). No livro aos Hebreus, o escritor mostrou a preocupação de que seus leitores pudessem

---

[7] John Calvin, *Institutes of Christian Religion*, 3.24.7.

"se desviar" da verdade, em face da perseguição (Hb 2.1; 12.3). Essa preocupação a respeito daqueles que poderiam "se desviar" levou-o a advertir quanto às terríveis eventualidades que sobreviriam aos que fizessem isso. Como resultado, o livro está repleto tanto de advertências como de encorajamentos.

Embora soubesse que os verdadeiros crentes não rejeitariam seu Salvador, o escritor de Hebreus reconheceu a possibilidade de que alguns de seus leitores talvez não fossem cristãos genuínos. Por isso, mostrou que pessoas podem tornar-se parte do corpo visível de Cristo, participar de todos os maravilhosos benefícios de Deus que são outorgados para a vida na igreja, mas, por fim, voltar as costas para tudo o que experimentaram. Não há nenhuma maneira de renovar essas pessoas para uma genuína confissão de fé, ele disse, porque há somente uma mensagem verdadeira — aquela que eles rejeitaram. Por isso, ele descreveu quão grande desonra contra Cristo uma pessoa comete quando ouve e prova o evangelho, mas, depois, rejeita-o; e quão terríveis são as conseqüências.

No entanto, visto que o autor de Hebreus descreveu a situação em termos de um exemplo, ele pareceu concluir que a fé de seus leitores era genuína — pelo menos, a fé da maioria daqueles para os quais estava escrevendo. O exemplo é o da chuva regando o solo. A mesma chuva (ensino, comunhão cristã, etc.) cai em duas partes de solo. Uma parte produz fruto, o outra, espinhos e abrolhos. O primeiro resultado refere-se aos que crêem e perseveram; o segundo, àqueles que não crêem nem perseveram.

Aplicando o exemplo aos leitores, o autor de Hebreus declarou: "Quanto a vós outros, todavia, ó amados, estamos persuadidos das coisas que são melhores e pertencentes à salvação". Nessas palavras, o autor da epístola afirma que aqueles que têm a salvação não se afastam. Eles não apostatam.

DEUS É UM BOM PAI

Ensinar que a pessoa salva pode se perder é anular a paternidade de Deus. Equivale a dizer que Ele sustenta tão fragilmente seus filhos, que muitos deles se tornam delinqüentes que "caem fora" ou devem ser repudiados por Ele. Mas a Bíblia ensina de modo diferente. Hebreus diz que o Senhor "disciplina" cada um de seus filhos para trazê-los de volta ao caminho, quando tomam o caminho errado. Se não recebem qualquer disciplina, Hebreus ensina, eles são bastardos (Hb 12.5-11). Essa disciplina, podemos garantir, "produz fruto pacífico aos que têm sido por ela exercitados" (Hb 12.11). Deus corrige todos os seus filhos legítimos, e a disciplina divina produz resultados positivos.[8] Deus não permite que filhos rebeldes vagueiem distantes da família ou se tornem tão incorrigíveis, que Ele tem de lançá-los fora. Aqueles membros que abandonam ou são lançados fora da igreja permanentemente, como vimos, são falsos cristãos. Calvino escreveu:

> Para resumirmos brevemente toda a questão, isto deve se manter como a primeira de duas distinções: quando a punição visa à vingança, a maldição e a ira de Deus se manifestam, e essas coisas são sempre retidas dos crentes. Por outro lado, a disciplina é uma bênção de Deus e testemunha o seu amor, como ensinam as Escrituras [Jó 5.17; Pv 3.11-12; Hb 12.5-6].[9]

Isso não é, de modo algum, uma discussão meramente acadêmica. Crer que alguém pode ser salvo e, depois, perdido, leva a várias e graves conseqüências. Por exemplo, um rapaz que aprendeu essa doutrina antibíblica disse, certa vez, que finalmente "desistira". Visto que, como descobrira que não podia "manter-se salvo" e que, supostamente, continuava falhando e separado da salvação, concluiu que poderia viver para os prazeres que lhe satisfizessem aqui e agora, nesta vida. Afinal de contas, ele jamais chegaria ao céu. De acordo com todos os indícios, ele não estava usando essa descrição e explicação de sua experiência como desculpa.

A PERSEVERANÇA É A CHAVE

Se já lhe ensinaram a doutrina de que "uma vez salvo, sempre salvo", talvez você pense que não haja diferença entre esse ensino e a dou-

---

[8] Cf. Ap 3.19.
[9] John Calvin, *Institutes of Christian Religion*, 3.4.32.

trina da perseverança dos santos. No entanto, embora seja bem verdade que aqueles que foram uma vez salvos serão sempre salvos, o conceito da perseverança dos santos abrange uma verdade vitalmente importante que poucas vezes é enfatizada por aqueles que ensinam o conceito de que "uma vez salvo, sempre salvo". Essa ênfase ausente é o fato de que a pessoa é salva *por meio* da perseverança, e não à parte dela. O conceito de "uma vez salvo, sempre salvo" pode levar aqueles que o defendem a uma maneira de pensar quietista. Isso significa que eles podem pensar que têm pouco ou nenhum papel a cumprir em manter sua salvação e que Deus faz tudo por eles. Embora uma pessoa não seja salva por obras (como crêem os católicos romanos) e não se mantenha salvo por causa das obras (como acreditam as Igrejas de Cristo), Deus salva somente aqueles que perseveram na fé.

Numa seção das *Institutas da Religião Cristã*, intitulada "A perseverança é uma obra exclusiva de Deus; não é uma recompensa nem um complemento de nosso ato individual", Calvino disse:

> Sem dúvida, a perseverança deve ser considerada um dom gratuito de Deus, quando não prevalece o erro comum de afirmar que ela é dada conforme o mérito humano, à medida que cada indivíduo se mostra receptivo à primeira graça. Mas, visto que esse erro surgiu do fato de que homens achavam que tinham o poder de rejeitar ou aceitar a graça de Deus, quando esta opinião é aniquilada, aquela idéia anterior também se destrói a si mesma. Contudo, aqui há um erro duplo. Pois, além de ensinarem que nossa gratidão pela primeira graça e nosso uso legítimo dela são recompensados por dons subseqüentes, eles dizem também que a graça não opera em nós por si mesma, ela apenas coopera conosco.[10]

A perseverança é o resultado da obra do Espírito no coração dos crentes. É uma obra que os capacita a continuarem crendo, como Pedro o afirmou. Deus não pode crer por eles. Pelo contrário, eles são "guardados" pela fé.

---
[10] Ibid., 2.3.11.

Em João 15, lemos que a santificação é necessária para que um crente seja salvo.[11] Esta passagem não ensina um suposto estado de "permanecer" que alguns adeptos do movimento de Vida Superior entendem como um tipo especial de santidade. Essa idéia distorce o ensino do apóstolo. A palavra grega *meno*, traduzida por "permanecer", significa "permanecer, continuar, ficar". Não se refere a algum estado especial de "descansar" em Cristo atingido somente por alguns supercrentes. Pelo contrário, esse permanecer equivale a perseverar na fé. E não é peculiar a um grupo seleto, como os apóstolos, mas a todos os cristãos. De fato, a perseverança na fé é necessária não somente para produzirmos "muito fruto", como ensina a passagem, mas também para a salvação.

Se alguém não permanecer na videira, será "lançado fora, à semelhança do ramo, e secará" e, por fim, será queimado (v. 6). Por isso, Jesus ordenou: "Permanecei no meu amor" (v. 9b). Os apóstolos tiveram de perseverar na fé, ou seriam lançados fora, à semelhança de um ramo quebrado de videira; e isso se aplica a todos os crentes verdadeiros. Cristo, a Videira, exige que todo aquele que professa ser cristão permaneça nEle por meio da fé genuína ou, do contrário, seja lançado no fogo.

Portanto, a perseverança é o resultado da verdadeira fé, nutrida e mantida pelo Espírito. Mas o crente tem de continuar a exercê-la. Ele nunca pode assentar-se e dizer: "Eu sou salvo, posso fazer o que me agrada, visto que jamais me perderei". Pensar dessa maneira indica que ele recebeu um ensino bastante errado ou que não é um crente. Nenhum verdadeiro convertido pensará dessa maneira por muito tempo, se chegar a pensar assim. A fé verdadeira, outorgada e nutrida pelo Espírito, leva a uma maneira de pensar bíblica. Aquele que confessa ser cristão tem de perseverar — permanecer, continuar, ficar — na Videira.

Jesus falou não somente sobre os crentes permanecendo nEle, mas também sobre a sua "palavra" permanecendo nos crentes (v. 7). Além disso, no versículo 14, Ele disse: "Vós sois meus amigos, se fazeis o que

---

[11] Ou seja, a santificação é sempre presente, evidenciando o fato de que a pessoa é salva.

eu vos mando". Depois da justificação, por meio da fé guardada por Deus, o crente permanece na salvação mediante a obra do Espírito, que, por meio da fé, capacita-o a continuar obedecendo às palavras e mandamentos de Jesus. Isso é perseverança.

Esta preciosa doutrina da perseverança, vinda até nós desde a Reforma, tem de ser preservada a todo custo. Não podemos abandoná-la, nem comprometer-nos com os que desejam rejeitá-la. A certeza da salvação, que Calvino desejava intensamente que sua congregação conhecesse e que legou a gerações posteriores não deve ser perdida.

Capítulo 16

A UNIÃO DO CRENTE COM CRISTO

PHILIP GRAHAM RYKEN

Havendo-se tornado nosso, Cristo nos torna co-participantes dos dons com os quais Ele foi dotado. Portanto, não O contemplamos fora de nós mesmos, à distância, a fim de que sua justiça nos seja imputada, e sim porque nos vestimos de Cristo e estamos enxertados em seu corpo — em resumo, porque Ele se digna em tornar-nos um consigo mesmo.[1]

—João Calvino

Quando as pessoas pensam no calvinismo como uma teologia, geralmente pensam, antes de tudo, na crença de João Calvino quanto à soberania de Deus ou, de modo mais específico, em sua doutrina da predestinação. Mas existe outra doutrina que distingue seu pensamento e nos ajuda a sistematizar sua teologia da salvação, ou seja, a doutrina da união com Cristo. Até os anjos, disse Calvino, "admiram-se das riquezas que Deus manifestou em unir-nos no corpo de seu Filho".[2]

Em palavras simples, a doutrina da união com Cristo nos ensina que o Espírito Santo une o crente a Jesus, mediante a fé, e, por causa dessa

---

[1] John Calvin, *Institutes of Christian Religion*. Ed. John T. McNeill; trad. Ford Lewis Battles. Library of Christian Classics, XX-XXI (Philadelphia: Westminster John Knox, 1960), 3.11.10.

[2] Citado em François Wendel, Calvin: *The Origins and Development of His Religious Thought*. Trad. Philip Mairet (London: Collins, 1963), 238.

união espiritual, recebemos tanto o próprio Cristo como todos os seus benefícios. Calvino acreditava que essa doutrina possuía a mais elevada importância — era um dos grandes mistérios do evangelho. Falando em termos amplos, a primeira metade de suas famosas *Institutas da Religião Cristã* explica o que Deus fez *por nós* como Criador (Livro 1) e Redentor (Livro 2), enquanto a outra metade explica o que Deus tem feito *em nós,* tanto individual (Livro 3) como corporativamente (Livro 4). A teologia de Calvino gira em torno da realidade espiritual de estar em Cristo.

EM CRISTO

A união com Cristo é um dos princípios teológicos centrais da fé cristã. A sua presença extensiva no Novo Testamento é indicada pelo uso do vocábulo *em,* uma preposição simples com implicações profundas.

Com freqüência, o Novo Testamento diz que os crentes estão em Cristo: "Assim, se alguém está em Cristo, é nova criatura; as coisas antigas já passaram; eis que se fizeram novas" (2Co 5.17). Às vezes, essa expressão é lida tão rapidamente, que dificilmente a observamos, como nas palavras iniciais da carta de Paulo dirigidas "a todos os santos em Cristo Jesus, inclusive bispos e diáconos que vivem em Filipos" (Fp 1.1). Mas essa expressão está arraigada na verdade espiritual profunda de nossa união com Cristo, mediante a fé. A razão por que somos chamados "santos em Cristo" é que nossa identidade verdadeira e crucial se acha nEle: "Todos vós sois um em Cristo Jesus" (Gl 3.28).

Em outras passagens, a Bíblia ensina o princípio recíproco de que Jesus Cristo está no crente: "Já não sou eu quem vive, mas Cristo vive em mim" (Gl 2.20). De modo semelhante, Paulo escreveu também sobre o mistério do evangelho que "estivera oculto dos séculos e das gerações" e agora "se manifestou aos seus santos" (Cl 1.26). O que é esse mistério? "Cristo em vós, a esperança da glória" (Cl 1.27).

Cristo está em nós; e nós estamos nEle. Os dois lados desse relacionamento mútuo às vezes aparecem juntos nas Escrituras. Por exemplo, ao ensinar os seus discípulos a respeito da videira e dos ramos — uma metáfora da união com Cristo —, Jesus disse: "Permanecei em mim, e eu permanecerei em vós" (Jo 15.4). Em sentido semelhante, o apóstolo João descreveu a união com Cristo como um habitar duplo realizado pelo Espírito Santo: "Nisto conhecemos que permanecemos nele, e ele, em nós: em que nos deu do seu Espírito" (1Jo 4.13).

Devido a esse relacionamento mútuo de habitação espiritual — a nossa união com Cristo —, recebemos todas as bênçãos salvadoras de Deus. Estando unidos a Cristo, recebemos não somente o próprio Cristo, mas também seus benefícios. O que é dEle se torna nosso, porque Deus "nos tem abençoado com toda sorte de bênção espiritual... em Cristo" (Ef 1.3). Assim, vemos que, como disse Calvino, "toda a nossa salvação e todas as suas partes estão incluídas em Cristo".[3] De fato, a união com Cristo é o âmago do evangelho, pois, quando o apóstolo Paulo "define o evangelho e o usa, ele diz que somos chamados a participar de nosso Senhor Jesus Cristo, nos tornarmos um com Ele e habitarmos nEle, e Ele, em nós, a fim de estarmos unidos com Ele em um vínculo inseparável".[4]

Quando Calvino considerou a maneira como "recebemos os benefícios que o Pai outorgou a seu Filho unigênito", a resposta foi que os recebemos por meio de nossa união com Cristo.[5] Ele tem de "apresentar-se a Si mesmo para nós e convidar-nos a um relacionamento em que somos verdadeiramente unidos a Ele e Ele habita em nós, de tal modo que tudo que Lhe pertence se torna nosso".[6] Assim, Calvino fez da união com Cristo um dos princípios controladores de sua soteriologia ou doutrina da salvação.

Sem a união com Cristo, é impossível recebermos qualquer das bênçãos salvadoras de Deus. Nem a cruz, nem o sepulcro vazio podem

---

[3] John Calvin, *Institutes of Christian Religion*, 2.16.19.
[4] Citado em Ronald S. Wallace, *Calvin's Doctrine of the Word and Sacrament* (Edinburgh: Oliver and Boyd, 1953), 143.
[5] John Calvin, *Institutes of Christian Religion*, 3.1.1.
[6] Citado em Ronald S. Wallace, *Calvin's Doctrine of the Christian Life* (Edinburgh: Oliver and Boyd, 1959), 17.

salvar-nos, se não estivermos unidos a Jesus Cristo. Calvino foi enfático:

> Temos de compreender que, enquanto Cristo permanece fora de nós e estamos separados dEle, tudo que Ele sofreu e fez em benefício da salvação da raça humana permanece inútil e sem valor para nós. Portanto, a fim de compartilhar conosco o que Ele recebeu do Pai, Cristo teve de tornar-se como nós e habitar conosco... Por outro lado, a Bíblia declara que fomos enxertamos em Cristo [Rm 11.17] e nos vestimos dEle [Gl 3.27]; pois, como dissemos, tudo que Ele possui não é nada para nós, se não crescemos juntamente com Ele em um mesmo corpo.[7]

Em palavras simples, se não estamos em Cristo, não temos qualquer parte em sua morte na cruz, para expiar os pecados, e nenhuma participação em sua ressurreição dos mortos. Não somos justificados, adotados, santificados ou glorificados se não estamos unidos com Cristo. Calvino escreveu: "Não entendo como alguém pode crer que possui redenção e justiça na cruz de Cristo e vida em sua morte, se não confia principalmente na verdadeira participação com o próprio Cristo. Pois não obteríamos esses benefícios se Cristo não houvesse se tornado nosso".[8] Portanto, a união com Cristo é uma questão de vida ou morte espiritual.

O DUPLO VÍNCULO

O Novo Testamento usa várias figuras para descrever nossa incorporação em Cristo. Jesus usou a metáfora orgânica da videira com seus ramos (Jo 15.1-8), mas há outras metáforas: a união matrimonial de um noivo e uma noiva (Ef 5.31-32), a união dos membros de uma família (Ef 2.19-22), a união estrutural das pedras em um edifício (1Pe 2.5) e a união anatômica das partes de um corpo (1Co 12.12-27).

Cada uma dessas figuras ressalta um aspecto diferente da união com Cristo. A figura da vinha e dos ramos mostra que essa união é vitalícia.

---

[7] John Calvin, *Institutes of Christian Religion*, 3.1.1.
[8] Ibid., 4.17.11.

A metáfora do casamento mostra quão íntima é a união. A analogia da família revela que a união com Cristo é corporativa, individual e assim por diante.

Independentemente da figura usada, a união é sempre espiritual. Ou seja, a união com Cristo é obra de Deus, o Espírito Santo. Para Calvino, "o Espírito Santo é o vínculo pelo qual Cristo nos une eficazmente a Si mesmo".[9] E tem de ser assim porque somente "o Espírito Santo nos leva a possuir a Cristo completamente e tê-Lo habitando em nós".[10] Isso significa que a doutrina da união com Cristo não é estritamente cristocêntrica, mas envolve a obra abrangente de toda a Trindade.

O papel do Espírito Santo em unir-nos a Cristo é necessário por causa da ascensão. Se Cristo subiu ao céu, e nós estamos na terra, como podemos ser unidos a Ele? A resposta é que Cristo "difunde a sua vida pela eficácia secreta do Espírito".[11] Somos capazes de permanecer em Cristo, e Ele, em nós, porque Ele "nos deu do seu Espírito" (1Jo 4.13; cf. Rm 8.9).

A obra do Espírito em unir-nos a Cristo deixa claro que, estando unidos a Ele, não nos *tornamos* Cristo. Nossa união com Cristo é espiritual, e não física. Dizer que somos "um com o Filho de Deus" não significa que Ele "transmite sua substância para nós", e sim que, "pelo poder do seu Espírito, Cristo nos transmite a sua vida e todas as bênçãos que recebeu do Pai".[12]

Não devemos pensar que o papel do Espírito como o vínculo da união nos distancia, de algum modo, de Jesus Cristo. Pelo contrário, o Espírito Santo traz-nos à união e comunhão mais íntima possível com o Filho de Deus. Cristo "trabalha, por meio de seu Espírito Santo, para que estejamos unidos com Ele mais intimamente do que os membros estão unidos ao corpo".[13]

Jesus Cristo nos une a Si mesmo por meio do Espírito Santo; essa é

---

[9] Ibid., 3.1.1.

[10] Ibid., 4.17.12; cf. 4.17.33.

[11] Citado em François Wendel, Calvin: *The Origins and Development of His Religious Thought*, 239.

[12] John Calvin, *Commentary on the Gospel According to John*. Trad. William Pringle (London: Calvin Translation Society, 1848; Grand Rapids: Baker, 2003), 2:184.

[13] Citado em François Wendel, Calvin: *The Origins and Development of His Religious Thought*, 235.

maneira como a união com Cristo é vista da perspectiva da iniciativa de Deus. No entanto, vista de nossa perspectiva, há um segundo vínculo de união com Cristo: estamos unidos a Ele pela fé.

Esse é também o ensino das Escrituras, pois o Novo Testamento descreve constantemente a fé como algo que colocamos "em Cristo". "Crê no Senhor Jesus", disse Paulo ao carcereiro de Filipos, "e serás salvo" (At 16.31). Isto não é uma mera expressão verbal; é uma profunda verdade teológica: Cristo habita em nosso coração pela fé (Ef 3.17). Ou, nas palavras de Calvino, a fé "não nos reconcilia com Deus, a menos que nos reconcilie com Cristo... [fé salvadora é o instrumento que] nos enxerta no corpo de Cristo".[14] Assim, nossa união com Cristo é garantida por meio do duplo vínculo da fé e do Espírito Santo.

Entretanto, devemos ter bem claro em nossa mente o fato de que a própria fé é um dom do Espírito Santo. A graça que nos salva mediante a fé não é uma realização nossa, é dom de Deus (Ef 2.8). De fato, Calvino descreveu a fé como a "principal obra" do Espírito Santo na vida de um crente.[15] A instrumentalidade divina do Espírito Santo significa que a soberania da graça de Deus é tão evidente no ensino de Calvino sobre a união com Cristo como o é em qualquer outro aspecto de sua teologia. Deus tomou a iniciativa graciosa de unir-nos a Cristo por meio do Espírito Santo, dando-nos a própria fé que estabelece o vínculo duplo com nosso Salvador.

O DUPLO BENEFÍCIO

De todas as bênçãos que resultam de estarmos unidos com Cristo, Calvino enfatizava duas que são distintas, mas inseparáveis. "Por participarmos dEle, recebemos principalmente uma graça dupla: somos reconciliados com Deus por meio da irrepreensibilidade de Cristo, para que no céu tenhamos um Pai gracioso, em vez de um Juiz. Em segundo: para que santificados pelo Espírito de Cristo, cultivemos irrepreensibilidade

---

[14] John Calvin, *Institutes of Christian Religion*, 3.2.30.
[15] Ibid., 3.1.4.

e pureza de vida".[16] Afirmando isso em termos teológicos, por causa de nossa união com Cristo recebemos o duplo benefício da justificação e da santificação.

Ser justificado significa ser declarado justo — não com base em nossa própria justiça, e sim na justiça de Jesus Cristo, recebida tão-somente pela fé. Essa era a doutrina central da Reforma Protestante e, para Calvino, era "o eixo principal em torno do qual gira o cristianismo".[17]

A doutrina de Calvino sobre a justificação, embora seja tão importante por causa de suas qualificações, tem o seu contexto adequado em sua doutrina sobre a união com Cristo. A bênção da justiça justificadora se torna nossa quando somos unidos a Cristo pela fé. De acordo com Calvino, estamos "privados desta bênção totalmente incomparável, enquanto Cristo não se torna nosso"; e é somente pelo "habitar de Cristo em nosso coração" que a sua justiça se torna nossa.[18] Calvino acrescentou:

> Havendo-se tornado nosso, Cristo nos tornou co-participantes dos dons com os quais foi dotado. Portanto, não O contemplamos fora de nós mesmos, à distância, a fim de que sua justiça nos seja imputada, e sim porque nos vestimos de Cristo e estamos enxertados em seu corpo — em resumo, porque Ele se digna em tornar-nos um consigo mesmo. Por essa razão, nos gloriamos no fato de que temos comunhão de justiça com Ele.[19]

A justificação não é o único benefício que nos pertence por causa da união com Cristo, porque nEle somos santificados, bem como justificados. Afirmando isso em outros termos, somos não somente declarados justos em Cristo, mas também *tornados* justos nEle. A segunda graça de nossa união com Cristo é a santificação realizada pelo Espírito.

O duplo benefício da justificação e da santificação provê uma resposta imediata à objeção católica romana de que Calvino e outros re-

---

[16] Ibid., 3.11.1.
[17] Ibid.
[18] Ibid., 3.11.10.
[19] Ibid.

formadores dividiram erroneamente essas doutrinas ou removeram as boas obras de seu devido lugar na vida cristã. Pelo contrário, a doutrina de Calvino sobre a união com Cristo unifica a sua teologia da salvação. Considerar a justificação e a santificação na perspectiva da união com Cristo demonstra quão intimamente esses benefícios salvadores estão relacionados.

Calvino estava convencido de que os vários benefícios da salvação, embora distintos, jamais podiam ser divorciados. Receber a Cristo pela fé significa receber todo o Cristo, e não apenas parte dEle. Assim, vindo a Cristo, recebemos tanto a justificação como a santificação. Separar esses dois benefícios, disse Calvino, dividiria a Cristo em dois. Mas "Cristo não pode ser dividido em partes; logo, esses dois benefícios que percebemos nEle, juntos e conjuntamente, são inseparáveis — a justificação e a santificação.[20]

Um texto fundamental à doutrina de Calvino sobre a salvação é 1 Coríntios 1.30, que descreve a Cristo como nossa "justiça e santificação" Ele escreveu: "Se você quer entender corretamente quão inseparáveis são as obras e a fé, olhe para Cristo, que, como ensina o apóstolo Paulo, nos foi dado como justificação e santificação".[21]

1 Coríntios 1.30 distingue com clareza os dois benefícios da união com Cristo, para que compreendamos toda a obra divina de salvação em declarar-nos e tornar-nos justos. Contudo, a justificação e a santificação são unidas como benefícios inseparáveis que recebemos simultaneamente em Cristo:

> Embora possamos distingui-las, Cristo contém ambas inseparavelmente em Si mesmo. Você quer obter a justiça em Cristo? Então, precisa possuir a Cristo; mas não pode possuí-Lo sem tornar-se participante da santidade dEle, porque Ele não pode ser dividido em pedaços (1Co 1.13). Portanto, visto que é tão-somente por entregar-se a Si mesmo que o Senhor nos outorga esses benefícios,

---

[20] Ibid., 3.11.6.

[21] John Calvin, Responsio, in P. Barth, W. Niesel and Dora Scheuner (ed.), *Ioannis Calvini opera selecta* (Munich: Chr. Kaiser, 1926-1952), 1: 470.

para que os desfrutemos, Ele os outorga ao mesmo tempo. Ele nunca dá um sem o outro.[22]

Se é verdade que a justificação e a santificação são inseparáveis, as boas obras são uma parte essencial da vida cristã. Embora não tenham qualquer parte na justificação, que acontece somente pela fé, as boas obras são indispensáveis à santificação. Todavia, a santificação, não menos do que a justificação, também se dá por meio da união com Cristo. Calvino escreveu: "Isso mostra com clareza quão verdadeiro é o fato de que somos justificados não sem obras, mas não por meio das obras, visto que em nosso compartilhar de Cristo, que nos justifica, está incluída tanto a santificação quanto a justificação".[23]

A UNIÃO E A COMUNHÃO COM CRISTO

Além de servir como um princípio fundamental da teologia, a união com Cristo é uma fonte permanente de verdadeira alegria e esperança duradoura na vida cristã. Estar unido com Cristo significa ter com Ele um relacionamento amoroso de intimidade crescente. Assim, a nossa união com Cristo é o alicerce de nossa comunhão com Ele — comunhão viva com nosso Senhor ressurreto.

Em unir-nos a Si mesmo, Cristo compartilha conosco sua vida — a vida de Deus na alma do crente. "Cristo não está fora de nós, mas habita em nós. Ele não somente se prende a nós por meio de um laço invisível de comunhão; mas também, com uma maravilhosa comunhão, Ele cresce mais e mais, dia após dia, em um corpo conosco, até que se torne completamente um conosco."[24]

A alegria da união e da comunhão com Cristo é fortalecida pelo Batismo e a Ceia do Senhor, que oferecem um testemunho sacramental de nossa participação em Cristo. O batismo é o sinal visível e o selo de iniciação em Cristo, de incorporação em seu corpo, da "implantação

---

[22] John Calvin, *Institutes of Christian Religion*, 3.16.1.
[23] Ibid.
[24] Ibid., 3.2.24.

em Cristo".²⁵ De modo semelhante, a Ceia do Senhor é o sinal visível e o selo da continuação em Cristo, da comunhão com Ele pela presença do Espírito Santo. A Ceia do Senhor é "um auxílio pelo qual podemos ser enxertados no corpo de Cristo ou, estando enxertados, crescer com Ele, cada vez mais, até que Ele nos una perfeitamente consigo, na vida celestial".²⁶

Quando participamos da Ceia do Senhor juntos, alimentando-nos espiritualmente do pão de seu corpo e do cálice de seu sangue, participamos do próprio Cristo, com todos os seus benefícios. O propósito do sacramento é dar-nos uma experiência tangível do mistério espiritual de nossa união com Cristo. "Quando chegamos a esta santa mesa", disse Calvino à sua igreja em Genebra, "temos de saber que nosso Senhor Jesus Cristo apresenta-se a Si mesmo para confirmar-nos na unidade que já recebemos pela fé do evangelho, para que sejamos enxertados na unidade de seu corpo, de tal modo que Ele habite em nós, e nós habitemos nEle".²⁷

O que é verdade quanto aos sacramentos é verdade quanto a toda a vida cristã: Cristo não está separado de nós; antes, compartilha a Si mesmo conosco. Pelo duplo vínculo da fé e do Espírito Santo, somos unidos a Cristo e, assim, obtemos o duplo benefício de sua justiça justificadora e santificadora. Mas, como Calvino reconheceu sabiamente, não necessitamos apenas da salvação, e sim do próprio Salvador. Essa é a beleza e a alegria da união com Cristo, na qual Cristo "nos torna, enxertados em seu corpo, participantes não somente de todos os seus benefícios, mas também de Si mesmo".²⁸

---

[25] Citado em Ronald S. Wallace, *Calvin's Doctrine of the Word and Sacrament*, 149.
[26] John Calvin, *Institutes of Christian Religion*, 4.17.33.
[27] Citado em Ronald S. Wallace, *Calvin's Doctrine of the Word and Sacrament*, 144.
[28] John Calvin, *Institutes of Christian Religion*, 3.2.24.

Capítulo 17

O PRINCIPAL ARTIGO DA SALVAÇÃO

MICHAEL HORTON

> *Explicamos a justificação simplesmente como a aceitação pela qual Deus nos recebe em seu favor como homens justos. E dizemos que a justificação consiste na remissão dos pecados e na imputação da justiça de Cristo.*[1]
>
> —João Calvino

Desde o século XIX, os historiadores da teologia têm procurado determinar um dogma central do qual todos os outros ensinos podem ser deduzidos. Para a igreja de Roma, esse dogma era a eclesiologia (a doutrina da igreja); para os luteranos, a justificação; para os anabatistas, o discipulado. Para os reformados, a predestinação era considerada o princípio central.

Embora nos regozijemos com o fato de que este método reducionista e sua conclusão foram descartados pelos especialistas, ainda é afirmado, por amigos e inimigos igualmente, que todo aquele que crê na predestinação ou na soberania de Deus é um calvinista. No entanto, a soteriologia (a doutrina da salvação) de João Calvino é tão rica e inte-

---

[1] John Calvin, *Institutes of Christian Religion*. Ed. John T. McNeill; trad. Ford Lewis Battles. Library of Christian Classics, XX-XXI (Philadelphia: Westminster John Knox, 1960), 3.11.2.

grada que não pode ser reduzida a um dogma central.² Para ele, toda doutrina era uma faceta de uma jóia preciosa que atestava a misericórdia paternal de Deus para com pecadores; uma doutrina leva-nos a outra, revelando, para nossa crescente admiração, a condescendência do Pai, do Filho e do Espírito Santo.

Entretanto, Cristo era evidentemente central no pensamento de Calvino. E, segundo o seu próprio testemunho, ele considerava a justificação "o primeiro artigo da religião cristã",³ "o eixo em torno do qual gira o cristianismo"⁴ e "o principal artigo de toda a doutrina da salvação e o fundamento de todo o cristianismo".⁵ É impossível elaborar uma divisão entre Martinho Lutero e Calvino no que diz respeito à justificação. De fato, quando havia divergências, mesmo na ênfase, entre Ulrich Zuwinglio e Lutero, Calvino se colocava ao lado deste e se mostrava especialmente cauteloso às alterações de Melanchthon.⁶

Embora as referências à justificação apareçam em todas as partes das *Institutas da Religião Cristã*, esta análise segue a lógica de Calvino em desdobrar o argumento nos capítulos 11-19, no Livro 3, juntamente com citações de seu comentário em Romanos. O argumento das *Institutas* pode ser resumido assim:

1. Para salvar-nos do julgamento, o Filho se tornou carne e mereceu a salvação (2.15-17).

2. Assim, a justiça pela qual somos salvos pertence a Outrem (3.11.2).

3. Cristo tem de ser não somente dado por nós, Ele tem de ser dado a nós (3.1.1).

4. Somos recipientes dos dons Cristo, bem como do próprio Cristo com os seus dons (3.1.1; 3.1.4; 3.2.24; 4.17.11).

5. A fé nos une a Cristo (3.1.1), mas é o Espírito Santo que nos dá a fé. É Cristo que sempre permanece como o único fundamento da sal-

---

² Quanto a uma crítica decisiva sobre a tese do dogma central, ver: Richard Muller, *The Unaccommodated Calvin* (New York: Oxford University Press, 2001), 3-17.

³ John Calvin, *Institutes of Christian Religion*, 3.2.1.

⁴ Ibid., 3.11.1.

⁵ John Calvin, Sermon on Luke 1.5-10, in Karl Gottlieb Bretschneider, et. al (ed.), *Corpus reformatorum* (Halle: Schwetske, 1863-1900), 46.23.

⁶ Ver, por exemplo Richard Muller, *The Unaccommodated Calvin*, 126-127.

vação, e não a fé em si mesma. Em outras palavras, a fé não é nada em si mesma; ela recebe a Cristo e, com Ele, todos os seus tesouros (3.11.7; 3.18.8). Afinal de contas, "se por sua própria virtude a fé, em si mesma, justificasse alguém, então, visto que ela é sempre fraca e imperfeita, seria eficaz apenas parcialmente e nos daria somente parte da salvação".[7]

CRISTO E A JUSTIFICAÇÃO

No contexto da definição medieval da justificação como um processo de transformação moral que começa com o batismo, aumenta por meio da cooperação e (espera-se) resulta em justificação final, Lutero desencadeou seu famoso protesto ao qual Calvino se uniu posteriormente, com imenso vigor intelectual e pastoral. Retornando ao entendimento do Novo Testamento a respeito da justificação como uma declaração puramente legal (forense), Calvino argumentou que a justiça justificadora de Deus não é uma qualidade infundida no crente, e sim um dom de uma justiça alheia. Essa justiça "consiste na remissão dos pecados e nisto: a justiça de Cristo é imputada a nós".[8]

Portanto, a justificação não é um processo de transformação de uma condição de pecaminosidade a um estado de justiça. Os crentes são, *ao mesmo tempo*, justificados e pecadores.[9] O domínio do pecado foi destruído, mas o pecado ainda habita o crente.[10] Conseqüentemente, toda obra que o crente faz sempre fica aquém da justiça que a lei de Deus exige.

Esse ensino estava em contraste acentuado com a igreja de Roma e com as seitas radicais. A igreja de Roma ensinava que o sacrifício de Cristo redimia a culpa, mas não as punições dos pecados.[11] Na mesma época, Calvino relatou: "Alguns anabatistas de nossos dias apelam a certo tipo de excesso frenético em lugar da regeneração espiritual", pen-

---

[7] John Calvin, *Institutes of Christian Religion*, 3.11.7.
[8] Ibid., 3.11.2.
[9] Ibid., 3.3.10.
[10] Ibid., 3.3.11.
[11] Ibid., 3.4.30.

sando que podem atingir a perfeição nesta vida.[12] Em ambos os casos, a justificação era entendida como um processo de transformação interior, e não como a absolvição gratuita de pecadores, da parte de Deus, por causa de Cristo e da imputação de sua justiça na conta deles. De fato, há uma diversidade de caráter moral evidente a nós como seres humanos, mas Calvino nos recordou (repetindo o contraste de Lutero) que justiça diante dos homens (*coram hominibus*) não é o mesmo que justiça diante de Deus (*coram Deo*).[13]

Calvino respondeu: "Portanto, explicamos a justificação simplesmente como a aceitação pela qual Deus nos recebe em seu favor como homens justos. E dizemos que a justificação consiste na remissão dos pecados e na imputação da justiça de Cristo".[14]

Calvino recorreu a Agostinho e a Bernardo, entre outros, para chegar à conclusão de que achamos toda nossa justiça justificadora em Cristo e não em nós mesmos.[15] A lei de Deus nos coloca como réus perante o julgamento de Deus, deixando-nos sem qualquer esperança. E não pode dar a justiça que ela mesma ordena por causa de nossa corrupção. Calvino escreveu: "Removendo a menção da lei e deixando de lado toda a consideração das obras, devemos, quando discutimos a justificação, aceitar tão-somente a misericórdia de Deus, tirar a atenção de nós mesmos e olhar somente para Cristo... Se as consciências desejam obter certeza neste assunto, não devem dar nenhum lugar à lei".[16]

Calvino falava repetidas vezes sobre o fato de que Cristo tornou-se merecedor de nossa salvação. Além disso, ele atribuiu isso não somente ao sacrifício expiatório de Cristo (que teria produzido somente perdão), mas também à sua obediência permanente (merecendo um status positivo por cumprir a lei em nosso lugar). De fato, essa foi a crítica de Calvino ao heterodoxo luterano Andreas Osiander, sobre o qual falarei posteriormente. Nosso Salvador tinha não somente de ser humano e

---

[12] Ibid., 3.3.14.
[13] Ibid., 3.12.2.
[14] Ibid., 3.11.2.
[15] Ibid., 3.12.3.
[16] Ibid., 3.19.2.

imaculado, a fim de ser o sacrifício adequado pelo pecado. Em sua humanidade, Ele devia também cumprir toda a justiça. Logo, a justificação não é somente perdão (ou seja, deixar de imputar-nos os pecados); é também a imputação positiva dos méritos de Cristo.

Como observou François Wendel: "Calvino prosseguiu ressaltando que somos justificados por meio da obediência de Cristo e que Ele não poderia ter manifestado essa obediência, se não o fizesse em sua qualidade como servo, ou seja, de acordo com sua natureza humana". Em sua obediência, Cristo ofereceu seus méritos; e, entregando o seu corpo à morte, Ele se ofereceu como sacrifício pelo pecado. Tudo isso Ele poderia fazer somente como um Servo humano.[17] Assim, era infundada a acusação de Roma no sentido de que a doutrina reformada da justificação era uma ficção jurídica. Cristo cumpriu o ofício de cabeça da aliança, reivindicando, por direito (mérito condigno), o status de perfeita justiça que Ele compartilha com seu corpo, a igreja.

Calvino acreditava que toda a Epístola aos Romanos podia ser resumida assim: "A única justiça do homem está na misericórdia de Deus em Cristo, a qual, sendo oferecida pelo evangelho, é apreendida pela fé".[18] Haverá recompensas, mas "é uma inferência absurda deduzir mérito a partir de recompensa".[19] Calvino estava ciente da exegese de Romanos 2.13 ("Os simples ouvidores da lei não são justos diante de Deus, mas os que praticam a lei hão de ser justificados") que defendia uma justificação (pelo menos, uma justificação final) por obras. "Aqueles que pervertem esta passagem com o propósito de produzir uma justificação por obras merecem ser zombados, amplamente, até por crianças", ele escreveu em resposta. E acrescentou que, visto ser óbvio, do argumento de Paulo, que o propósito era mostrar que os judeus estavam, de fato, sob a maldição da lei, juntamente com os gentios, por não fazerem o que a lei

---

[17] François Wendel, Calvin: *The Origins and Development of his Religious Thought*. Trad. Philip Mairet (Durham: The Labyrinth Press, 1987), 260. Desenvolvi o argumento de Calvino sobre este assunto no livro *Lord and Servant: A Covenant Christology* (Louisville, Ky., and London: Westminster John Knox, 2006).

[18] John Calvin, *Commentaries on the Epistle of Paul the Apostle to the Romans*. Trad. John Owen (Grand Rapids: Baker, 1996), xxix-xxx.

[19] Ibid., 90.

exigia, "outra justiça tem de ser buscada".[20] Não somente as cerimônias, mas também toda a lei — incluindo a lei moral — estava incluída quando Paulo opôs a lei à fé como meio de justificação.[21] Calvino escreveu: "Pois, se houvesse qualquer justiça pela lei ou pelas obras, ela deveria estar nos próprios homens. Mas, pela fé, eles obtêm de outro o que não há neles mesmos. Por isso, a justiça da fé é chamada corretamente de imputada".[22]

Também ecoando Lutero — e, de modo mais importante, Paulo —, Calvino afirmava com insistência que a lógica de obras-justiça (que Lutero chamava de "teologia de glória") opõe-se à lógica da justiça somente pela fé. Intuitivamente, pensamos que pessoas boas vão para o céu, e pessoas más, para o inferno; que Deus não pode declarar justo alguém que naquele momento é inerentemente injusto. Temos de examinar o estado atual das coisas e julgar as pessoas pelo que vemos. Contudo, o evangelho é contrário à intuição. Neste caso, a promessa de Deus tem de anular as nossas sensibilidades morais, que julgam pelas aparências. No caso de Abraão, a fé se apegou a uma promessa, contrária a todas as possibilidades humanas:

> Todas as coisas à nossa volta se opõem às promessas de Deus. Ele prometeu imortalidade; estamos cercados de mortalidade e corrupção. Declarou que nos reputa como justos; estamos cobertos de nossos pecados. Ele testifica que é propício e bondoso para nós; os julgamentos exteriores ameaçam a ira divina. Então, o que devemos fazer? Com olhos fechados, temos de deixar de lado a nós mesmos e todas as coisas associadas conosco, para que nada nos impeça ou nos prive de crer que Deus é verdadeiro.[23]

Quanto à afirmação de Paulo sobre Cristo ter sido crucificado por nossos pecados e ressuscitado por causa de nossa justificação, em Romanos 4.25, Calvino observou: "Se a justificação significa renovação, en-

---
[20] Ibid., 95-96.
[21] Ibid., 151.
[22] Ibid., 155.
[23] Ibid., 180.

tão Ele morreu para que nossos pecados fossem entendidos no mesmo sentido, significando que Ele obteve para nós a graça de mortificarmos a carne, o que ninguém admite... Por isso, Paulo ainda fala sobre justificação imputada".[24] O incrédulo indiferente, como "o fariseu", não pode conhecer essa paz com Deus que vem por meio da justificação.[25] De nossa parte não há "preparações" que nos possam dar "acesso" a Deus.[26]

Disso podemos concluir que, para Calvino, a justificação era uma declaração exclusivamente forense de Deus imputando a justiça de Cristo a pecadores, somente por meio da fé. A justiça que justifica nunca é inata no crente — é pela graça, mediante a obra do Espírito; de fato, pela união com Cristo. É sempre a justiça de Outro, imputada e não transmitida, que torna o ímpio em justo diante de um Deus santo.

A JUSTIFICAÇÃO E A FÉ

O livro 2, das *Institutas*, concentra-se no "Conhecimento de Deus, o Redentor", elucidando tudo que Deus, em Cristo, fez por nós, *extra nos* — fora de nós mesmos. A pessoa e a obra perfeitas de Cristo não podem ser ampliadas, completadas, aumentadas ou melhoradas. A justiça que temos diante de Deus pertence a Outrem — é extrínseca, e não inerente; perfeita, e não progressiva. Calvino escreveu:

> Enquanto Cristo permanece fora de nós e estamos separados dEle, tudo que Ele sofreu e fez em benefício da salvação da raça humana permanece inútil e sem valor para nós. Portanto, a fim de compartilhar conosco o que Ele recebeu do Pai, Cristo teve de tornar-se como nós e habitar conosco. Por essa razão, Ele é chamado de nossa "cabeça" (Ef 4.15) e "o primogênito entre muitos irmãos" (Rm 8.29).[27]

---

[24] Ibid., 186.
[25] Ibid., 187.
[26] Ibid., 188.
[27] John Calvin, *Institutes of Christian Religion*, 3.1.1.

Menosprezando quaisquer virtudes ou ações que poderiam melhorar nossa condição moral inerente, Calvino escreveu, "a fé nos veste com a justiça de outro, que ela busca como um dom de Deus".[28] Ele acrescentou:

> A fé, pois, não é um mero conhecimento de Deus ou de sua verdade; tampouco é a simples persuasão de que Deus existe e de que sua Palavra é a verdade, e sim o conhecimento sólido da misericórdia de Deus que é recebida do evangelho, traz paz de consciência em relação a Deus e descanso à mente. Eis a síntese de toda a questão: se a salvação dependesse de guardar a lei, a alma não poderia entreter qualquer esperança quanto à salvação, sim, e todas as promessas que Deus nos oferece se tornariam vãs. Assim, ficaremos perdidos e infelizes, se retornarmos às obras, a fim de acharmos a causa ou a certeza da salvação... pois, visto que a lei gera somente vingança, ela não pode trazer-nos graça.[29]

Enquanto a igreja de Roma falava sobre hábitos infundidos de virtude, Calvino falava sobre a fé como um apropriar-se ou apegar-se a Cristo e ao dom do Espírito Santo, que produz a fé por meio do evangelho.

Ao mesmo tempo, Calvino se preocupava em cuidar para que a fé não fosse entendida como a única obra que realizamos para merecer a justificação. Em si mesma, a fé não é nada; sua eficácia está em seu objeto, a pessoa à qual ela se prende. A fé, em si mesma, é imperfeita, "pois a mente jamais é tão iluminada, e resquícios de ignorância permanecem. O coração nunca é tão fortalecido, e muita dúvida se apega a ele".[30] A fé é parcial e fraca; por isso, se fôssemos justificados pela fé em si mesma, seríamos um caso tão desesperador como se tivéssemos de merecer a justificação por meio de nossas obras.[31]

---

[28] John Calvin, *Commentaries on the Epistle of Paul the Apostle to the Romans*, 159.

[29] Ibid., 171.

[30] Ibid., 179.

[31] John Calvin, *Institutes of Christian Religion*, 3.11.7. Sem dúvida, esta ênfase foi exigida não somente por causa de polêmicas contra a igreja de Roma, mas também por causa dos ensinos perfeccionistas dos anabatistas e até, como Wendel observou (*Calvin: The Origins and*

O PRINCIPAL ARTIGO DA SALVAÇÃO

De acordo com Calvino, a fé *é* segurança. O crente não precisa olhar para Cristo em busca de justificação e para si mesmo em busca da certeza de que é justificado. Portanto, a tese popular do sociólogo Marx Weber — ou seja, o calvinismo produziu um espírito ativista no mundo ao vincular a certeza da eleição às obras da pessoa — é insustentável, pelo menos em relação a Calvino (e seus herdeiros, que, em suas confissões, igualaram a fé à segurança). Como nos lembra Wilhelm Niesel: "O debatido ativismo de Calvino está alicerçado no fato de que pertencemos a Cristo e, por isso, podemos seguir nosso viver livres de inquietações e confessar nossa membresia em Cristo; mas não procede de qualquer desejo zeloso de provarmos a fé cristã por meio de obras".[32]

Não somente no momento de nossa justificação, mas também durante toda a vida cristã, nossas obras permanecem sob a maldição da lei, se são avaliadas pelo padrão da lei de Deus. Entretanto, Calvino acrescentou de imediato:

> Porém, se livres desta severa exigência da lei ou, antes, de todo o rigor da lei, [os crentes] se vêem chamados por Deus, com amabilidade paternal, eles respondem com alegria e prontidão e seguem a liderança dEle. Em outras palavras, aqueles que estão presos ao jugo da lei são como servos designados por seus senhores a cumprirem certas tarefas todos os dias... Mas os filhos, que são tratados de maneira mais generosa e amável por seus pais, não hesitam em oferecer obras incompletas, imperfeitas e mesmo defeituosas, confiando que sua obediência e prontidão será aprovada pelo Pai mais misericordioso, não importando quão insignificantes, rústicas e imperfeitas sejam essas obras... Todavia, como isso pode ser feito em meio a todo este pavor, quando temos dúvida se Deus é honrado ou ofendido por nossas obras?[33]

Development of His Religious Thought, 263), da tendência de Zwinglio de tratar a fé como perfeita. Calvino talvez já começasse a detectar entre os protestantes uma tendência de considerar a fé como a base, e não como o instrumento, da justificação (encorajados, às vezes, pelo uso da expressão "justificação pela fé" como uma abreviação de "justificação por Cristo por meio da fé").

[32] Wilhelm Niesel, *The Theology of John Calvin*. Trad. Harold Knight (Philadelphia: Westminster, 1956), 99.

[33] John Calvin, *Institutes of Christian Religion*, 3.19.5.

Uma vez que as obras não são mais apresentadas a Deus visando nossa justificação, elas podem ser aceitas, apesar de sua imperfeição, pelo Pai misericordioso por causa de Cristo.

A JUSTIFICAÇÃO E A UNIÃO

Valendo-se, como Lutero, da ampla gama de analogias bíblicas para abordar esta união, Calvino complementou sua ênfase forense a respeito da justificação com a analogia orgânica da união e do enxerto em relação à renovação interior e à comunhão com Cristo, incluindo a sua santidade. Assim, comentando João 17, Calvino explicou: "Tendo sido enxertados no corpo de Cristo, nos tornamos participantes da adoção divina e herdeiros do céu".[34] Em outra obra, ele escreveu: "O propósito do evangelho consiste em que Cristo se fez nosso e somos enxertados em seu corpo".[35] Não somos primeiramente unidos a Cristo e, depois, justificados com base em sua justiça que está em nós; somos justificados pela fé, mediante a imputação da justiça de Cristo. No entanto, ninguém pode receber a Cristo sem receber todos os seus benefícios. Todos os que são justificados estão unidos a Cristo e se tornam ramos que produzem frutos.

A ênfase de Calvino na pessoa e obra do Espírito Santo, a ênfase que conhecemos bem, especialmente em sua formulação sobre a maneira como Cristo é comunicado a nós na Ceia do Senhor, está evidente em sua abordagem sobre a união mística. A mediação do Espírito na obra e pessoa de Cristo, e não uma participação imediata na essência divina, é um aspecto crucial na explicação de Calvino. Somos "um com o Filho de Deus; não porque Ele nos transmite sua substância, e sim porque, mediante o poder do Espírito, Cristo compartilha conosco a sua vida e todas as bênçãos que Ele recebeu do Pai".[36] É o Espírito que nos une à obra de Cristo, aqui e agora, de modo que a sua justiça se torna realmen-

---

[34] John Calvin, *Commentary on the Gospel According to John*. Trad. William Pringle (Grand Rapids: Baker, 1996), 2:166. Comentário sobre João 17.3.

[35] João Calvino, *1 Coríntios* (São Bernardo do Campo, SP: Edições Parakletos, 2003), 39-40.

[36] John Calvin, *Commentary on the Gospel According to John*, 2:184.

te nossa — embora seja sempre a justiça *de Cristo*, e não uma qualidade inerente em nós.

O entendimento de Calvino sobre a união com Cristo é idêntico ao da teologia federal, segundo a qual Cristo substituiu Adão como nosso cabeça federal ou pactual. Não é uma participação abstrata no ser, "como se tivesse sido implantado neles por natureza", e sim uma união pessoal com o Mediador da aliança: "Mas Cristo habita principalmente nisto: a seiva vital — ou seja, toda a vida e o vigor — procede somente dEle mesmo".[37] Admitida a ênfase trinitária da doutrina de Calvino quanto à união com Cristo, incluindo um ponto de vista elevado sobre o papel do Espírito em unir-nos a Cristo, não é surpreendente que sua abordagem implique um entendimento mais dinâmico. Embora a justificação seja um veredito pronunciado de uma vez por todas, anunciado no momento em que a pessoa recebe a Cristo por meio do evangelho, e a união em si mesma seja definitiva, podemos crescer cada vez mais em Cristo e seu corpo.

Sobre a base legal da imputação da justiça de Cristo, os crentes podem ser unidos a Cristo, confiantes de que recebemos gratuitamente tudo que pertence a Ele. Nesta mudança maravilhosa, toda a nossa dívida se torna dEle, e toda a sua riqueza se torna nossa. E, em nossa união com Cristo, recebemos realmente os benefícios aos quais a justiça dEle, a nós imputada, nos dá direito. Nem mesmo em nossa santificação podemos nutrir confiança em nossa santidade inerente. Calvino escreveu: "Se você contempla a si mesmo, isso é condenação certa".[38] Ele acrescentou:

> Embora possamos distingui-las [justificação e santificação], Cristo contém ambas inseparavelmente em Si mesmo. Você quer obter a justiça em Cristo? Então, precisa possuir a Cristo; mas não pode possuí-Lo sem tornar-se participante da santidade dEle, porque Ele não pode ser dividido em pedaços [1Co .13]. Portanto, visto que é tão-somente por entregar-se a Si mesmo que o Senhor nos

---

[37] Ibid., 2:107. Comentário sobre João 15.1.
[38] John Calvin, *Institutes of Christian Religion*, 2.2.24.

outorga esses benefícios, para que os desfrutemos, Ele os outorga ao mesmo tempo. Ele nunca dá um sem o outro. Assim, torna-se evidente quão verdadeiro é o fato de que somos justificados não sem obras, mas não por obras, visto que o nosso compartilhar de Cristo, o que nos justifica, inclui tanto a nossa santificação como a nossa justificação.[39]

Quando falava sobre a justificação, Calvino advertia enfaticamente que "a questão toda não é como podemos nos tornar justos, sendo injustos e indignos, e sim como podemos ser reputados como justos. Se as consciências desejam obter certeza neste assunto, não devem dar nenhum lugar à lei".[40] Calvino reconheceu que a justificação não deve ser *confundida* com a santificação, por meio de uma ontologia abrangente acerca da união, para reconhecermos a *inseparabilidade* dos aspectos legal (forense) e orgânico (eficaz) dessa união.[41] Possua a Cristo e, assim, você terá a justiça perfeita da justificação e o começo de santificação nesta vida.

Não importando se a união precedeu temporalmente a justificação, Calvino foi claro em afirmar que esta foi a base daquela: "A maioria considera a comunhão com Cristo [*Christi esse participem*] e o crer nele como sendo equivalentes; não obstante, a comunhão que desfrutamos com Cristo [*participation quan habemus cum Christu*] é o efeito da fé [*fidei effectus*]".[42] A união com Cristo não provê a base para que Deus discirna em nós uma justiça transmitida; pelo contrário, com base na justificação, somos tornados participantes da vida vivificadora de Cristo. O mesmo ato de fé que olha constantemente apenas para Cristo, quanto à justificação, também olha somente para Cristo quanto à santificação e à glorificação.

---

[39] Ibid., 3.16.1.

[40] Ibid., 3.19.2.

[41] Quanto a este assunto, ver especialmente: Philip W. Butin, *Revelation, Redemption, and Response: Calvin's Trinitarian Understanding of the Divine-Human Relationship* (Oxford: Oxford University Press, 1995). Ver também esta excelente obra: J. Todd. Billings, *Calvin, Participation, and the Gift: The Activity of Believers in Union with Christ In Changing Paradigms in Historical and Systematic Theology* (Oxford: Oxford University Press, 2007).

[42] João Calvino, *Efésios* (São José dos Campos, SP: Editora Fiel, 2007), 80.

O PRINCIPAL ARTIGO DA SALVAÇÃO

Portanto, não existem duas fontes de vida cristã: uma é forense e está somente em Cristo; a outra é moral e está em nós. A justificação forense, por meio da fé, é a fonte da união com Cristo em todos os seus aspectos renovadores. Somos justificados por meio da fé, e não da união com Cristo. Como Wendel observou, para Calvino é por meio da fé que os justificados são unidos a Cristo e a todos os seus benefícios, tornando-se membros do corpo de Cristo, "embora a união com Cristo não possa ser considerada a causa da imputação da justiça. A imputação e a união são, antes, dois aspectos inseparáveis da única e mesma graça divina: mas um não é possível sem o outro".[43]

Por isso, Calvino falou sobre uma "graça dupla" na comunhão com Cristo:

> Cristo nos foi dado pela generosidade de Deus, para que nos apropriemos dEle e O possuamos pela fé. Por participarmos dEle, recebemos principalmente uma graça dupla: somos reconciliados com Deus por meio da irrepreensibilidade de Cristo, para que no céu tenhamos um Pai gracioso, em vez de um Juiz. E, segundo, para que, santificados pelo Espírito de Cristo, cultivemos irrepreensibilidade e pureza de vida.[44]

Essa graça dupla envolve uma "aceitação dupla": nossa pessoa é justificada sem as obras, mediante a imputação da justiça de Cristo, recebida pela fé, para que nossas obras possam ser justificadas ou aceitas pelo Pai, não como meritórias, e sim como o fruto da justificação e da união com seu Filho.[45]

Desta maneira, Calvino subverteu a acusação (repetida tantas vezes por inúmeros críticos católicos romanos e protestantes) de que a justificação não deixa qualquer lugar às boas obras na vida cristã. Pelo contrário, a justificação nos liberta, pela primeira vez, para obedecermos a Deus e servirmos o nosso próximo sem temor de punição para as nossas

---

[43] François Wendel, *Calvin: The Origins and Development of his Religious Thought*, 258.
[44] John Calvin, *Institutes of Christian Religion*, 3.11.1.
[45] Ibid., 3.17.4-5.

falhas. A justificação não depende, de maneira alguma, de uma transmissão da justiça de Cristo por meio da união, mas é inseparável desta. Calvino escreveu: "Somente isto é importante: havendo admitido que a fé e as boas obras têm de andar juntas, fundamentamos a justificação na fé, e não nas obras. Temos uma explicação para fazermos isso, contanto que nos voltemos para Cristo, a quem nossa fé é direcionada e de quem recebe todo o seu vigor".[46] O crente não mantém um de seus olhos em Cristo para obter justificação e o outro em si mesmo para fazer boas obras; ele olha para Cristo em busca de ambas as coisas. "Você não pode obter esta [a justificação] sem obter, ao mesmo tempo, a santificação",[47] afirmou Calvino. Embora não cumpram nenhum papel em nossa aceitação diante de Deus, as obras imperfeitas do crente são bem recebidas pelo Pai, porque a corrupção de tais obras "é sepultada na pureza de Cristo, e não lançada em nossa conta".[48] As nossas obras são "justificadas" somente quando não lhes damos qualquer lugar na justificação. Essa distinção entre nossa pessoa e nossas obras sendo justificadas é admitida nas diferentes maneiras como a palavra *justificação* é usada por Paulo e Tiago.[49]

Calvino não substituía a união com Cristo pela justificação. Antes, ele apelava à justiça externa ou imputada de Cristo como único fundamento para a justificação e à união com Cristo como a fonte de nossa nova vida. Na verdade, a união com Cristo pode ser considerada o fundamento tanto da justificação como da santificação em um sentido importante: a "maravilhosa mudança" em que Cristo se torna Aquele que leva o nosso pecado e nos tornamos a justiça de Deus em Cristo. No entanto, a justificação imputada deve ser sempre distinguida como o fundamento forense da aceitação divina. Ao aprimorar a noção da "justiça dupla", Calvino desenvolveu uma conclusão a que Lutero havia chegado antes, em seu "Sermão sobre as Duas Espécies de Justiça" (1519).[50]

---

[46] Ibid., 3.16.1.
[47] Ibid.
[48] Ibid., 3.17.10.
[49] Ibid., 3.17.11.
[50] François Wendel, Calvin: *The Origins and Development of his Religious Thought*, 261.

O PRINCIPAL ARTIGO DA SALVAÇÃO

CONTROVÉRSIA SOBRE A JUSTIFICAÇÃO

Como acontece freqüentemente na história da igreja, opiniões errôneas proporcionam uma ocasião para mais clareza e refino. O reformador luterano Andreas Osiander foi um desses casos. Embora suas idéias tenham sido amplamente condenadas por colegas luteranos, Calvino foi talvez aquele que mais chamou a atenção para tais idéias; e, ao refutá-las, ajudou a definir os aspectos cruciais do consenso reformado sobre a justificação. Calvino se mostrou tão preocupado com as opiniões de Osiander, que acrescentou oito seções de refutação na edição de 1559 das *Institutas* (3.11.5-12).

Calvino escreveu que Osiander "havia introduzido o monstro estranho da justiça 'essencial'".[51] Na opinião de Calvino, havia pouca diferença em afirmar que alguém era justificado por uma justiça infundida ou pela "justiça essencial" de Cristo habitando o crente, visto que em ambos os casos o fundamento da justificação seria um ato interno de tornar a pessoa justa, e não a imputação de uma justiça externa. Calvino admitiu que Osiander não tencionava "abolir a justiça outorgada gratuitamente; ele a envolveu em um nevoeiro tão denso, que obscureceu as mentes piedosas e privou-as de uma experiência viva da graça de Cristo".[52] Além de ceder à "especulação" e à "curiosidade débil", Osiander era culpado, disse Calvino, de "aproximar-se do maniqueísmo em seu desejo de transfundir a essência de Deus no homem", com a especulação adicional de que "Adão foi criado à imagem de Deus porque Cristo já havia sido destinado como o protótipo da natureza humana, antes da Queda".[53]

Visto que a confusão de Osiander sobre a justificação e a união é semelhante a diversas propostas recentes de vários grupos (principalmen-

---

[51] John Calvin, *Institutes of Christian Religion*, 3.11.5. Esta parte das Institutas é uma refutação da obra *Disputation and Justification* (1550), de Andreas Osiander. Este foi um teólogo luterano cujas opiniões foram rejeitadas no Livro de Concórdia. Nele podem ser notadas semelhanças com o ponto de vista da justificação promovido especialmente pela Nova Perspectiva Finlandesa sobre Lutero.

[52] Ibid.

[53] Ibid.

te protestantes) e que o debate ajudou Calvino a aprimorar a doutrina aceita por intérpretes luteranos e reformados, vale a pena ressaltar os pontos principais. Primeiro, de acordo com Calvino, o ponto de vista de Osiander confundia a justiça essencial de Cristo com a nossa própria. Calvino disse que Osiander não entende a justificação como a imputação daquela "justiça que foi obtida na cruz, por meio da obediência de Cristo e da morte sacrificial, mas presume que somos substancialmente justos em Deus, pela infusão tanto de sua essência como de suas qualidades". Segundo, "ele introduz uma mistura de substâncias pela qual Deus — transfundindo-se em nós, por assim dizer — torna-nos parte dEle mesmo". Isso não somente introduz uma confusão relacionada à criatura e ao Criador, mas também deixa de reconhecer que "é por meio do poder do Espírito Santo que crescemos juntamente com Cristo e que Ele se torna nosso Cabeça e nós, seus membros". O resultado é que a justificação é confundida com a regeneração, e o crente, com a essência divina.

Podemos afirmar uma comunhão com a pessoa de Cristo, contra-atacou Calvino, sem transigirmos a doutrina da justificação forense.[54] Na abordagem de Osiander, "ser justificado é não somente ser reconciliado com Deus por meio do perdão gratuito, mas também ser tornado justo, e a justiça não é uma imputação, e sim a santidade e retidão que a essência de Deus inspira, habitando em nós".[55]

A justificação e o novo nascimento, escreveu Calvino, não devem ser unidas e jamais confundidas.[56] Ele também criticou o ponto de vista de Osiander no sentido de que "a fé é Cristo", e não, conforme Calvino acreditava, um recipiente vazio que recebe a Cristo.[57] A fé é o instrumento por meio do qual recebemos a Cristo, e não deve ser confundida com o próprio Cristo (a causa material).[58]

---

[54] Ibid.
[55] Ibid., 3.11.6.
[56] Ibid.
[57] Ibid., 3.11.7. A referência a Osiander provem de sua *Confession of the Only Mediator and of Justification by Faith* (1551). A fé, em si mesma, não é uma obra inerente, Calvino acrescentou nesta seção; ela apenas recebe, mas, todavia, "pode justificar-nos por trazer Cristo, assim como um pote abarrotado de dinheiro pode tornar um homem rico."
[58] Ibid.

Calvino também disse que, ao confundir o novo nascimento com a justificação, a fé, com Cristo e o crente, com Deus, Osiander separou as duas naturezas de Cristo — uma mudança interessante nos debates cristológicos entre estas duas tradições. Calvino notou que o ponto de vista de Osiander levava a uma cristologia nestoriana e a uma doutrina da expiação que eliminava a humanidade de Cristo como mediador.[59] Nem mesmo Cristo foi justificado por sua justiça essencial como divina, e sim por meio de sua obediência como um servo que estava sob a lei.[60]

Conseqüentemente, não pode haver deidade salvadora em Cristo sem a obediência pactual que Ele prestou em sua humanidade como o segundo Adão. Calvino escreveu: "Pois, se perguntamos como fomos justificados, Paulo responde: 'Pela obediência de Cristo' (Rm 5.19). Mas, Ele obedeceu de outra maneira quando assumiu a forma de servo (Fp 2.7)? Concluímos disso que, em sua carne, a justiça nos foi manifestada".[61] Então, vemos novamente que, em vez de representarem antíteses a serem ajustadas, o pacto e a participação são temas integralmente relacionados.

Calvino observou que a "união mística" recebe de nós "o mais elevado grau de importância, de modo que, havendo-se tornado nosso, Cristo nos torna co-participantes dos dons com os quais foi dotado". Enquanto a nossa justiça é exterior a nós — uma justiça alheia, que pertence propriamente a Cristo, e não a nós —, Cristo não permanece alheio, mas une-se a Si mesmo conosco e a nós, consigo mesmo. "Portanto, não O contemplamos fora de nós mesmos, à distância, a fim de que sua justiça nos seja imputada, e sim porque nos vestimos de Cristo e estamos enxertados em seu corpo — em resumo, porque Ele se digna em tornar-nos um consigo mesmo".[62] Ele acrescentou:

> Osiander zomba daqueles que ensinam que "ser justificado" é um termo legal; porque temos realmente de ser justos. Além disso, ele despreza nada mais do que o ensino de que somos justificados

---

[59] Ibid.
[60] Ibid., 3.11.12.
[61] Ibid.
[62] Ibid., 3.11.10.

pela imputação gratuita. Ora, se Deus não nos justifica por absolvição e perdão, o que significam estas declarações de Paulo: "Deus estava em Cristo reconciliando consigo o mundo, não imputando aos homens as suas transgressões" (2Co 5.19); "Aquele que não conheceu pecado, ele o fez pecado por nós; para que, nele, fôssemos feitos justiça de Deus" (v. 21)?[63]

Calvino comparou diversos textos do Novo Testamento com o uso jurídico comum e concluiu: "Osiander objeta que seria insultante a Deus e contrário à sua natureza que Ele justificasse aqueles que, na realidade, permanecem ímpios". A isso Calvino respondeu com o familiar *simul iustus et peccator* (ao mesmo tempo justo e pecador), lembrando a Osiander que "eles estão sempre sujeitos ao julgamento de morte, diante do tribunal de Deus", conforme a justiça deles mesmos.[64]

A solução, ele disse, é fazer distinção entre a justificação e a renovação interior, sem divorciá-las. A santificação é sempre parcial nesta vida. "Todavia, [Deus] não justifica em parte, mas liberalmente, de modo que eles possam comparecer no céu como que dotados da pureza de Cristo. Nenhuma parte da justificação trará paz à nossa consciência, enquanto não definirmos que estamos agradando a Deus por sermos completamente justos diante dEle".[65] De acordo com Calvino, Osiander, assim como a igreja de Roma, negava esse conforto aos crentes.[66] Somente pelo fato de que a justificação é constituída de uma justiça imputada, e não inerente, os crentes têm motivo para "não tremer em face do julgamento que merecem; e, embora condenem corretamente a si mesmos, devem considerar-se justos fora de si mesmos".[67] Assim, discernimos ênfases complementares no argumento de Calvino: a justiça de Cristo, que justifica, está "fora de nós", embora, pela virtude da união mística, Ele mesmo — incluindo sua justiça — não possa permanecer fora de nós.

---

[63] Ibid., 3.11.11.
[64] Ibid.
[65] Ibid.
[66] Ibid.
[67] Ibid.

Todos os dons sobrenaturais se encontram somente em Cristo, pelo Espírito somente, embora operem por meio de instrumentos. O fato de que estamos em Cristo e de que Ele está em nós acontece pela mediação do Espírito. Mas, Calvino observou, "a fé é a principal obra do Espírito Santo".[68] Afinal de contas, é a fé que recebe a justificação e se mostra ativa em amor, produzindo o fruto de boas obras. Visto que estamos unidos a Cristo, por meio da fé, essa fé é a fonte não somente da justificação, mas também da santificação e da glorificação.

Desde o tempo de Osiander, tem havido tentativas, amplamente revividas em nossos dias, mesmo nas teologias protestantes, de fazer da santificação a base da justificação, e não vice-versa. No entanto, elas acabam omitindo a distinção crucial entre Cristo *por* nós e Cristo *em* nós. Conforme os tratados clássicos reformados sobre esta conexão, Cristo sozinho é a base da justificação e da união, mas o ato de justificação é anterior à união.[69] Mas, um vez que a justificação tenha provido o fundamento legal, todos os dons da graça de Deus são dados gratuitamente na união com Cristo.

"TESOUROS CELESTIAIS"

Se Lutero era o "apóstolo" da Reforma, como disse Calvino, não pode haver dúvida de que Calvino era um "Timóteo" que aprimorou a doutrina da justificação que achamos em nossas confissões. Não é apenas uma doutrina entre muitas e, menos ainda, um aspecto teológico que tem pouca relevância para a vida e a experiência prática. Ecoando a

---

[68] Ibid., 3.1.4.

[69] Louis Berkhof, *Systematic theology*. 4th ed (Grand Rapids: Eerdmans, 1941), 452. A união mística no sentido em que agora falamos não é a base judicial sobre a qual nos tornamos participantes das riquezas que estão em Cristo. Às vezes, diz-se que os méritos de Cristo não nos podem ser imputados, enquanto não estamos nEle, visto que é somente com base em nossa união com Ele que essa imputação pode fazer sentido. Mas essa opinião deixa de fazer uma distinção entre a união legal com Cristo e a união espiritual com Ele, sendo uma falsificação do elemento fundamental na doutrina da redenção, ou seja, a doutrina da justificação. A justificação é sempre uma declaração de Deus, não com base em uma condição existente, e sim com base na imputação gratuita — uma declaração que não está em harmonia com a condição existente do pecador. A base forense de toda a graça especial que recebemos está no fato de que a justiça de Cristo é imputada gratuitamente a nós.

"maravilhosa troca" de Lutero, um comentário de Calvino proporciona uma conclusão adequada:

> Pois, em Cristo, Deus oferece toda a felicidade em lugar de nossa miséria, toda a riqueza em lugar de nossa necessidade; nEle se abrem para nós os tesouros celestiais, para que toda a nossa fé contemple seu amado Filho, toda a nossa expectativa dependa dEle, e toda a nossa esperança se apegue e descanse nEle. Este é, de fato, aquele segredo e aquela filosofia escondida que não pode ser extraída de silogismos. Mas aqueles cujos olhos Deus abriu aprendem-na certamente com o coração, para que em sua luz vejam a luz [Sl 36.9].[70]

---

[70] John Calvin, *Institutes of Christian Religion*, 3.20.1.

Capítulo 18

A VERDADEIRA VIDA CRISTÃ

JERRY BRIDGES

Ninguém nega corretamente a si mesmo, se não se entrega por completo ao Senhor e está disposto a confiar cada detalhe à boa vontade dEle. Se nos colocarmos nessa atitude de espírito, então, não importando o que nos aconteça, jamais nos sentiremos infelizes ou acusaremos a Deus por nossa situação.[1]

—João Calvino

Por causa de sua obra clássica, *Institutas da Religião Cristã*, Calvino é melhor conhecido como teólogo; e poderia ser chamado, acertadamente, de pai da teologia reformada. No entanto, Calvino era, antes de tudo, um pastor e, como tal, se preocupava com a manifestação da teologia na vida diária do crente. Essa é a razão por que, nas *Institutas*, o seu tratado sobre a vida cristã vem logo depois de sua obra sobre a regeneração.

De acordo com Calvino: "O objetivo da regeneração... é manifestar, na vida dos crentes, a harmonia e a concordância entre a justiça de Deus e a obediência deles e, assim, confirmar a adoção que obtiveram como filhos".[2] Como deve ser praticada essa harmonia entre a justiça de Deus e a nossa obediência? Calvino nos leva diretamente às Escrituras, pois

---

[1] John Calvin, *Golden Booklet of the True Christian Life*. Trad. Henry J. Van Andel (Grand Rapids: Baker, 1952), 44.

[2] John Calvin, *Institutes of Christian Religion*. Ed. John T. McNeill; trad. Ford Lewis Battles. Library of Christian Classics, XX-XXI (Philadelphia: Westminster John Knox, 1960), 3.6.1.

é na obediência às Escrituras que a imagem de Deus é restaurada em nós. Primeiramente, as Escrituras nos instruem quanto à lei de amar a justiça, porque, por natureza, não somos inclinados a fazer isso. Em segundo, as Escrituras nos dão um princípio norteador, ou seja, a vontade de Deus para nós: "Sede santos, porque eu sou santo" (1Pe 1.16).

SANTIDADE DE VIDA

A santidade consiste em conformação com Cristo. Calvino escreveu: "Visto que o Pai nos reconciliou consigo mesmo em Cristo, Ele nos ordena que sejamos conformados com Cristo, o nosso modelo".³ De fato, Calvino acrescentou: "A menos que nos dediquemos, com fervor e oração, em seguir a retidão de Cristo, não somente nos rebelamos infielmente contra nosso Criador, mas também O abjuramos como nosso Salvador".⁴

Essa é uma linguagem forte. A expressão *com fervor* transmite a idéia de zelo diligente ou, como diríamos hoje, "dar o melhor de si" ou "dar 100%". A palavra *abjurar* significa *negar fortemente,* como na terceira negação de Pedro acerca do Senhor, quando Pedro "começou... a praguejar e a jurar: Não conheço esse homem" (Mt 26.74).

Calvino não deixou espaço para uma situação intermediária. Ou seguimos fervorosamente o exemplo de Cristo, ou O negamos por meio de nossa conduta e estilo de vida. Esse padrão difere bastante da atitude de muitos cristãos contemporâneos, que são casuais ou indiferentes em buscar a semelhança com Cristo. Mas, pela maneira de escrever de Calvino, é evidente que ele considerava a busca zelosa da santidade como a vida cristã *normal*.

Seguir com fervor a semelhança com Cristo exige uma motivação forte. Para achá-la, Calvino apelou às bênçãos de Deus:

• Deus revelou-se a Si mesmo como Pai; portanto, devemos comportar-nos como seus filhos.

---

³ John Calvin, *Golden Booklet of the True Christian Life*, 18.
⁴ Ibid., 19.

- Cristo nos purificou por meio de seu sangue; portanto, não devemos sujar-nos com nova poluição.
- Cristo nos uniu ao seu corpo como seus membros; portanto, não devemos degradá-lo com nenhuma mancha.
- Cristo ascendeu ao céu; portanto, devemos deixar para trás nossos desejos carnais e erguer nosso coração até Ele.
- O Espírito Santo nos consagrou como templos de Deus; portanto, devemos esforçar-nos para não profanar seu santuário, e sim manifestar sua glória.
- Tanto o nosso corpo quanto a nossa alma estão destinados a herdar uma coroa incorruptível e imarcescível; portanto, devemos mantê-los puros e incontaminados.

Para Calvino, não havia tal coisa como o suposto "crente carnal". Pelo contrário, ele escreveu: "O apóstolo nega que alguém conheça realmente a Cristo e não tenha aprendido a despojar-se do velho homem, que se corrompe com as concupiscências do engano, e a revestir-se de Cristo".[5] Outra vez: "[O evangelho] é inútil se não muda o nosso coração, não permeia a nossa conduta e não nos transforma em novas criaturas".[6] Ele continuou: "A perfeição deve ser o objetivo final que almejamos e o alvo pelo qual nos empenhamos. Não é lícito você fazer um compromisso com Deus, tentar cumprir parte de seus deveres e omitir outros a seu bel-prazer".[7]

Ao mesmo tempo, Calvino advertiu contra o estabelecermos um padrão elevado para os outros crentes. Ele escreveu: "Não devemos insistir na absoluta perfeição do evangelho em nossos irmãos, por mais que nós mesmos nos esforcemos por essa perfeição".[8] Usando uma expressão contemporânea, devemos ser severos em relação a nós mesmos e amáveis para com os outros. Infelizmente, o oposto é o que se evidencia com freqüência. Esperamos muito dos outros, enquanto desculpamos a nós mesmos.

---

[5] Ibid., 20.
[6] Ibid., 21.
[7] Ibid., 22.
[8] Ibid., 21.

Embora Calvino insistisse na importância de seguirmos diligentemente a santidade, ele se mostrava realista quanto aos nossos escassos resultados. Reconheceu que a vasta maioria dos cristãos progride com debilidade. Mas isso não é uma desculpa para nós. Antes, ele escreveu: "Não cessemos de fazer o máximo, para que avancemos continuamente no caminho do Senhor e não nos desesperemos por causa da pequenez de nossas realizações".[9]

AUTO-RENÚNCIA

Em vista da sua ênfase sobre a importância da santidade, poderíamos esperar que Calvino apresentasse alguns exemplos específicos a respeito de como seguir a santidade em nosso viver, talvez instando o princípio de "despojar-se e revestir-se", como Paulo o fez em Efésios 4.22-25. Em vez disso, Calvino nos levou ao âmago da questão, dirigindo nossa atenção às Palavras de Paulo em Romanos 12.1-2:

> Rogo-vos, pois, irmãos, pelas misericórdias de Deus, que apresenteis o vosso corpo por sacrifício vivo, santo e agradável a Deus, que é o vosso culto racional. E não vos conformeis com este século, mas transformai-vos pela renovação da vossa mente, para que experimenteis qual seja a boa, agradável e perfeita vontade de Deus.

Em seguida, Calvino escreveu: "É muito importante a consideração de que somos consagrados e dedicados a Deus; isso significa que podemos pensar, falar, meditar e fazer somente aquilo que visa à glória de Deus".[10] Ao elaborar as implicações dessa verdade, parece que Calvino recorreu às palavras de Paulo em 1 Coríntios: "Acaso, não sabeis que o vosso corpo é santuário do Espírito Santo, que está em vós, o qual tendes da parte de Deus, e que não sois de vós mesmos? Porque fostes comprados por preço" (6.19-20a). Ele escreveu:

---

[9] Ibid., 23.
[10] Ibid., 26.

> Se não somos de nós mesmos, mas do Senhor, é evidente de quais erros devemos fugir e a quais propósitos todos os nossos atos devem ser direcionados. Não somos de nós mesmos, portanto, nem a mente, nem a vontade devem guiar-nos em nossos pensamentos e ações. Não somos de nós mesmos, portanto, não devemos buscar o que é conveniente à carne. Não somos de nós mesmos, portanto, esqueçamos, tanto quanto possível, a nós mesmos e os nossos interesses. Mas somos de Deus, portanto, vivamos e morramos para Ele. Somos de Deus, portanto, a sua vontade e sabedoria devem dominar todas as nossas ações. Somos de Deus, portanto, toda parte de nossa existência deve ser dirigida a Ele como único alvo legítimo.[11]

De acordo com Calvino, a auto-renúncia também inclui uma vida regulada pelas palavras de Paulo em Tito 2.11-14:

> A graça de Deus se manifestou salvadora a todos os homens, educando-nos para que, renegadas a impiedade e as paixões mundanas, vivamos, no presente século, sensata, justa e piedosamente, aguardando a bendita esperança e a manifestação da glória do nosso grande Deus e Salvador Cristo Jesus, o qual a si mesmo se deu por nós, a fim de remir-nos de toda iniqüidade e purificar, para si mesmo, um povo exclusivamente seu, zeloso de boas obras.

Impiedade significa tudo que obstrui o temor sincero para com Deus. E *paixões mundanas* significam qualquer coisa que agrada os nossos desejos pecaminosos.

Referindo-se às características positivas da nova maneira de viver descrita em Tito 2.12, Calvino entendeu a expressão *"vivamos...sensata"* como que incluindo "castidade e temperança, bem como o uso puro e frugal das bênçãos temporais, e paciência em meio à pobreza".[12] O termo *justa* inclui todos os deveres de retidão e justiça em nosso lidar com

---
[11] Ibid.
[12] Ibid., 30.

os outros. *Piedosamente* "nos separa das contaminações deste mundo e, por meio da verdadeira santidade, nos une a Deus".[13]

De acordo com Calvino, não devemos ambicionar riqueza, honra e poder, mas devemos descansar seguros de que tudo depende somente da bênção de Deus. Ele escreveu: "Um verdadeiro cristão não atribuirá qualquer riqueza à sua própria diligência, atividade e boa sorte; ele reconhecerá que Deus é o autor dessa riqueza".[14]

A auto-renúncia refere-se primeiramente ao nosso relacionamento com Deus, mas também se aplica a nosso relacionamento com as outras pessoas. O pensamento de Paulo, em Filipenses 2.3 — "considerando cada um os outros superiores a si mesmo" — era o ponto de partida de Calvino. Esse é um aspecto da santidade sobre o qual muitos de nós raramente pensamos. Em linguagem vívida, Calvino expôs nossa falta de humildade para como os outros. Ele escreveu:

> Os erros dos quais estamos cheios, nós os escondemos cuidadosamente dos outros; e enganamos a nós mesmos com a idéia de que eles são insignificantes e triviais. Às vezes, até os aceitamos como virtudes... [Mas] se outros têm quaisquer erros, não nos contentamos em criticá-los forte e severamente, mas os exageramos de maneira horrível.[15]

A santidade de vida causa impacto até na maneira como vemos nossos talentos e os de outros. Temos de lembrar que, não importando os talentos que tenhamos, eles são dons gratuitos da parte de Deus. Por outro lado, quando observamos os dons de Deus nos outros, devemos valorizar e estimar tanto os dons como os possuidores. Apesar das falhas dos outros, nunca devemos ofendê-los; antes, devemos mostrar amor e respeito por todos.

Calvino elevou ainda mais o nível da auto-renúncia. Não somente devemos considerar os outros melhores do que nós mesmos, mas tam-

---

[13] Ibid.
[14] Ibid., 43.
[15] Ibid., 32.

bém buscar o proveito deles. Isso, Calvino disse, é extremamente difícil, a menos que deixemos de lado todas as considerações egoístas e quase nos esqueçamos de nós mesmos. Ele escreveu: "Procuremos, antes, o bem dos outros e desistamos voluntariamente de nossos direitos por causa das outras pessoas".[16]

De fato, devemos procurar o bem de todos, amigos e inimigos. "O Senhor ordena que façamos o bem a todos os homens, sem exceção, mesmo que, em sua maioria, eles sejam imerecedores, quando julgados de acordo com seus próprios méritos".[17] O fundamento dessa atitude era que todas as pessoas são criadas à imagem de Deus, a quem devemos toda honra e amor possíveis. Isso é especialmente verdadeiro no que diz respeito aos outros crentes, porque eles foram vivificados em Cristo pela obra do Espírito Santo. Mas, embora as ações de uma pessoa sejam indignas ou deploráveis, ela ainda possui a imagem de Deus e, por isso, é digna de nosso respeito e ajuda, quando necessita.

Numa afirmação concisa sobre a auto-renúncia, Calvino escreveu:

> Ninguém nega corretamente a si mesmo, se não se entrega por completo ao Senhor e está disposto a confiar cada detalhe à boa vontade dEle. Se nos colocarmos nessa atitude de espírito, então, não importando o que nos aconteça, jamais nos sentiremos infelizes ou acusaremos a Deus por nossa situação.[18]

PACIÊNCIA NO LEVAR A CRUZ

Embora a auto-renúncia seja bastante desafiadora, Calvino disse: "É conveniente que o cristão fiel suba a um nível mais elevado, quando Cristo chama todo discípulo a 'tomar a sua cruz'".[19] A auto-renúncia é algo que praticamos ou uma atitude que mantemos. Para Calvino, levar a cruz significava aceitar das mãos de Deus as circunstâncias difíceis,

---
[16] Ibid., 35.
[17] Ibid., 37.
[18] Ibid., 44.
[19] Ibid., 47.

árduas e dolorosas da vida como meios pelos quais podemos ser conformados à imagem de Cristo (Rm 8.29).

Calvino apresentou cinco vantagens do levar a cruz:

1. *A cruz nos torna humildes*. Somos muito propensos a confiar em nossa própria força ou em nossa capacidade de suportar dificuldades. Por isso, Deus aflige os seus com calamidade, e logo desanimamos sob a força da calamidade. Assim, sendo humilhados, aprendemos a suplicar o poder do Senhor para suportarmos a situação.

2. *A cruz nos torna esperançosos*. Experimentamos a verdade da promessa de que Deus nos ajudará em nossas tribulações. Essa experiência da fidelidade de Deus encoraja nossa confiança de que Ele cumprirá suas promessas no futuro, escreveu Calvino.

3. *A cruz ensina obediência*. Por meio do levar a cruz, somos ensinados a seguir o desejo de Deus, e o não o nosso. Se tudo acontecesse conforme desejamos, não entenderíamos o que significa seguir a Deus.

4. *A cruz promove a disciplina*. Calvino disse que Deus usa a cruz que temos de levar para restringir ou subjugar a arrogância carnal inata. Isso ajuda a impedir que nos tornemos orgulhosos, se obtivermos riqueza, honra e bens.

5. *A cruz traz arrependimento*. Calvino escreveu: "Em toda aflição, devemos rever imediatamente nossa vida passada. Quando fizermos isso, certamente descobriremos que merecíamos tal disciplina".[20] Além disso, devemos reconhecer a misericórdia e a bondade de Deus até em nossas tribulações, pois Ele envia as aflições como parte de seu desígnio de livrar-nos da condenação.

ESPERANÇA PARA O MUNDO VINDOURO

As instruções de Calvino sobre o levar a cruz conduzem, logicamente, às suas instruções sobre a esperança para o mundo vindouro. Deus sabe que tendemos a amar demais este mundo. É necessário aprender sobre a vaidade deste mundo e erguer os olhos ao céu, para contemplarmos a recompensa que nos aguarda. Mas Calvino reconheceu que nosso

---

[20] Ibid., 56.

coração jamais desejará seriamente ou meditará na vida futura, se não tiver, primeiramente, decidido abandonar as vaidades desta vida. Ele escreveu: "Não há uma ponte dourada entre estes dois extremos; ou esta vida terrena se torna insignificante aos nossos olhos, ou ela desfrutará de nosso amor excessivo".[21]

Em uma notável mudança de direção, Calvino nos adverte contra o desprezarmos a vida presente. Ele escreveu: "No entanto, nossos esforços constantes para diminuir nossa estima do mundo presente não deve levar-nos a odiar a vida ou sermos ingratos para com Deus. Esta vida, embora esteja repleta de misérias, merece ser contada entre as bênçãos divinas que não devem ser menosprezadas".[22] Nisso vemos o equilíbrio cuidadoso que Calvino expressou entre o estar excessivamente absorvidos nas coisas desta vida e o desprezá-las e deixar de dar graças a Deus por elas.

O USO CORRETO DA VIDA PRESENTE

Como podemos manter o equilíbrio correto entre uma ocupação imprópria com as coisas desta vida e um desprezo igualmente impróprio das coisas desta vida? Devemos evitar extremos desnecessários. Calvino explicou: "Se temos de viver, precisamos usar os instrumentos necessários à vida. Não podemos nem mesmo evitar aquelas coisas que satisfazem os nossos prazeres, e não às nossas necessidades. Mas, para que os usemos com consciência pura, devemos observar a moderação, quer tencionemos um, quer o outro".[23] Devemos manter em mente "que o uso dos dons de Deus não pode ser errado, se estes são dirigidos ao mesmo propósito para o qual o Criador os fez e os destinou".[24] Mas Calvino também sugeriu: "Temos de lutar, com o mesmo zelo, contra as concupiscências da carne, pois, se estas não forem restringidas com firmeza, transgredirão todos os limites".[25]

---

[21] Ibid., 70.
[22] Ibid., 72.
[23] Ibid., 83-84.
[24] Ibid., 86.
[25] Ibid., 87.

JOÃO CALVINO

Calvino escreveu essas palavras no século XVI. Comparado com a época presente, com as conveniências modernas e o cuidado médico, o estilo de vida até dos ricos era, de fato, primitivo nos dias de Calvino. Todavia, Calvino viu, em seu tempo, o perigo de ficar excessivamente preocupado com esta vida. Se os crentes do século XVI precisaram dessa admoestação de Calvino, quanto mais nós?

Em resumo, para Calvino a verdadeira vida cristã incluía mais do que um mero código de conduta. Acima de tudo, significava conformidade com Cristo em todas as áreas da vida. Incluía santidade de vida, auto-renúncia em relação a Deus e aos outros, paciência na adversidade, um ponto de vista claro sobre o mundo vindouro e um uso correto da vida atual. Calvino era direto e desafiador e, às vezes, incômodo. Ao mesmo tempo, ele era bastante equilibrado e encorajador, pois compreendia nossas lutas permanentes com a carne.

Capítulo 19

A COMUNHÃO DOS HOMENS COM DEUS

JOEL R. BEEKE

Não podemos nem mesmo abrir a boca sem perigo diante de Deus, a menos que o Espírito nos instrua no padrão correto de oração. Esse privilégio merece ser mais altamente estimado entre nós, visto que o Filho unigênito de Deus supre palavras aos nossos lábios, palavras que libertam nossa mente de toda hesitação.[1]

—João Calvino

João Calvino, famoso pregador e teólogo, era também um pastor que desejava que suas ovelhas crescessem na vida cristã. Suas ênfases pastorais estão muito evidentes em seus escritos a respeito da oração.

Calvino focalizou mais a prática do que a doutrina da oração; e isso mostra quão prática era a sua teologia.[2] Para ele, a oração era a essência da vida cristã; era um dom precioso, e não uma questão acadêmica.[3] Ele

---

[1] John Calvin, *Institutes of Christian Religion*. Ed. John T. McNeill; trad. Ford Lewis Battles. Library of Christian Classics, XX-XXI (Philadelphia: Westminster John Knox, 1960), 3.20.34.

[2] Wilhelm Niesel, *The Theology of John Calvin*. Trad. Harold Knight (London: Lutterworth, 1956), 156.

[3] Charles Partee, "Prayer as the practice of predestination" in Wilhelm H. Neuser (ed.), *Calvinus Servus Christi* (Budapest: Pressabteilung des Raday-Kollegiums, 1988), 246.

escreveu fervorosa e experimentalmente[4] sobre a oração em seus sermões e comentários — em especial, sobre o livro dos Salmos —, bem como em um dos mais longos capítulos das *Institutas da Religião Cristã* (3.20), que abrange 70 páginas na edição McNeill-Battles.[5] O editor John T. McNeill observou: "Este capítulo amplo e profundo, com seu tom de fervor piedoso, está entre as melhores discussões sobre a oração da história".[6]

Neste capítulo, gostaria de considerar os pensamentos de Calvino sobre a oração: o que é a oração e quão eficaz ela é; seus propósitos e métodos; suas regras; seu fundamento trinitário e sua relação com a verdadeira piedade. Notaremos que, embora Calvino tenha estabelecido padrões elevados para a oração, reconhecendo que orar corretamente é um "dom peculiar",[7] ele assegurou aos seus leitores que os padrões não eram seus, e sim de Deus, conforme ensinados em sua Palavra. E, como tais, eles são inatingíveis por nossa natureza humana pecaminosa,[8] mas Deus se agrada em ajudar seus filhos a orar (Rm 8.26).

DEFINIÇÃO E EFICÁCIA DA ORAÇÃO

Na edição final das *Institutas*, Calvino define a oração como "a comunhão de homens com Deus pela qual, havendo entrado no santuário celestial, eles Lhe dirigem, pessoalmente, apelos concernentes às Suas promessas, a fim de experimentarem... que o que creram não foi em vão".[9] Em outra obra, Calvino escreveu que a oração é "uma comunicação entre Deus e nós, pela qual Lhe expomos nossos desejos, alegrias, anseios — em resumo, todos os pensamentos de nosso coração".[10]

---

[4] Robert Douglas Loggie enfatizou que é especificamente a discussão de Calvino sobre a oração que contribui ao tom experimental do livro 3 das *Institutas da Religião Cristã* ("Chief Exercise of Faith — an Exposition of Calvin's Doctrine of Prayer", The Hartford Quaterly, 5, 2 [1965]: 67).

[5] Somente o capítulo sobre a fé é mais longo no original das *Institutas*.

[6] John Calvin, *Institutes of Christian Religion*, 2:850n1.

[7] Ibid., 3.20.5.

[8] John Calvin, *Commentaries of Calvin* (Grand Rapids: Eerdmans, 1948-1950), sobre Jeremias 29.12.

[9] John Calvin, *Institutes of Christian Religion*, 3.20.2.

[10] John Calvin, *Instruction in Faith*. Trad. Paul T. Fuhrmann (Philadelphia: Westminster, 1949), 57.

Calvino considerava a oração uma conversa santa e familiar com Deus, nosso Pai celestial. Falando de modo reverente, a oração é uma conversa familiar ou uma conversa íntima pactual, por meio da qual o crente confia em Deus como o filho confia em seu pai.[11] A oração é "uma emoção do íntimo do coração, que é derramado e exposto diante de Deus".[12] Na oração, nos comunicamos e temos comunhão com o nosso Pai celestial, sentindo nossa transparência em sua presença. À semelhança de Cristo no Getsêmani, lançamos nossos "desejos, anelos, ansiedades, temores, esperanças e alegrias no seio de Deus".[13] Em outras palavras, por meio da oração, um cristão põe "em Deus, aos poucos, as suas preocupações".[14] Somos "permitidos colocar no seio de Deus as dificuldades que nos atormentam, a fim de que Ele desamarre os nós que não podemos desamarrar".[15] A oração é o derramamento da alma, a mais profunda raiz da piedade e o alicerce da segurança. É o aspecto mais importante da vida cristã, a força vital de todo verdadeiro crente.[16]

Um aspecto fundamental do pensamento de Calvino sobre a oração é que ela foi instituída primariamente em benefício do homem, e não de Deus.[17] A oração é um meio dado ao homem para que, mediante a fé, ele "alcance aquelas riquezas que estão entesouradas para nós com o Pai celestial".[18] Calvino disse que a oração permite ao crente apelar à providência, predestinação, onipotência e onisciência de Deus, o Pai. Invoca a misericórdia do Pai e o cuidado dEle por seus filhos, porque, havendo orado, temos um senso de paz de que Deus sabe tudo e de que "possui tanto o poder como a vontade para exercer o melhor cuidado de nós".[19]

---

[11] John Calvin, *Commentaries of Calvin*, sobre Salmos 10.13. Cf. Herman J. Selderhuis, *Calvin's Theology of the Psalms* (Grand Rapids: Baker, 2007), 219.

[12] John Calvin, *Institutes of Christian Religion*, 3.20.29. Cf. Ronald S. Wallace, *Calvin's Doctrine of the Christian Life* (London: Oliver and Boyd, 1959), 281-282.

[13] John Calvin, *Commentaries of Calvin*, sobre Salmos 89.38-39.

[14] Ibid., sobre Salmos 86.6.

[15] Ibid., sobre Gênesis 18.25.

[16] Ibid., sobre Salmos 14.4.

[17] John Calvin, *Institutes of Christian Religion*, 3.20.3.

[18] Ibid.

[19] Ibid., 3.20.2.

O derramamento da alma, semelhante ao de uma criança, diante do Pai celestial envolve súplicas e agradecimentos.[20] As súplicas corretas incluem "aquelas coisas que promovem a extensão da glória de Deus e a manifestação de seu nome; incluem também aqueles benefícios que contribuem [atendem] à nossa própria vantagem".[21] As ações de graças apropriadas "celebram, com devido louvor, os benefícios de Deus para conosco e atribuem à sua generosidade todo bem que recebemos".[22] Devido à nossa necessidade e pobreza espirituais, bem como à liberalidade de Deus, "temos de usar assiduamente ambos os tipos de oração".[23]

Geralmente surgem duas objeções a respeito do entendimento de Calvino quanto à oração. A primeira é que o crente, ao submeter-se obedientemente à vontade de Deus, renuncia sua própria vontade. Calvino respondeu a essa objeção dizendo que, por meio do ato de oração submissa, o crente invoca a providência de Deus a agir em seu favor. Assim, sob a orientação do Espírito, a vontade do homem e a de Deus agem conjuntamente.

A segunda objeção é que a oração parece supérflua à luz da onisciência e da onipotência de Deus. Calvino respondeu a essa objeção dizendo que Deus ordenou a oração mais em benefício dos homens, como um exercício de piedade, do que em benefício dEle mesmo. As nossas orações não interferem na providência porque Deus, em sua providência, ordena os meios e os fins. O que Deus "resolveu dar por sua própria vontade, antes mesmo de Lhe ser pedido, Ele o promete dar em resposta às nossas orações".[24] Assim, a oração é o meio ordenado por Deus pelo qual os crentes buscam e recebem o que Ele determinou fazer por eles desde a eternidade.[25]

---

[20] John Calvin, *Instruction in Faith*, 58-59.

[21] John Calvin, *Institutes of Christian Religion*, 3.30.28.

[22] Ibid.

[23] John Calvin, *Instruction in Faith*, 284-286.

[24] John Calvin, *Commentaries of Calvin*, sobre Mateus 6.8.

[25] Charles Partee, "Prayer as the practice of predestination", 254. Cf. David Crump, *Knocking on Heaven's Door: a New Testament theology of Petitionary prayer* (Grand Rapids: Baker Academic, 2006), 297.

A oração não muda a Deus ou os seus decretos. Sabemos que isso é verdade por três razões. Primeira, Deus é imutável; segunda, a boa vontade de Deus governa tudo; terceira, Deus está no controle de tudo, incluindo as nossas orações. Se a oração pudesse mudar a Deus e seus decretos, a vontade humana usurparia de Deus parte do controle da história; e isso negaria a graça de Deus controladora de todas as coisas e destruiria a nossa fé.[26] Pelo contrário, "a oração é algo que fazemos com a ajuda de Deus, com base no que Ele fez por nós na eleição eterna".[27]

No entanto, a oração é eficaz, pois estas duas verdades nunca devem ser esquecidas: "Primeira, em sua sabedoria infinita, Deus prevê as nossas orações; segunda, em seu amor, Deus responde as orações".[28] Em outras palavras, é contrário à natureza de Deus não ouvir e não responder as orações de seu povo. Em sua graça, Ele quer ajudar-nos e não desapontar-nos.[29]

A opinião de Calvino sobre a oração eficaz é resumida por Bruce Ware: "Embora a oração nunca obrigue a Deus a agir de modo diferente do que a sua sabedoria deseja, ela é uma condição importante e necessária que precisa estar presente para que certos aspectos da obra de Deus se cumpram. A oração não é contrária à soberania divina; antes, é um instrumento que funciona no âmbito da sabedoria e do poder soberanos de Deus em realizar a sua vontade".[30] Em última análise, a resposta de Deus à oração é uma "reação divina a uma iniciativa divina no eleito".[31] A oração é eficaz porque está fundamentada em Deus e flui de sua graça soberana e amorosa que age em nós.

---

[26] John Calvin, *Institutes of Christian Religion*, 1.17.12; 3.20.43. Charles Partee, "Prayer as the practice of predestination", 252.

[27] Ibid., 254.

[28] John Calvin, *Commentaries of Calvin*, sobre o Salmos 119.38.

[29] Ibid., sobre Salmos 65.2. Herman J.Selderhuis, *Calvin's Theology of the Psalms*, 225.

[30] Bruce A. Ware, "The role of prayer and the Word in the christian life according to John Calvin" in: *Studia Biblica et Theologica 12* (1982):90. Citado em David Calhoun, "Prayer: the chief exercise of faith" in: David W. Hall (ed.), *A Theological Guide to Calvin's Institutes: Essays and Analyses* (Phillipsburg, N. J.: P&R, 2008).

[31] Charles Partee, "Prayer as the practice of predestination", 255.

OS PROPÓSITOS E O MÉTODO DA ORAÇÃO

No livro 3, capítulo 20, das *Institutas*, Calvino destacou que há, pelo menos, seis propósitos para a oração:

1) recorrer a Deus em toda necessidade e obter dEle o que está faltando em nós mesmos, para vivermos a vida cristã;

2) aprender a desejar, de todo o coração, somente o que é correto, enquanto colocamos diante de Deus nossas petições;

3) preparar-nos para receber, com humilde gratidão, os benefícios e respostas de Deus às nossas súplicas;

4) meditar na bondade de Deus para conosco, quando recebemos o que temos pedido;

5) cultivar o espírito de deleite adequado pelas respostas de Deus à oração;

6) confirmar a fidelidade da providência de Deus, para que nos gloriemos nEle e confiemos, com mais presteza, em sua ajuda presente, enquanto testemunhamos regularmente que Ele responde as nossas orações.[32]

Todos esses propósitos visam promover a comunhão com Deus, para que "as promessas de Deus cumpram seu objetivo em nós".[33]

Esses propósitos devem ser buscados de uma maneira orientada pela Bíblia. Para Calvino, a fé e a oração são inseparáveis. A fé nutre e compele a oração; e a oração nutre e confirma a fé.[34] "O verdadeiro teste da fé está na oração", pois "não podemos orar a Deus sem fé".[35] A oração que procede da fé é a única maneira de invocarmos a Deus. "É a fé que obtém tudo que é garantido à oração."[36]

A Bíblia ensina que a oração é o principal e o perpétuo exercício da fé, disse Calvino.[37] A oração não pode senão expressar a esperança

---

[32] John Calvin, *Institutes of Christian Religion*, 3.20.3.
[33] Citado em Wilhelm Niesel, *The Theology of John Calvin*, 157.
[34] John Calvin, *Commentaries of Calvin*, sobre Sofonias 3.7; Atos 8.22.
[35] Ibid., sobre Mateus 21.21; Romanos 8.26.
[36] John Calvin, *Institutes of Christian Religion*, 3.20.11.
[37] John Calvin, *Commentaries of Calvin*, sobre Mateus 21.21.

e a alegria que estão inevitavelmente vinculadas à fé.[38] Como Walter Stuermann escreveu: "Alguém pode dizer que a oração é um catalisador para a fé, uma condição por meio da qual a transação entre o homem e Deus progride rapidamente em direção à perfeição... É o principal instrumento pelo qual os fiéis se armam para batalhar contra Satanás e são capacitados a desfrutar de confiança, paz e alegria, apesar do conflito em que estão engajados".[39]

A oração tem de fundamentar-se na Palavra de Deus, pela fé. "A oração iniciada corretamente procede da fé, e a fé, de ouvir a Palavra de Deus."[40] Isso significa que o conteúdo de nossas orações tem de ser moldado, controlado e restringido pelas Escrituras. A fé gerada pela Bíblia provê ousadia e confiança na oração. Como disse Ware, "para Calvino, esta progressão da Palavra à fé e à oração era a chave para apreendermos de Deus tudo que é necessário para vivermos a vida cristã".[41]

Esse tipo de oração depende das promessas de Deus.[42] Calvino escreveu: "Aprendamos que Deus, em suas promessas, é colocado diante de nós como se fosse um devedor disposto".[43] As promessas de Deus suprem o combustível para a oração.[44] "Pela oração, testificamos que esperamos obter de Deus a graça que Ele prometeu. Assim, aquele que não tem fé nas promessas ora com dissimulação".[45] Mas pela intercessão de Cristo, a oração obtém, pela fé, o que Deus promete. "Pela oração, escavamos os tesouros que foram apontados pelas [promessas] do Senhor no evangelho e que nossa fé tem contemplado".[46]

---

[38] Ibid., sobre Salmos 91.15.

[39] Walter E. Stuermann, *A Critical Study of Calvin's Concept of Faith* (Tulsa, Okla.: Edwards Brothers, 1952), 303, 313-314.

[40] John Calvin, *Institutes of Christian Religion*, 3.20.27.

[41] Bruce A. Ware, "The role of prayer and the Word in the christian life according to John Calvin", 88.

[42] John Calvin, *Commentaries of Calvin*, sobre Salmos 85.5.

[43] Ibid., sobre Salmos 119.58.

[44] Wallace, Ronald S. Calvin, *Geneva, and the Reformation*. Eugene, Ore.: Wipf & Stock, 1998. p. 211.

[45] John Calvin, *Commentaries of Calvin*, sobre Tiago 1.6.

[46] John Calvin, *Institutes of Christian Religion*, 3.20.2.

As promessas de Deus amparam a nossa fé porque Ele se obrigou a cumpri-las.[47] As promessas da aliança convidam-nos e atraem-nos à oração. Deus negaria a Si mesmo e a sua aliança se não as cumprisse.[48]

AS REGRAS DA ORAÇÃO

Para Calvino, a oração não podia ser realizada sem disciplina. Ele escreveu: "Se não fixarmos certas horas do dia para a oração, ela escapará facilmente de nossa memória".[49] Ele prescreveu várias regras para orientar os crentes a oferecerem oração fervorosa e eficaz.[50]

A primeira *é um senso sincero de reverência*. Na oração, precisamos estar "dispostos de coração e mente, como convém àqueles que entram em conversa com Deus".[51] Nossas orações devem brotar do "fundo de nosso coração".[52] Calvino recomendava uma mente e um coração disciplinados, afirmando: "As únicas pessoas que se preparam devida e apropriadamente para orar são aquelas que são movidas de tal maneira pela majestade que, livres dos cuidados e afeições terrenos, se aproximam da oração".[53]

A segunda regra é *um senso sincero de necessidade e arrependimento*. Temos de "orar com um senso sincero de carência e arrependimento", mantendo "a disposição de um pedinte".[54] Calvino não estava dizendo que os crentes devem orar em favor de cada capricho que surge em seu coração, e sim que devem orar penitentemente, de acordo com a vonta-

---

[47] John Calvin, *Commentaries of Calvin*, sobre Salmos 50.14; 36.13. Citado em Herman J. Selderhuis, Calvin's Theology of the Psalms, 220.

[48] Quanto à oração pactual em Calvino, ver Peter Lillback, *The Binding of God: Calvin's Role in the Development of Covenant Theology* (Grand Rapids: Baker, 2001), 267-269.

[49] John Calvin, *Commentaries of Calvin*, sobre Daniel 6.10.

[50] John Calvin, *Institutes of Christian Religion*, 3.20.4-16.

[51] Ibid., 3.20.4-5.

[52] John Calvin, *Sermons on the Epistle to the Ephesians* (Edinburgh: Banner of Truth Trust, 1972), 679.

[53] John Calvin, *Institutes of Christian Religion*, 3.20.5.

[54] Ibid., 3.20.6-7.

de de Deus, tendo em foco sua glória e anelando resposta, "com afeição sincera, e, ao mesmo tempo, desejando obtê-la de Deus".[55]

A terceira regra é *um senso sincero de humildade e confiança em Deus*. A verdadeira oração exige que "abandonemos toda confiança em nós mesmos e supliquemos humildemente o perdão", confiando somente na misericórdia de Deus para recebermos bênçãos espirituais e temporais,[56] lembrando sempre que a menor gota de fé é mais poderosa do que a incredulidade.[57] Qualquer outra maneira de nos aproximarmos de Deus promoverá o orgulho, que será letal. "Se reivindicarmos algo para nós mesmos, por mínimo que seja", estaremos em perigo de destruir a nós mesmos na presença de Deus.[58]

A regra final é ter *um senso sincero de esperança confiante*.[59] A confiança de que nossas orações serão respondidas não surge de nós mesmos, mas do Espírito Santo agindo em nós. Na vida dos crentes, a fé e a esperança vencem o temor, para que sejamos capazes de pedir "com fé, em nada duvidando" (Tg 1.6). Isso significa que a verdadeira oração é confiante na resposta, por causa de Cristo e do pacto, "pois o sangue de nosso Senhor Jesus Cristo sela o pacto que Deus estabeleceu conosco".[60] Assim, os crentes se aproximam de Deus com ousadia e entusiasmo porque essa "confiança é necessária à verdadeira invocação... que se torna a chave que nos abre a porta do reino dos céus".[61]

Essas regras talvez pareçam opressivas — até inatingíveis — em face de um Deus santo e onisciente. Calvino reconheceu que nossas orações estão repletas de fraqueza e imperfeição. Ele escreveu: "Ninguém jamais

---

[55] Ibid., 3.20.6. Cf. Ronald S. Wallace, *Calvin's Doctrine of the Christian Life*, 280-281.
[56] Ibid., 3.20.8-10.
[57] Ibid., 3.2.17.
[58] Ibid., 3.20.8.
[59] Ibid., 3.20.11-14.
[60] Citado em Wilhelm Niesel, *The Theology of John Calvin*, 153.
[61] John Calvin, *Commentaries of Calvin*, sobre Efésios 3.12. Quanto a uma explicação proveitosa sobre as quatro regras de oração de Calvino, ver Don Garlinton, "Calvin's Doctrine of Prayer", *The Banner of Truth*, Carlisle, no. 323-324 (Aug.-Sept. 1990): 45-50, Stephen Matteucci, "A Strong Tower for Weary People: Calvin's Teaching on Prayer", *The Founders Journal*, no. 69 (Summer 2007): 21-23.

cumpriu esse dever com a retidão que lhe era devida".⁶² Mas Deus tolera "até o nosso gaguejo e perdoa a nossa ignorância", permitindo que ganhemos familiaridade com Ele, em oração, embora esta seja pronunciada de "forma balbuciante".⁶³ Em resumo, nunca nos sentiremos como pedintes dignos. Nossa inconsistente vida de oração é freqüentemente atacada por dúvidas,⁶⁴ mas essas lutas mostram nossa necessidade contínua da oração como uma "elevação do espírito"⁶⁵ e nos impele sempre a Jesus Cristo, que "transformará o trono da glória terrível em trono da graça".⁶⁶ Calvino concluiu que "Cristo é o único caminho e o único acesso pelo qual temos permissão de ir a Deus".⁶⁷

O FOCO TRINITÁRIO DA ORAÇÃO

Calvino ressaltou o aspecto trinitário da oração. A oração se origina com o Pai, torna-se possível pelo Filho e desenvolve-se na alma pelo Espírito Santo, por meio de Quem ela retorna ao Pai, por meio de Cristo. O Deus trino dá, ouve e responde a oração.

A oração é dada pelo Pai, que nos convida graciosamente a orar por meio de Cristo e fortalece esse convite com suas promessas. Sem Cristo, é "loucura e audácia para os mortais intentarem dirigir-se a Deus".⁶⁸ Antes, eles devem esperar a chamada do Pai efetuada por meio de sua Palavra, "pois, quando Ele promete ser nosso Salvador, mostra que está disposto a receber-nos. Ele não espera até que venhamos procurá-Lo; pelo contrário, oferece-se a Si mesmo e nos exorta a orarmos a Ele — e,

---

⁶² John Calvin, *Institutes of Christian Religion*, 3.20.16.

⁶³ Ibid.; João Calvino, *O Livro dos Salmos*. Vol. 2 (São Paulo, SP: Edições Parakletos, 1999), 302.

⁶⁴ John Calvin, *Commentaries of Calvin*, sobre Mateus 21.21.

⁶⁵ John Calvin, *Institutes of Christian Religion*, 3.20.1, 5, 16. Cf. Joel R. Beeke, *The Quest for Full Assurance: The Legacy of Calvin and His successors* (Edinburgh: Banner of Truth Trust, 1999), 49.

⁶⁶ John Calvin, *Institutes of Christian Religion*, 3.20.17.

⁶⁷ Ibid., 3.20.19.

⁶⁸ John Calvin, Sermon on 1 Timothy 2:8 in Joseph Hill (ed.), *Grace and its fruits: Selections from John Calvin on the Pastoral Epistles* (Darlington, England: Evangelical Press, 2000), 259-260. Citado em I. John Hesselink, *On prayer: Conversation with God* (Louisville, Ky.: Westminster John Knox, 2006), 4.

ao fazer isso, prova a nossa fé".[69] Deus nos atrai à oração pela própria doçura de seu nome, *Pai*.

Calvino dedicou considerável atenção à obra de Cristo na oração.[70] Em seu viver na terra, Jesus aconselhou seus discípulos a pedirem o que quisessem em nome dEle (Jo 16.23). Somente por meio do nome de Jesus podemos ter acesso ao Pai, disse Calvino. Deus ouvirá nossas orações por amor ao seu Filho, quando oramos em seu nome.[71] Calvino também advertiu com severidade que, se não nos aproximamos de Deus em nome de Jesus Cristo, "não temos nenhum caminho e nenhum acesso a Deus; nada resta no trono dEle, exceto ira, julgamento e terror".[72]

Cristo é a conexão entre o crente e Deus, a junção onde as orações pecaminosas do crente são purificadas "pelo sangue aspergido" e apresentadas ao Pai.[73] "Aprendamos a lavar nossas orações no sangue de nosso Senhor Jesus Cristo", aconselhou Calvino.[74]

Cristo também é nosso Intercessor no céu. Calvino observou: "Deus não pode ouvir nenhuma oração sem a intercessão de Cristo".[75] A obra consumada de Cristo e "o poder de sua morte [servem] como uma intercessão eterna em nosso favor", Calvino acrescentou.[76] Vamos com Cristo e por Cristo ao Pai, de modo que "Cristo se torna o regente que guia as orações de seu povo".[77]

O Espírito Santo também cumpre um papel crucial na vida de oração dos crentes, disse Calvino. Ele é "nosso mestre em oração, para dizer-nos o que é certo e moderar as nossas emoções".[78] Intercede por nós

---

[69] Ibid.

[70] Cf. John Calvin, *Institutes of Christian Religion*, 3.20.17-20.

[71] Ibid., 3.20.17.

[72] Ibid., 3.20.19.

[73] Ibid., 3.20.18.

[74] John Calvin, *Sermons on election and reprobation*. Trad. John Fields (Audubon, N.J.: Old Paths, 1996), 210.

[75] John Calvin, *Commentaries of Calvin*, sobre Êxodo 29.38.

[76] John Calvin, *Institutes of Christian Religion*, 3.20.20.

[77] T. H. L. Parker, *Calvin: An Introduction to His Thought* (Louisville: Westminster John Knox Press, 1995), 110.

[78] John Calvin, *Institutes of Christian Religion*, 3.20.5.

com gemidos inexprimíveis (Rm 8.26). Calvino explicou que o Espírito Santo "produz em nós segurança, desejos e anelos, para conceber aquilo que nossos poderes naturais dificilmente podem satisfazer".[79] Ele afeta nosso coração de tal modo que essas orações "penetram no próprio céu por meio de seu fervor".[80]

Calvino abordou também a reação que os crentes manifestam quando o Espírito não parece estar presente na oração. Ele disse que isso não é desculpa para que deixem de orar, enquanto não sentem o Espírito vir sobre eles. Pelo contrário, devem rogar a Deus importunamente "que sejam inflamados pelos dardos incandescentes do seu Espírito, a fim de que se tornem preparados para a oração".[81] Jamais devemos parar de orar em favor do progresso do Espírito.[82]

A ORAÇÃO COMO PARTE DA PIEDADE

O conceito de Calvino quanto à piedade (*pietas*) incluía atitudes e ações direcionadas à adoração e ao culto a Deus. A oração é o principal e o perpétuo exercício da fé e o principal elemento da piedade, disse Calvino.[83] A oração mostra a graça de Deus ao crente, à medida que este oferece louvores a Deus e clama por sua fidelidade. Herman Selderhuis disse que o comentário de Calvino sobre o livro dos Salmos enfatiza que "a oração não se refere tanto a mover a Deus a uma ação responsiva, e sim a trazer o crente a uma confiança maior" em Deus, confiança essa que, por sua vez, promove um estilo de vida de piedade autêntica.[84] Crescimento na piedade exige oração, porque a oração diminui o amor próprio e multiplica a dependência de Deus. A oração une Deus e o

---

[79] Ibid.

[80] John Calvin, *Commentaries of Calvin*, sobre Romanos 8.26.

[81] Geneva Catechism, pergunta 245, citado em I. John Hesselink, *On prayer: Conversation with God*, 10.

[82] John Calvin, *Commentaries of Calvin*, sobre Atos 1.14. Cf. Ronald S. Wallace, *Calvin's Doctrine of the Christian Life*, 286-287.

[83] Ver R. D. Loggie, "Chief exercise of faith", H. W. Maurer, "An Examination of Form and Content on Calvin's Prayers" (Ph.D. dissertation, University of Edinburgh, 1960) e Joel R. Beeke, *Puritan Reformed Spirituality* (Darlington, England: Evangelical Press, 2006), 1-33.

[84] Herman J. Selderhuis, *Calvin's Theology of the Psalms* (Grand Rapids: Baker, 2007), 224-226.

homem, não em substância, mas em vontade e propósito. Assim como a Ceia do Senhor, a oração eleva o crente até Cristo e dá glória a Deus.

Essa glória é o propósito da primeira das três petições da oração do Pai Nosso, bem como das outras petições que dizem respeito à sua criação. Visto que a criação olha para a glória de Deus em busca de sua preservação, toda a oração do Pai Nosso é dirigida à glória de Deus.[85] Na oração do Pai Nosso, que Calvino considera amplamente nas *Institutas*, Cristo "supre palavras aos nossos lábios".[86] No entanto, visto que a oração do Pai Nosso é um modelo para nós, somos limitados por seu padrão, mas não por suas palavras. Nossas palavras podem ser "totalmente diferentes, mas o sentido não deve variar".[87] A oração do Pai Nosso mostra, fundamentalmente, como todas as nossas orações devem ser controladas, formadas e inspiradas pela Palavra de Deus.[88] Somente a Palavra pode prover-nos ousadia santa em oração, "que se harmoniza com o temor, a reverência e a solicitude".[89] I. John Hesselink disse que os comentários de Calvino sobre a oração do Pai Nosso ensinam quatro coisas a respeito da oração: 1) gira em torno da obra reconciliadora de Cristo: 2) é corporativa em sua natureza; 3) desvenda a natureza do reino de Deus; 4) envolve nossas necessidades físicas diárias.[90]

Temos de ser disciplinados e firmes em oração, pois ela nos mantém em comunhão com Cristo. Sem a intercessão de Cristo, nossas orações seriam rejeitadas.[91] Assim, a oração é o canal entre Deus e o homem. É a maneira pela qual o cristão expressa seu louvor e adoração a Deus e suplica-Lhe ajuda, em piedade submissa.[92]

---

[85] John Calvin, *Institutes of Christian Religion*, 3.20.11.

[86] Ibid., 3.20.34; cf. 3.20.34-39.

[87] Ibid., 3.20.49.

[88] Joel R. Beeke, "Calvin on piety" in Donald K. McKim (ed.), *The Cambridge Companion to John Calvin* (Cambridge: Cambridge University Press, 2004), 125-152.

[89] John Calvin, *Institutes of Christian Religion*, 3.20.14. Ronald S. Wallace, *Calvin's Doctrine of the Christian Life*, 276-279.

[90] I. John Hesselink, *On Prayer: Conversation with God*, 26-30.

[91] John Calvin, *Commentaries of Calvin*, sobre Hebreus 7.26.

[92] Lionel Greve, "Freedom and discipline in theology of John Calvin, Williams Perkins, and John Wesley: an examination of the origin and nature of pietism" (Ph.D. dissertation. The Hartford Seminary Foundation, 1976), 143-144. Quanto à maneira como a ênfase de João

Há também um elemento corporativo de piedade na oração. Desde a ascensão de Cristo, a igreja tem um "advogado certo", disse Calvino.[93] Cristo é não somente um advogado individual, mas também corporativo, a quem a igreja pode recorrer para obter fortalecimento e consolo. Conseqüentemente, Calvino nos aconselhou a "dirigir todas as intercessões de toda a igreja à intercessão exclusiva de Cristo".[94]

Além disso, Cristo entrou no céu antes dos santos e, "assim, as orações dos santos em favor uns dos outros e de todos os membros que ainda labutam na terra sobem até ao Cabeça".[95] A igreja como um corpo e o crente individual oram uns pelos outros por meio de e em nome de Cristo. Portanto, orar uns pelos outros é uma das melhores maneiras de pelas quais, como crentes, podemos amar uns aos outros. Nossas orações devem incluir a igreja universal e toda a humanidade, inclusive as gerações não nascidas.[96] Nas orações de intercessão, renunciamos nossa propensão ao egoísmo e nos vestimos "de caráter público", compartilhando da intercessão de Cristo.[97]

A oração expressa a piedade tanto de maneira particular como corporativa,[98] mas a oração particular eficaz é o pré-requisito da oração corporativa eficaz, disse Calvino.[99] A piedade individual tem de ser aprendida e nutrida, para que a piedade corporativa da igreja se desenvolva. Calvino se referiu ao templo do Antigo Testamento como que possuindo o título de "casa de oração", dado por Deus; isso indica que "a principal parte da adoração a Deus é o ofício da oração".[100] Por meio

---

Calvino sobre a oração impactou a tradição reformada, ver: Diane K. Tripp, "Daily Prayer in the reformed tradition: an initial survey", *Studia Liturgica 21*(1991): 76-107, 190-219.

[93] John Calvin, *Institutes of Christian Religion*, 3.20.18.
[94] Ibid., 3.20.19.
[95] Ibid., 3.20.20.
[96] John Calvin, *Commentaries of Calvin*, sobre Salmos 90.16.
[97] Ibid., sobre Salmos 79.6.
[98] Cf. Thomas A. Lambert, "Preaching, praying, and policing the Reform in sixteenth century Geneva" (Ph.D. dissertation. University of Wisconsin-Madison, 1998), 393-480.
[99] John Calvin, *Institutes of Christian Religion*, 3.20.29.
[100] Ibid.

da oração corporativa, a "unidade da fé" é nutrida, de modo que "as orações da igreja nunca sejam ineficazes".[101]

Em seu comentário sobe o livro dos Salmos, Calvino focalizou-se no cantar como uma parte da oração que ajuda a elevar o coração a Deus. Os salmos constituem um livro de oração, pois são "uma anatomia de todas as partes da alma".[102] No prefácio de seu comentário, Calvino disse que os salmos são especialmente proveitosos para conscientizar os crentes de sua necessidade e lhes dizem onde achar os "remédios para a sua cura".[103] Quer cantados em particular, quer em coletividade, os salmos nos ensinam a colocar nossa confiança em Deus e achar remissão de nossos pecados em Jesus Cristo.[104]

Cantar salmos nos dá acesso a Deus e liberdade para "colocarmos diante dEle nossas debilidades".105 Calvino incluiu o cantar salmos como uma maneira de "exercitar a mente no pensar sobre Deus e manter-se atento".106 O cantar permite que os crentes glorifiquem a Deus juntos e "todos os homens recebam, mutuamente, cada um de seu irmão, a confissão da fé e sejam convidados e estimulados por seu exemplo".107 O cantar favorece bastante a oração, não somente porque glorifica a Deus, mas também porque promove a piedade corporativa para com Deus.

PERSEVERAR EM FAVOR DA COMUNHÃO PRECIOSA EM ORAÇÃO

Em todos os seus escritos, Calvino oferece uma teologia da oração. Ele apresenta o trono de Deus como glorioso, santo e soberano, mas também

---

[101] Ibid.

[102] John Calvin, prefácio do autor em *Commentaries on the Psalms*, 1:xxxvii.

[103] Ibid.

[104] Ibid., 1:xxxix. Cf. Ross J. Miller, "Calvin's understanding of psalm-singing as a means of grace" e "Music and the Spirit: psalm-singing in Calvin's liturgy". *Calvin Studies VI* (Colloquium on Calvin Studies, Davidson College, 1992), 35-58.

[105] Ibid., 1:xxxviii.

[106] John Calvin, *Institutes of Christian Religion*, 3.20.31.

[107] Ibid.

acessível, desejável e precioso em e por meio de Cristo. Devido à riqueza de bênçãos acessível aos cristãos por meio da oração, aqueles que se recusam a orar "negligenciam um tesouro oculto e escondido na terra, depois de haver sido indicado"[108] para eles. Também cometem idolatria por defraudarem a Deus, visto que deixar de orar implica uma negação ostensiva de que "Deus é o autor de toda boa dádiva".[109]

Temos de perseverar em buscar, por meio da oração, o acesso precioso a Deus, concluiu Calvino.[110] Desencorajamentos podem ser abundantes e quase nos vencer. "A nossa guerra é incessante, e diversos ataques surgem todos os dias." Mas isso é a maior razão para disciplinarmos a nós mesmos e perseverarmos em oração, ainda que "tenhamos de repetir as mesmas súplicas não somente duas ou três vezes, mas tão freqüentemente quanto necessitarmos: uma centena ou milhares de vezes".[111] Deixar de orar quando Deus não nos responde imediatamente é a mais segura evidência de que jamais nos tornamos crentes.[112]

Calvino aconselhou os crentes não somente quanto a métodos melhores de oração, mas também quanto a uma profunda devoção e acesso garantido ao Deus trino, que dá o dom de oração. Ele exemplificava sua vida de oração por acompanhar todo ato público com oração, ao prover formas de oração[113] e designar dias de oração para diversas ocasiões — e exemplificava-a, igualmente, em sua vida particular.[114] Isso se mescla bem na última oração que ele registrou em seu comentário sobre Ezequiel, que, por causa de sua saúde decadente, não pôde terminar:

---

[108] Ibid., 3.20.1.

[109] Ibid., 3.20.14.

[110] Ibid., 3.20.51-52.

[111] Citado em I. John Hesselink, *On prayer: Conversation with God*, 19.

[112] John Calvin, *Commentaries of Calvin*, sobre Salmos 22.4. Ronald S. Wallace, *Calvin, Geneva, and the Reformation*, 214.

[113] John Calvin, *Treatise on the Sacraments of the Church of Geneva, Forms of Prayer, and Confessions of Faith*. Trad. Henry Beveridge (Grand Rapids: Reformation Heritage Books, 2002), Charles E. Edwards, *Expositions and Prayers from Calvin* (Philadelphia: Presbyterian Board of Publication, 1897), Clyde Manschreck (ed.), *Prayers of Reformers* (Philadelphia: Muhlenberg Press, 1958), W. De Greef, *The Writings of John Calvin: An Introductory Guide* (Grand Rapids: Baker, 1989), 126-131.

[114] Elsie McKee, *John Calvin: Writings on Pastoral Piety* (New York: Paulist Press, 2001), 29, 167,ss.

> Ó todo-poderoso Deus, visto que já entramos com esperança no limiar de nossa herança eterna e sabemos que existe certa mansão para nós, no céu, depois que Cristo, nosso Cabeça e primícias da salvação, foi recebido ali, concede que sigamos cada vez mais no caminho de tua santa vocação, até que alcancemos o alvo e, assim, desfrutemos da glória eterna, da qual nos dás um gozo antecipado neste mundo, em nome de Cristo, nosso Senhor. Amém.[115]

Em última análise, a oração era, para Calvino, um ato celestial, uma santa e preciosa comunhão com o Deus trino, em seu trono glorioso, fundamentada em uma segura esperança escatológica.[116]

"Senhor, ensina-nos a orar" (Lc 11.1).

---

[115] John Calvin, *Commentaries of Calvin*, sobre Ezequiel 20.44.
[116] Ronald S. Wallace, *Calvin, Geneva, and the Reformation*, 214.

FIEL
MINISTÉRIO

O Ministério Fiel visa apoiar a igreja de Deus, fornecendo conteúdo fiel às Escrituras através de conferências, cursos teológicos, literatura, ministério Adote um Pastor e conteúdo online gratuito.

Disponibilizamos em nosso site centenas de recursos, como vídeos de pregações e conferências, artigos, e-books, audiolivros, blog e muito mais. Lá também é possível assinar nosso informativo e se tornar parte da comunidade Fiel, recebendo acesso a esses e outros mate- riais, além de promoções exclusivas.

Visite nosso site

www.ministeriofiel.com.br

Esta obra foi composta em Chaparral Pro Regular 11.2, e impressa
na Promove Artes Gráficas sobre o papel Pólen Soft 70g/m²,
para Editora Fiel, em Setembro de 2021